MINERVA現代経済学叢書 103

中国経済の成長と東アジアの発展

坂田 幹男 編著

ミネルヴァ書房

はしがき

　世界は今，グローバリゼイションとリージョナリズムという，相反する2つの流れが互いに複雑に絡み合いながら，大競争時代へと突入している。1997年末から東アジアを襲った金融・経済危機によって構造的脆弱性を露呈した東アジア諸国は，この新しい試練の時代を生き抜く身の処し方を模索している。

　加えて，アメリカのサブプライム・ローンの破綻に端を発した世界的金融危機によって，東アジアには再び暗雲がたちこめている。現状では，その影響を正確に予測することはできない。しかし，「東アジアの奇跡」と賞賛された歴史上類を見ない成長によって，世界の経済地図を大きく塗り替えた東アジアは今，一言でいって重大な試練に直面しているといって差し支えなかろう。

　かつては，21世紀の「夢物語」としてしか語られることのなかった「東アジア共同体」への結束が，主要な選択肢であることは疑いない。しかし，そこに至るまでには，超えなければならないいくつもの壁が横たわっていることもまた，正しく認識されなければならない。

　本書は，直接・間接にその壁を意識しながら，転換期の東アジア経済について考察したものである。本書の構成は，大きく2つの部分からなる。前半は，東アジアの成長をいくつかの角度から分析し，それぞれの課題を示している。後半は，今や東アジアの成長の核となった中国経済の現状に焦点を当てて，多面的に問題点を考察している。

　まず，前半の第1章では，「東アジアモデル」をキーワードとして，東アジアの成長とグローバリゼイションの関係を論じ，東アジアで台頭してきたリージョナリズムの現状と，そこから抜け落ちている重要な視点について論じている。東アジアの成長は，世界市場においてはグローバリゼイションに身をゆだねながらも，国内的には「東アジアモデル」と呼ばれる特殊歴史的な体制の下でキャッチ・アップ型工業化を追及するという，「ダブル・スタンダード」に基づいている。そして，その「ダブル・スタンダード」が許されなくなったとき，東アジアは急速にリージョナリズムへと傾斜していった。しかし，東アジアのリージョナリズムには，決定的な視点が抜け落ちているという。すなわち，

「下位地域協力」(サブ・リージョン，マイクロ・リージョン) という視点である。筆者は，東アジアのサブ・リージョンとしての北東アジアを取り上げて，その問題を考察している。

　第2章では，「漢江の奇跡」と賞賛された韓国経済の成長過程を概観し，その強力な輸出促進政策の実態を検証している。あわせて，その成長過程は，A. ガーシェンクロンのいう「後発性の利益」命題を見事に実証する過程であったことが示されている。さらに，1997年末からのアジア経済危機を乗り越えて以降，韓国経済が急速に対中依存を深めていった過程が分析される。特に，韓中間の技術格差は，近年著しく縮小しており，そのことが両国間に新たな水平分業を促進し，結果として韓国企業による対中投資が促進されている現状が分析されている。さらに，こうした韓中経済連携の深化の結果，近年の世界的金融危機の余波として今後韓国経済が被るであろう影響は，何よりも中国経済の動向によって大きく作用されるであろうことが指摘されている。

　第3章では，東アジアとの関係を深めつつあるロシアの地域格差の検証と，望ましい地域政策について検討している。特に，ロシア極東地域の開発は，北東アジア諸国の経済発展と密接な関係をもっており，その動向が注目される。地域格差の検証に当たっては，現在利用可能なあらゆるデータが駆使されている。生産要素の地域分布に大きな偏りのあるロシア経済にとって，政府の投資政策は，効率性と平等性の二者択一 (trade off) という広く認められる問題に遭遇しているが，その際，政府の財政投・融資を通じて成長と格差の縮小を同時に達成した日本モデルは，ロシアの地域政策にとっても示唆に富むことが指摘されている。最後に，ロシア極東地域にとっては，政府の財政政策の選択の幅が最も広いことが指摘されている。

　第4章では，グローバル化が著しく進展している今日の世界経済の下で，日本における地域経済と地場産業のこれからの方向性を検討している。本章では，まず，筆者がフィールド・ワークとして取り組んでいる福井地域に焦点を当てて，発展目覚しい東アジア諸国，とりわけ中国を中心としたこれら諸国との関係を地元企業の海外進出の実態から把握している。そのうえで，地域経済の発展にとって，地域の産業，企業のグローバル化がいったいどうあるべきか，その戦略を検討する。「地域経済の発展を考えるうえで近道は存在しない」という筆者の指摘は，長年，地域経済の活性化に携わってきたものの言葉として重

みをもっている。

　第5章では，東アジアの経済発展を語る場合に避けて通れない「生産ネットワーク」に焦点を当てている。ここでは，かつて広く流布した「雁行型発展」論によって説明されてきた発展秩序の崩壊と「生産ネットワーク型発展」への転換が，いかにして生じたのか，さらにこの変容をもたらした力とは一体何なのか，が分析の中心である。そうした分析を踏まえて，世界同時不況が進行する今日，東アジアは，もはや従来のように外需，特に域外市場に依存する成長経路を持続させることはできず，構造転換が必要であると指摘する。今後，東アジア諸国は，自らの内需拡大を通じて，それを域内で相互に提供する真の意味での「アジア化されたアジア」としての経済圏の内実を構築しなければならないと指摘している。

　後半部を構成する第6章では，転換期に直面している中国の改革・開放路線の現状を分析している。近年，中国の改革・開放政策は大きく修正されつつある。筆者は，従来の開発政策を「努力代替型工業化」と呼び，NIEsのキャッチ・アップ型工業化の安易な模倣であったという。外資導入政策の最大の拠りどころであった「市場でもって技術と交換する」という楽観論は，現実の前に完全に破綻したと指摘している。中国政府が打ち出している，経済発展モデルの転換と内需拡大政策については，社会的セーフティーネットの構築という点では大きな前進であると評価しながらも，産業構造の転換（高度化）の可能性に対して懐疑的である。「これほど問題の多い改革路線を受け入れた社会的エートスとは何だったのか」という筆者の自問は特に印象的である。

　第7章では，中国の成長と金融制度改革が取り上げられている。中国の金融改革は，大勢において市場化・資本主義化の方向にあるといえるが，現在のところでは，中国独自の政治・経済体制を反映している側面もあることが分析されている。しかし，今後，中国の金融制度が先進資本主義国と同質になるとすれば，それはもはや「社会主義市場経済」ではなく，ほぼ全面的な市場経済化，資本主義化の達成を意味し，そのことはとりもなおさず，政府が現在一定有している経済と市場に対するコントロール性を縮小させ，何れは政治体制自体の自己否定に結びついていくであろう点が指摘される。今後市場経済化に対応した金融制度改革が進展していくに伴い，「政府のコントロール性の喪失」など，難しい舵取りを求められることになるという。

第8章では，中国の財政問題と格差の問題が取り上げられている。筆者はまず，中国における財政の垂直的な格差と地域間の水平的な格差に着目して，税財政制度の改革と経緯について整理を行い，そのうえで，今後垂直的格差と水平的格差の双方において採られるべき政策について指摘している。さらに，中国では，経済成長期においては，全国で統一した計画を目標とし，資源を集中投下することが最短の方法であったが，それによる歪みは大きく，自然環境やエネルギー問題，農村における経済発展の遅れや地域間格差などに対する具体的対処が急務となっていることが指摘されている。中国政府が真に産業構造の高度化を目指して経済成長モデルを転換しようとするのであれば，農村部における人材教育や社会保障が一層重視される必要があることもあわせて指摘されている。

第9章では，中国の経済発展と労働問題が取り上げられている。「中国型成長モデル」と筆者が呼ぶ，低賃金構造の下で外国資本を導入し，輸出を拡大する開発戦略は，労働者の権利をあまりにも無視したものであり，「農民工」と呼ばれる農村からの出稼ぎ労働者は，まるで「国際上の違法移民のような存在と見られていた」という。このような開発戦略は，研究開発力の低さ，高い対外依存度，環境の悪化など，さまざまな問題を噴出させ，開発戦略の転換を迫っていると指摘する。こうした開発戦略の転換の一環として，近年，中国政府は，矢継ぎ早に労働関連法案を制定し，労働者の権利強化を図っている。しかし，その具体的政策には多くの困難が予想され，中国型開発モデルの転換には，長い期間と痛みを伴う調整過程が避けられないと指摘する。

第10章では，いまや「世界の工場」となった中国で，深刻な問題となっている商標権侵害をめぐる法整備の現状を分析している。知的所有権をめぐる問題は，対中ビジネス法務の最大の問題となっており，日本企業が受けている被害も深刻である。近年，中国政府は，「商標法」，「特許法」といった知的財産法の中核をなす法律の改正に着手し，知的財産権の保護に本腰を入れはじめてはいるが，中国の法律は，あくまで社会主義的な法規であり，商標制度も社会主義市場経済の一環である点に留意する必要があるという。中国の商標権侵害救済は，行政法・民事法・刑事法と関連して複雑な法制度であるため，中国で発生する商標紛争事件の救済には，さまざまな法的な問題があり，今後は，商標制度に関する行政機関の権限縮小とともに，司法機関の権限増強という改革が

必要であることを指摘している。

　第11章では，中国の対外経済関係の変化を日本との関係を中心として分析する。改革開放以来，中国の対外経済関係は大きく進展し，世界経済とのリンケージを強めることで，目覚しい経済成長を遂げた。日本も，こうした中国の対外関係の進展を後押しし，互いに「Win-Win」の関係を築いてきた。しかし，中国は今，外需に依存した従来までの発展戦略の転換期を迎えているという。こうした一連の政策見直しにより，日本をはじめとする外資系企業を取り巻く環境は，大きく変化し，外資系企業にとっても，対中ビジネス戦略を見直す大きな転換期を迎えていることが指摘されている。

　本書は，福井県立大学年報・創刊号として刊行された『東アジアと地域経済』(2008年3月発行)の続編をなすものである。同年報は，「激動する東アジア諸国における経済・財政・金融政策，投資動向，市場動向，各国企業の参入実態，労働市場と雇用関係，企業経営の実態とあり方等々，また環境問題，地域格差問題等そこに所在する多くの問題点や課題を，総合的に明らかにしていく」ことを目的として創刊された（創刊の辞・福井県立大学学長祖田修)。私たちは，こうした課題に取り組む特定研究の一つとして選ばれ，過去3年間にわたる共同研究の助成を受けた。その最初の成果の公表が私たちの手になる年報・創刊号であった。

　今回上梓した本書は，その後の研究成果を取り入れ，多面的な視点から東アジア地域研究に取り組んだものではあるが，随所に抜け落ちた重要な問題があることも承知している。私たちの共同研究は，これにつきることなく，読者の皆様方の忌憚のないご意見をいただき，一層発展させていきたいと願っている。

　また，私たちの研究を特定研究として採用していただき，このような発表の機会を助成していただいた祖田学長はじめ福井県立大学関係者の皆様に深く感謝申し上げる次第である。

　最後になったが，出版事情の厳しい昨今にあって，私たちの企画を快くお引き受けいただいたミネルヴァ書房および貴重な助言をいただいた編集部の梶谷修，冨永雅史両氏には，この場を借りて改めて感謝申し上げる次第である。

　　　2009年早春　執筆者を代表して

　　　　　　　　　　　　　　　　　　　　　　　　　　坂 田 幹 男

中国経済の成長と東アジアの発展

目　次

はしがき

第1章　東アジアの成長とリージョナリズム……………坂田幹男…1

　はじめに………………………………………………………………………1
　第1節　東アジアの成長とグローバリゼイション……………………2
　　　（1）「東アジアモデル」と「ダブル・スタンダード」　2
　　　（2）「ダブル・スタンダード」の崩壊　5
　　　（3）「構造改革」と「セイフティーネット」　7
　第2節　東アジアにおけるリージョナリズムの台頭……………………8
　　　（1）オルターナティブとしてのリージョナリズム　8
　　　（2）抜け落ちた視点　10
　第3節　サブ・リージョンとしての北東アジア………………………13
　　　（1）「下位地域協力」の意味　13
　　　（2）「下位地域協力」の現状　14
　第4節　北東アジアの新しい局面………………………………………17
　　　（1）二国間経済連携の進展　17
　　　（2）新しい可能性　21
　おわりに……………………………………………………………………22

第2章　韓国の経済成長と韓中経済連携の進展…………金　昌男…31

　はじめに……………………………………………………………………31
　第1節　経済成長のマクロ的概観………………………………………32
　　　（1）資本輸入国から資本輸出国への圧縮的成長　32
　　　（2）重化学工業化の深化　35
　　　（3）IT産業の発展と産業発展パターン　37
　第2節　輸出支援政策と輸出の成長誘発効果…………………………39
　　　（1）要素価格体系の是正と輸出インセンティブ　39
　　　（2）輸出の経済成長誘発効果　42

第3節　輸出先の多様化と対中国経済関係の深化……………44
　　　（1）　輸出先の多様化　44
　　　（2）　韓中貿易の拡大　46
　　　（3）　対中国直接投資の拡大　50
　おわりに………………………………………………………53

第**3**章　ロシアの地域格差と地域政策………アンドレイ・ベロフ…57
　　　――日本モデルは有効か――
　はじめに………………………………………………………57
　第1節　ロシアの地域格差の検討……………………………58
　第2節　生産関数の分析………………………………………60
　第3節　生産要素の地域別分布………………………………63
　第4節　連邦管区別生産要素の分布モデルと結果…………66
　第5節　ロシア地域政策の方向性……………………………69
　おわりに………………………………………………………70

第**4**章　東アジアの成長と地域経済……………………南保　勝…79

　はじめに………………………………………………………79
　第1節　地域経済におけるグローバル化の実態……………80
　　　（1）　地域企業の海外展開　80
　　　（2）　進出企業の現況　83
　第2節　福井地域企業による中国展開の現状………………88
　　　（1）　地域別進出状況　89
　　　（2）　中国展開の特徴　90
　　　（3）　進出企業の今後の課題　91
　第3節　今後の東アジア進出戦略……………………………93
　　　（1）　コスト面からの進出　94
　　　（2）　市場開拓としての進出　96
　おわりに………………………………………………………97

第5章　東アジアの成長と生産ネットワーク変容の力学…尹　春志…101
　　　　──エレクトロニクス部門を中心に──
　　はじめに……………………………………………………………101
　　第1節　東アジア生産ネットワークの構造と形成力……………102
　　　　（1）　地域的投入連関・市場構造と機能分化　102
　　　　（2）　オーガナイザーの特性とネットワークの構造　105
　　　　（3）　自己完結的な日系エレクトロニクス・ネットワーク　108
　　第2節　東アジア生産ネットワークの変容………………………111
　　　　（1）　モデュラー化と価値獲得（value capture）能力　111
　　　　（2）　モデュラー化の波及とコモディティ化の進展　113
　　　　（3）　米国の過剰金融化の終焉とデ・カップリングの神話　115
　　おわりに……………………………………………………………118

第6章　転換点に直面する中国の改革・開放路線……鄭　海東…123

　　はじめに……………………………………………………………123
　　第1節　内需不足と経済格差の拡大………………………………124
　　　　（1）　家計消費需要の不振　124
　　　　（2）　消費率低下の原因　126
　　　　（3）　所得格差の拡大　128
　　第2節　改革政策の大転換を迎える農村…………………………128
　　　　（1）　農業税廃止の意味　128
　　　　（2）　静かなる食糧危機　130
　　　　（3）　減産はなぜ起きたのか　130
　　第3節　見直される外向型経済……………………………………132
　　　　（1）　加工貿易の隆盛　132
　　　　（2）　外資政策見直し論の台頭　134
　　　　（3）　「市場」・技術交換論の破綻　137
　　第4節　「努力代替型工業化」の行方………………………………138
　　　　（1）　内需拡大と市場主義の修正　138

（2）産業構造の転換は可能か　141
　　　（3）「努力代替型工業化」の代償　142
　おわりに……………………………………………………………144

第7章　中国の成長と金融制度改革……………吉田真広…149

　はじめに……………………………………………………………149
　第1節　改革・開放後の新たな銀行制度の生成と展開…………150
　第2節　不良債権問題と金融制度改革……………………………152
　第3節　中国の間接金融における制度改革の特質………………155
　第4節　銀行の預金と貸出…………………………………………157
　第5節　証券市場改革………………………………………………161
　第6節　株式市場改革と展開………………………………………163
　第7節　債券市場改革と展開………………………………………168
　第8節　人民元と為替政策…………………………………………170
　第9節　人民元の国際通貨化………………………………………174
　おわりに……………………………………………………………176

第8章　中国の成長と財政問題…………………桑原美香…181

　はじめに……………………………………………………………181
　第1節　財政制度の概要と財政力格差……………………………182
　　　（1）財政力格差の現状　182
　　　（2）垂直的財政力格差　182
　　　（3）水平的財政力格差　187
　第2節　税財政制度の改革と都市―農村間格差…………………189
　　　（1）税財政制度の変遷　189
　　　（2）教育面からみた都市―農村間格差　191
　　　（3）社会保障面からみた都市―農村間格差　193
　おわりに……………………………………………………………194

第9章　中国の経済発展と労働問題……………侯　玲玲……197

はじめに……………………………………………………………………197
第1節　中国経済の発展モデルとその問題点………………………198
　　（1）　中国経済の成長モデル　198
　　（2）　経済成長モデルの問題点　199
第2節　中国式経済発展モデルによる労働問題……………………201
　　（1）　労働者賃金の伸び悩み　201
　　（2）　労働者権益保護の問題　204
第3節　労働政策の変化と経済への影響……………………………206
　　（1）　労働政策の変化　206
　　（2）　労働政策変化の経済への影響　211
第4節　経済発展モデルの転換とその対応策………………………215
　　（1）　経済発展モデルの転換　215
　　（2）　今後の対応策　216
おわりに……………………………………………………………………219

第10章　中国商標法の整備と対中ビジネス法務の問題点……福山　龍……221
　　　　　――商標権侵害救済の法規制を中心に――

はじめに……………………………………………………………………221
第1節　中国商標関連法規の特徴……………………………………222
　　（1）　関連法規の整備　222
　　（2）　商標関連法規の特徴　223
第2節　商標権の保護と侵害行為の類型……………………………225
　　（1）　登録商標の保護　225
　　（2）　著名商標の保護　226
　　（3）　商標権侵害行為の類型　227
　　（4）　「同一性・類似性」に関する中国法上の判定　228
第3節　商標権侵害救済の方法と留意点……………………………230
　　（1）　行政による侵害救済の方法と留意点　230

（2）　税関による侵害救済の方法と留意点　232
　　　（3）　裁判による侵害救済の方法と留意点　233
　おわりに………………………………………………………………238

第11章　中国の成長と対外経済関係……………加藤健太郎…245

　はじめに………………………………………………………………245
　第1節　中国の成長と対外経済………………………………………246
　第2節　日中経済関係の構造…………………………………………248
　　　（1）　日中経済関係の概要　248
　　　（2）　日中の貿易構造　250
　　　（3）　日中経済関係の評価　253
　第3節　中国産業の課題と「自主創新」……………………………255
　　　（1）　中国製造業の脆弱性　255
　　　（2）　技術レベル向上への取り組み　258
　第4節　中国の対外経済関係の展望…………………………………259
　　　（1）　対外経済関係の位置づけ　259
　　　（2）　外資導入政策の転換と今後の行方　260
　おわりに………………………………………………………………263

第1章
東アジアの成長とリージョナリズム

坂田幹男

はじめに

　東アジアは、この半世紀余りの間に、目覚しい成長を遂げた。東アジアの成長をどう見るかは、議論の分かれるところであるが、それが歴史上類を見ない成長であったことは疑いない。現象的には、東アジアでは、日本—NIEs—ASEAN—中国・ベトナムと、まるで雁がきれいな隊列をなして飛び立つかのごとくに、次々と離陸を遂げていった。多くの研究者は、これを「雁行形態論」として体系化することに努めてきた。
　世界銀行もまた、この地域の成長を「東アジアの奇跡」(The East Asian Miracle) と賞賛し、それを「公平を伴った健全な開発政策」の成果として描きだした。世銀エコノミストたちは、「経済的成功の経路を探る」ために、自ら「機能的アプローチ」(functional approach) と名づけた分析の枠組みを開発したという。そこから得られた結論は、東アジア諸国は、「市場志向」(market oriented) と「国家主導」(state led) という対極的政策の健全な組み合わせによって、マクロ経済の安定を保持しながら、資本蓄積、資源の有効配分、急速な技術のキャッチ・アップを達成した、というものであった。
　このような『世銀報告書』の分析を受けて、「輸入代替」(inward looking policy) から「輸出志向」(outward looking policy) への転換に基づく「キャッチ・アップ型工業化」に成功してきた東アジア諸国の開発政策を「東アジアモデル」と呼んで、その理論的検証を試みる研究が続出した。『世銀報告書』では、東アジア諸国には、経験の多様性 (diversity of experience)、制度の多様性 (variety of institution)、政策における多様な幅 (great variant in policies) などが見られるため、「単一の東アジアモデルは存在しない」と結論付けているにも

かかわらず、一般に「東アジアモデル」と呼ばれる開発政策は、この『世銀報告書』で高く評価された諸政策をさしている場合が多い。

たしかに、東アジアの成長をどうとらえるかは、21世紀の東アジアの発展方向を展望するうえで、依然として不可欠の課題である。だが、『世銀報告書』の「機能的アプローチ」にせよ、「東アジアモデル」にせよ、それは全体の一つの側面をとらえているにすぎない。こうしたアプローチは、東アジアの成長の全体像を把握するには、不十分であるといわざるを得ない。

以下ではまず、東アジアの成長とグローバリゼイションの関係を論じたあと、それと密接に関係している東アジアで台頭してきたリージョナリズムの背景を明らかにする。さらに、リージョナリズムの高まりを受けて、近年盛んになった東アジアでの「地域統合」や「共同体」をめぐる議論について、そこから抜け落ちている重要な視点（下位地域協力）について論じてみたい。

最後に、東アジアの重要な「サブ・リージョン」としての北東アジアでの地域協力の現状と最新の局面について分析する。そこには、東アジアの地域統合を考える場合、北東アジアはその実現に向けて取り組む最も身近な「空間」であるという認識がある。

第1節　東アジアの成長とグローバリゼイション

（1）「東アジアモデル」と「ダブル・スタンダード」

東アジアの成長が、戦後米国主導の下で進められた、IMF・GATTを梃子とした経済のグローバル化の恩恵を最大限享受してきたことは疑いない。主要な開発政策として追求された比較優位に基づく「輸出志向工業化」は、貿易自由化の恩恵に浴したものであり、国内の工業化に重要な役割を果たした外資の導入も、国際的な金融・資本の自由化の下で可能となった。東アジアの成長と世界経済のグローバリゼイションは分かちがたく結びついている。

かつて、アジアNIEsの成長を説明する国際的循環メカニズムとして指摘された「太平洋トライアングル」構造も、世界経済のグローバリゼイションの延長に位置づけられる。日本から輸入した資本財・中間財を利用して組立・加工を行い、最終製品として米国市場へ輸出するという、日本を供給者、米国を需要者とする成長のトライアングル構造の下で、NIEsは輸出志向工業化を成功

させ，あわせて産業構造の高度化に成功してきたという指摘は，基本的には正鵠を射たものである。

このようなトライアングル構造は，85年のプラザ合意以降，日本企業の海外直接投資の急増とASEANの成長などによって大きく変調をきたすことになり，かわって，90年代には，資本財・中間財供給国としての日本・NIEs—最終製品生産・輸出国としてのASEAN・中国—最終製品市場としての米国・EU・日本，という多角的な連鎖構造が形成されていくことになるが，このような構造変化も，基本的にはグローバリゼイションの進展に対応したものである。

しかし，東アジア諸国が世界経済のグローバル化の恩恵に浴してきたとしても，それはグローバリゼイションに対応した国内的な構造改革の結果として可能になったわけではない。"Outward Looking Policy"（輸出志向工業化）に基づく「キャッチ・アップ型工業化」の成功例として特徴付けられる「東アジアモデル」とは，けしてグローバリゼイションの時代に対応した開発モデルでも，新古典派流の「グローバル・スタンダード」に基づくモデルでもない。

政府の市場介入と市場メカニズムの利用とのバランスの取れた発展を指摘する先の『世銀報告書』では，東アジア諸国の政府が採った政策は，市場介入に際して，「基礎的政策」（マクロ経済運営，銀行制度の健全性，教育政策，農業政策，合理的な価格政策，知識・技術の開放性など）により忠実であったことと，「選択的介入」（緩やかな金融抑制，政策金融，選択的産業振興，工業製品の輸出促進のための貿易政策など）に際しても，介入コストを最小限にとどめ，マクロ経済の安定を最重要視してきたことの2点において，「賢明な政府による柔軟な選択的介入」であったとして高く評価した。(5)

だが，このような説明は，説得力に乏しい。政府の市場介入にもかかわらず，市場メカニズムをうまく活用しながら高い経済的パフォーマンスを実現することができたとする東アジア諸国の開発政策には，実は二重のスタンダードが色濃く反映されていることを，世銀報告は見逃している。

たしかに，「東アジアの奇跡」と賞賛された著しいマクロ経済成長は，世界市場での絶えざる比較優位の追求の結果として実現されてきた。しかし，それはけして企業レベルで追求されてきたわけではなく，「輸出志向工業化」を開発戦略とした国家の政策レベルにおいて追求されてきたものである。その結果，国家の経済過程への介入は，世銀のいう「柔軟な選択的介入」の次元をはるか

に超えて、広範囲にわたり、世界市場での比較優位の追求と国内市場での保護・規制が同居するという特殊な構造が形成されてきた。そのことは、産業構造の転換に直面して、「輸入先多角化品目制度」という名のもとで90年代末まで続けられてきた韓国の、日本製の家電や乗用車の完全輸入禁止措置一つを例にとっても明らかであろう。

すなわち、東アジア諸国は、世界市場での自由競争原理への果敢な挑戦と国内市場での国家による保護・規制という、相反する２つの原理に基づく開発戦略の下で工業化を成し遂げてきたのである。換言すれば、「グローバル・スタンダード」と「ナショナル・スタンダード」という二重の基準をうまく使い分けながら、工業化に成功してきたといえよう。

東アジアでは、このような国家を、「開発主義体制」あるいは「開発主義国家」と呼んで、その「ナショナル・スタンダード」の分析に焦点を当ててきた。「東アジアモデル」の典型と見られている韓国の場合、国家の経済過程への介入は「市場の失敗」を処方する対症療法的な（ケインズ主義的な）次元をはるかに超えて、資本蓄積と開発を牽引する主体としてあらゆる分野に及び、「指導される資本主義」（朴正熙大統領）とさえ呼ばれる体制がとられてきた。

韓国では、国家の経済過程への介入は広範囲に及び、開発戦略の確定、開発計画の立案（投資分野の選定、財源の確保と選別的配分、貿易政策、政策金融と税制支援）、産業調整、行政指導、許認可制度、価格政策、為替管理、情報支援、技術開発、労働・言論統制など、およそ考えうるすべての分野で強力な介入が行われた。それは、『世銀報告書』がいうような、「賢明な政府による柔軟な選択的介入」の範囲をはるかに超えている。

このように、「東アジアモデル」とは、グローバリゼイションという世界的潮流に対応した開発モデルではなく、対外的にはグローバリゼイションの流れに身をゆだねながらも、国内的には「ナショナル・スタンダード」に固執した特殊「歴史的な開発モデル」であった。たしかに、「東アジアモデル」が、歴史上類をみない「キャッチ・アップ型工業化」を成功に導いてきたことは、否定しようもない事実である。だが、その一方で、このモデルには、以下に述べるような歴史的な限界が潜んでいたことも、あわせて指摘されなければならない。

(2) 「ダブル・スタンダード」の崩壊

　米国をはじめとした先進国は，90年代の初めまでは，東アジア諸国のこの二重のスタンダードを許容することができた。そもそも，このような二重のスタンダードの起源は，1964年に開催された第1回国連貿易開発会議（UNCTAD・I）に提出された『プレビッシュ報告』に求めることができる。

　そこでは，GATTは，「すべての国の相互にとって利益となるように貿易を拡大するためには，世界経済の中でこれらの経済因子を自由に働かせ，それを拒む障害を除去しさえすればよいという考えの政策に啓示を得ているかのように見える」が，「これらの規則や原則は，また漠然とした経済の同質性という考えに基礎をおき，工業地域と周辺諸国との間に存在する大きな構造的相違に目を塞いでいる」として激しく批判され，「構造的相違」を考慮した二重の基準が要求された。

　UNCTAD・Iの場での途上国からの要求は，二重基準を認めようとしない先進工業国の側からはことごとく拒否されることになるが，「構造的相違」への配慮という点においては，いくつかの譲歩が示された。その最初の具体化は，1965年のGATT総会において行われた「貿易と開発に関する新章」（いわゆる「低開発条項」・GATT規約第4部として追加）の採択である。GATTは，この新章において，先進国と発展途上国との間では貿易障害の軽減において「相互主義」を期待しないことなどを中心として，途上国の貿易促進のための先進国の協力を謳ったのである。UNCTAD・II（1968年）での南の側の要求を受け入れて，途上国の工業製品輸出を促進するために1970年から先進国に導入された一般特恵関税制度（GSP：Generalized System of Preferences）は，こうした先進国側の譲歩として実現したものである。

　以後，東西冷戦構造と南北問題の同時並存という国際的環境のもとで，発展途上国の「ダブル・スタンダード」を許容ないし黙認するという先進国のスタンスが形成されていった。

　特に，70年代に入って「新国際経済秩序」（NIEO：New International Economic Order）樹立路線を掲げた発展途上国の「77カ国グループ」（G・77）とは一線を画した韓国，台湾，シンガポールなどアジアNIEsは，「ダブル・スタンダード」のもたらす恩恵を最大限享受することができた（発展途上国の中には，GSPの導入をめぐって，特恵の対象を製品・半製品に限定することによって先進国との

合意を早期に実現しようとする工業製品輸出国と，あくまでこれに一次産品を含めるべきであるとする一次産品輸出国との間に，激しい対立が見られ，「NIEO樹立宣言」に向けて収斂していったG・77の結束とは対照的な南の側の分裂を際立たせる結果となった。いわゆる「南南問題」の出現である)。

　70～80年代こそは，東アジア諸国が，「ダブル・スタンダード」に依拠した「キャッチ・アップ型工業化」を追及するうえで有利な国際環境に恵まれた時期である（2度にわたるオイルショックによる賃金上昇と欧米との貿易摩擦に直面した日本企業が，「迂回輸出」を狙ってこれらの国に進出し，結果として工業化を後押ししたのもこの時期である）。

　しかし，東欧社会主義圏の崩壊と米ソの冷戦構造の終焉は，おりからの情報通信革命とあいまって，現象としてのグローバリゼイションを一気に加速させることとなり，それに伴って，新古典派流の「グローバル・スタンダード」が，唯一の基準として強要され始めることになる。

　1997年後半からの東アジア経済危機は，「グローバル・スタンダード」と「ナショナル・スタンダード」という二重基準をうまく使い分けることができなくなった最初の危機の発現であった。

　東アジアのほとんど全域に広がった経済危機の引き金となったタイのバーツ危機は，国内的には地場産業保護のために外資への直接投資規制を残しながら，開発資金を調達するために国際短期資金（ホットマネー）を取り込もうとして，オフショア市場（Bangkok International Banking Facility：1993年）を開設したタイ政府のこの二重基準を衝かれたものである（タイ政府は，バーツをドルにペッグして為替リスクを国内的に引き受ける一方，オフショア市場に対しては預金準備率，金利規制の対象外におき，税制面での優遇措置も講じた。しかも，国内に流入した短期資金は，その多くが株式投資やマンション・ゴルフ場開発などの不動産部門へ，長期貸しが行われた）。これは，金融制度の脆弱性や，ヘッジ・ファンドのマネーゲームだけの問題ではない。

　韓国の経済危機の引き金となった財閥グループ・韓宝鉄鋼の倒産（負債総額5兆ウォン，約7000億円）とその後判明した韓国産業銀行をはじめとした主要6行による総額46億ドル（約4兆ウォン）にも上る杜撰な融資の背景には，政府に守られて拡張路線をひた走ってきた財閥と，いざという時には政府による救済を期待してきた銀行の旧秩序（ナショナル・スタンダード）への甘えがあった

(後に、銀行の韓宝グループへの融資に当たって、当時の金泳三大統領側近の関与が明るみに出た)。90年代、韓国の財閥系企業は、平均負債比率が軒並み300％を超える高い水準にあったにもかかわらず、競って事業拡張に乗り出していったのである。

さらに、東アジアの経済危機の背景には、金融市場の脆弱性、企業の財務構造の脆弱性にとどまらず、政府の過度の介入によってもたらされた市場メカニズムの脆弱性、技術導入と模倣に過度に依存したことによってもたらされた技術基盤の脆弱性、貧弱なサポーティング・インダストリーにみられる産業構造の脆弱性など、構造的問題が横たわっていた。これらはつまるところ、「東アジアの奇跡」と賞賛された成長路線を過信し、依然として「ナショナル・スタンダード」へ依存し続けた結果もたらされた構造的脆弱性にほかならない。このような構造的脆弱性への対応を遅らせ、国内的には「ナショナル・スタンダード」に守られながら、世界的なグローバリゼイションの恩恵を享受しようとしてきたことの「つけ」を、ついに払わざるを得なくなったというのが、危機の本質である。

このことはまた、世界的な冷戦構造が終焉し、NIEsに続いてASEANや中国までもが「キャッチ・アップ型工業化」を成功させる中で、先進国側の「構造的相違」への配慮というスタンスが、これらの国に対しては大きく変化してきたことの証左でもある。それはまさに、「大競争時代」(メガ・コンペティション)の始まりを告げるものであった。

(3)「構造改革」と「セイフティーネット」

東アジアの経済危機は、以上のような文脈の中で理解されなければならない。当然のことながら、支援を要請されたIMFは、二重のスタンダードにメスを入れるべく、緊急融資を行う見返りとして、これらの国に構造改革を要求した。

IMFが融資の見返りとして要求したコンディショナリティーは、市場開放を一段と推し進めさせるための規制緩和と自由化という流れに沿って、財政改革、税制改革、金融改革、為替制度改革、資本市場改革、労働市場改革など、経済全般にわたる広範囲の改革を求めるものであった。すなわち、一言でいえば、新古典派流の「グローバル・スタンダード」の採用である(ワシントン・コンセンサス)。

東アジア経済危機の背景に，経済のグローバリゼイションに対応できなくなった「構造的問題」が横たわっているというIMF・世銀の認識自体はおそらく間違っていないであろう。だが，IMFは，その構造的問題を，「効率性」と「小さな政府」という基準によって一挙に改革しようと考えた。しかし，「ダブル・スタンダード」によって守られてきた構造的脆弱性は，「効率性」という基準によって克服されるべき性格のものではない。むしろ，「トリクルダウン仮説」を前提として，「不均衡開発」理論に依拠して「開発主義」路線を邁進してきた結果として惹き起こされた「国内的不均衡」を是正することこそ，最大の課題であったはずである。IMFは，「構造的脆弱性」と「国内的不均衡」の問題を，「効率性」の問題にすり替えてしまった。

　通貨・金融面に限らず，国内的不均衡から生み出される経済的，社会的，地域的歪みを緩和する十分な「セイフティーネット」をもたない東アジア諸国で，「効率性」に基づく短期間の構造改革を行うことの意味を，IMFが考慮していたとは思えない。「構造改革」と「セイフティーネット」は，ともに分かちがたく結びついており，長期にわたる漸進的な対応を余儀なくされる性格のものである。

　当然のことながら，危機に陥った国では，IMFの介入が逆に危機を深刻化させたという批判が噴出した。IMFのコンディショナリティーは，危機に陥った国の個別の事情を考慮することなく，一律の処方箋を強要し，結果として病状を悪化させたという認識である。それ以後，新古典派流の「グローバル・スタンダード」に基づく「大競争時代」に身をおかざるを得ない以上，経済的脆弱性をあわせもつ東アジア諸国にとって，集団的「セイフティーネット」の構築が焦眉の急であるという認識が強まっていった。

第2節　東アジアにおけるリージョナリズムの台頭

（1）　オルターナティブとしてのリージョナリズム

　東アジア経済危機は，「グローバル・スタンダード」に対するオルターナティブを模索する重要な契機となった。経済危機をきっかけとして実を結んだASEANと日・中・韓の地域経済協力は，結果としてオルターナティブとしてのリージョナリズムへの傾斜へと向かわせることになったのである。[13]

2000年5月に,タイのチェンマイで開催されたASEAN＋3蔵相会議では,日本が主導してASEAN＋3の枠組みにおいて二国間通貨スワップ協定が締結され,突然の流動性危機に対処する協調的枠組みが実現した(チェンマイ・イニシアティブ)。さらに,2003年2月には,タイのタクシン首相(当時)の提案による,加盟国が発行するドル建て国債の買い取り基金としてのアジア債権基金(ABF)設立構想について,ASEAN＋3の枠組みで非公式作業部会を立ち上げることが合意された。こうして,東アジア域内での金融協力を中心とした地域協力が一気に加速されることになった。他方,ASEAN自身もまた,市場統合(AFTAの実現)への取り組みを加速させていった。ここに至って,東アジアのリージョナリズムとして,ASEAN＋3の枠組みが強く印象づけられることになった。

　東アジアのリージョナリズム台頭の背景は,もちろんこれだけではない。東アジア経済危機以外にも,太平洋貿易からアジア域内貿易への比重の増大,中国のWTO加盟の実現,WTOの新多角的貿易交渉の行き詰まり,EU・NAFTAの拡大,AFTA合意とASEAN10の実現,APECへの失望,などいくつかの要因が指摘できる。[14]

　しかし,何よりも,東アジア経済危機をきっかけとして広まった「グローバル・スタンダード」に対する「セイフティーネット」の構築は,一国的な対応では不可能であり,集団的な構築を目指す必要があるという各国の認識が,東アジアの状況を一変させた。1990年に,東アジア域内協力の実現を目指してマレーシアのマハティール首相(当時)が提唱した「東アジア経済協議体」(EAEC)構想が受け止められた当時の状況と比べると,地域協力に対する各国の認識の違いは歴然としている(マハティール首相が提案したEAECの枠組みは,今日のASEAN＋3が念頭におかれていた)。

　90年代において,GATT・WTOの自由化交渉が難航する中で,多くの国は二国間・地域間での自由貿易協定(FTA)の締結に向かっていったが,2000年の時点でさえ,何らの自由貿易協定も締結していなかった国は,世界の主要国の中では,日本,韓国,中国,台湾だけであった。当時はまだWTOへの加盟が主要な課題であった中国と台湾は別にしても,日本と韓国は農業問題など同じような国内的事情を抱えて,国内の産業構造調整という痛みを伴う自由貿易協定締結には熱心ではなかったし,自由貿易協定を通じた東アジアでの地域経

済協力（東アジア自由貿易圏）という発想は乏しかった。

　だが，東アジアの経済危機を契機とした域内経済協力への日本に対する期待の高まりを前にして，「オープン・リージョナリズム」の名の下にGATT・WTO路線に固執してきた日本政府も，ようやく従来の通商政策の大幅な修正に踏み切らざるを得なくなってきた。

　以後，東アジアでは，地域協力への機運が高まり，リージョナリズムが脚光を浴びることになった。ASEAN自身もまた，市場統合（ASEAN自由貿易地域）への取り組みを加速させただけでなく，更なる地域統合（ASEAN共同体）実現へ向けた最初のステップを踏み出した。地域協力への機運の高まりは，東アジア域内での自由貿易協定締結の動きへと連動していくことになる。

　中国は，早くも2000年11月には，ASEANとの間で自由貿易地域を設立する提案を行い，翌年11月には，中国側の大幅な譲歩の末に（ASEAN各国の所得格差を考慮した柔軟な対応，ASEAN側が希望する農産物8品目の自由化先行，中国によるASEAN後発国への経済支援の強化，スプラトリー問題の平和的解決の約束，など），10年以内に中国・ASEAN自由貿易地域（China-ASEAN Free Trade Area：CAFTA）を設立することに合意した。さらに，翌2002年11月の「中国・ASEAN首脳会議」において，「中国・ASEAN間の包括的経済協力に関する枠組み合意」が調印され，貿易自由化を含む包括的経済協力のためのタイムスケジュールが合意された。

　中国のこのような積極的な対応を受けて，韓国と日本もASEANとの自由貿易協定締結交渉をスタートさせ（交渉開始：韓国2005年2月，日本2005年4月），韓国は2006年7月に，日本は2007年8月に，それぞれ基本合意に達した。ここに至って，ASEANと日中韓は，個別的にではあるが，自由貿易協定（あるいは経済連携協定）という地域統合に至る最初の段階に到達したのである。

　このような東アジアにおける自由貿易協定の進展は，東アジアのリージョナリズムをいっそう加速させ，ついにはFTAを超えた市場統合化のプロセス（東アジア共同体）さえ模索されることになる。

（2）　抜け落ちた視点

　このように，東アジアでは，自由貿易協定締結を梃子とした市場統合化への流れが加速している。こうした状況を受けて，ついに産官学入り混じって「東

アジア共同体」を展望する議論が喧しくなってきた。

　おそらく,「東アジア共同体」をめぐる議論の出発点となったのは, 2001年11月にブルネイの首都バンダル・スリ・ブガワンで開かれたASEAN＋3首脳会議に向けて,「東アジア・ビジョン・グループ」が提出した,"TOWARDS AN EAST ASIAN COMMUNITY: Region of Peace, Prosperity and Progress"と題する報告書であろう。この報告書では, 経済協力, 金融協力, 政治・安全保障協力, 環境協力, 社会・文化協力, 制度的協力 (Institutional Cooperation) の実現を通じて, 平和・繁栄・進歩の「東アジア共同体」を創設することを東アジアの人々の共通の目標として掲げた。このような提案は, 2002年1月にシンガポールにおいて当時の小泉首相が行った,「東アジアの中の日本とASEAN――率直なパートナーシップを求めて」と題する演説にも引き継がれていった。小泉首相は, その中で, ASEAN＋3にオーストラリアとニュージーランドを加えた15カ国で構成する「東アジア・コミュニティー」構想を提案した。そこでの提案は,「ともに歩み, ともに進む」コミュニティーを目指そうというきわめて抽象的な内容で, 多分に政治的プロパガンダの色彩が強いものであった。しかし,「東アジア・コミュニティー」という用語は, 以後,「東アジア共同体」という言葉として独り歩きを始めることになった。

　だが,「東アジア共同体」をめぐる議論においては, 実はまだその枠組みさえ明確ではない。「共同体」といわれる具体的な中身についても, 漠然としたイメージしか描かれていない。この点は, 先行する「ASEAN共同体」についても同様である。

　ASEANは, 1997年第2回非公式首脳会議において, 2020年までに「ASEAN共同体」を目指すとする「ASEANビジョン2020」を採択し (2020年という当初の目標は, その後2007年の首脳会議で2015年に前倒しされた), その後,「ASEAN共同体」は,「ASEAN安全保障共同体」・「ASEAN経済共同体」・「ASEAN社会・文化共同体」の3つの共同体の形成を通じてその実現を目指すとする「第2ASEAN共和宣言」を採択するに至った (2003年第9回ASEAN首脳会議)。

　しかし,「安全保障共同体」といい「社会・文化共同体」といい, その具体的中身については依然不透明なままである。2007年11月の首脳会議で採択された「ASEAN憲章」も, 主としてミャンマーの軍事政権への配慮から, 最大の

関心事であった「内政不干渉,全会一致の原則」の見直しにまでは踏み込むことができず,抽象的な文言にとどまっている。そこからは,「共同体」形成の根幹にかかわる「主権国家の相対化」に向かうような具体的なプロセスはまだ見えてこない。わずかに,「経済共同体」だけは,域内関税の全廃を目指したAFTA（アセアン自由貿易地域）の実現が想定されている。結局の所,「ASEAN共同体」は,AFTAの完成目標が2015年におかれていることからみて,「共同体」の内実をAFTAの実現においていると思われる。

このように,「共同体」なる概念は,政治・経済・社会統合の段階とのすり合わせにおいては,依然として不透明なままであり,象徴的なものでしかない。しかし,「共同体」なる概念の中身が依然として不透明であるとしても,地域統合の深化を目指す方向としての「東アジア共同体」へ至る最初のプロセスは,東アジア諸国間・諸地域間での域内協力の実現と信頼関係の構築であることは疑いなかろう。

にもかかわらず,「東アジア共同体」をめぐる議論から抜け落ちている最大の問題は,サブ・リージョンでの域内協力という視点である。われわれがEUの経験から学んだことは,欧州統合の深化に先立って,あるいはそれと並行して,いくつかのサブ・リージョン（下位地域）で,国境を越えた国家レベルや地方政府レベル,あるいは市民レベルでの域内地域協力への積極的な取り組み（たとえば,北海漁業協力やバルト海環境協力など）が積み重ねられてきたという事実の重みである。[18]

東アジアの地域統合化を欧州統合と同様なリージョナリズム（国家主権の相対化プロセス）の一環としてとらえるならば,東アジア（上位地域）に含まれるそれぞれの地域（北東アジア,東南アジアなど）は,サブ・リージョンと呼ばれる下位地域を構成することになる。そうであれば,当然,東アジアのサブ・リージョンでの域内地域協力という課題が取り上げられなければならない。しかし,今日の東アジアでの地域統合化を目指す議論からは,「下位地域協力」という議論は皆無である。

欧州では,EUへの発展は,いくつかのサブ・リージョンでのさまざまなレベル（国家・地方自治体・NGO・NPO・市民団体・学術研究機関など）での越境地域協力の積み重ねと密接に結びついているという事実は,今日の東アジアでの議論からは完全に抜け落ちている。EUは,「マーストリヒト条約」などの国家間

の協力と合意による「国家間条約」によって成立したと見られがちであるが，実は，欧州統合深化の背景には，上位地域（リージョン）での国家間協力だけではなく，下位地域（サブリージョン，マイクロ・リージョン）での域内協力の積み重ねという「地域協力の重層的構造」（ユーロリージョン）が見られるという事実を，重く受け止めなければならない。[19]

第3節 サブ・リージョンとしての北東アジア

(1)「下位地域協力」の意味

東アジアの地域統合のためには，まず東アジアのサブ・リージョンである北東アジアでの地域協力を優先させるべきであり，サブ・リージョンでの交流と協力の積み重ねこそ第一義的であるとする筆者の認識に対して，これは「交流の日常的な積み重ねが主権国家の存在を相対化していくという考え方」であり，それは国家の本質を理解していないものであるとする根本的な批判がある。[20]

このような批判は，地域統合は国家間の問題であり，「国家は他の国家が存在する限り存在する」以上，「主権移譲のプロセスのみが，国家権力のポテンシャルを低下させる」と考えるべきであり，「経済的・文化的な交流，経済連携の日々の営々たる積み重ねだけでは国家の壁を乗り越えられず，計画的な国家を超える枠組み作りが重要である」と主張する。それゆえ，北東アジアにおいても，まず国家間での「制度統合」が目指されるべきであり，「その基軸を成すのが，日韓連携（FTAはその最初の一歩）である」という。[21]

ここでいわれる「制度統合」とは，国家間の条約・協定に基づく統合（計画的な制度統合）を意味しており，信頼関係の構築や問題解決のための地域協力とは明らかに次元が異なる。筆者は，北東アジアにおける国家レベルでの「制度統合」の意味を軽視しているわけではもちろんない。日中韓三国間でのFTAのような「意図的な制度統合」が実現すれば，この地域の経済連携は確実に進展し，東アジアのサブ・リージョンとしての北東アジアでの地域協力は着実に前進しよう。ヨーロッパの地域統合化の過程においても，「中欧自由貿易協定」（CEFTA）のようなサブ・リージョンでの国家レベルでの制度統合が重要な役割を果たしてきた例はある。[22]

しかし，ヨーロッパのサブ・リージョンでみられる国家レベルでの枠組み作

りの場合でも，政府を越境地域協力へと突き動かしていったのは，大部分，地方自治体や市民団体，NGO・NPOなどの非国家アクターである。「下位地域協力」という視点には，非国家アクターの役割は不可欠である。越境地域協力（下位地域協力）という，すぐれて今日的課題の前では，国家間関係という視点からのみアプローチしようとする伝統的議論からの決別こそ必要であると主張しているにすぎない。

　さらに筆者は，「交流の日常的な積み重ね」が，ただちに主権国家の存在を相対化していくと考えているわけではないが，グローバリゼイションの著しい今日の状況においては，国家が果たしうる役割は著しく後退しており，国境を越えた地域間での協力の必要性はますます増大していると考えている。このような新しい状況は，それだけで「主権国家の相対化プロセス」を生み出すものではないが，「国家主権」の範疇は著しく狭められており，相対化せざるを得ない状況に追い込まれている。このような課題を担うものとして，市民レベル，民間レベルでの交流・協力を位置づけているにすぎないのである。

　たしかに，NAFTAやAFTAのような，双方にとって互いに「Win-Win」の関係を築きやすい経済的市場統合であれば，国家間の協定（「意図的な制度統合」）によって比較的早期に実現可能であるが，「主権国家の相対化」という本質的問題を避けることのできない高次の「地域統合」へ至る道程には，市民レベルで超えられなければならない壁がある。サブ・リージョンという視点からの取り組み（下位地域協力）は，このような壁を越える実験である。われわれは，このことをEUの経験から学んだのである。

　そうであるならば，「東アジア共同体」を展望するに際しても，東アジアのサブ・リージョンとして，政府レベルであれ民間レベルであれ，北東アジアでの「下位地域協力」は必要最低条件である。「意図的な制度統合」が先か，「下位地域協力」が先かの問題ではなく，サブ・リージョンでの域内地域協力を避けて東アジアの地域統合を主張することは，貿易自由化の恩恵にだけ浴したいという国益優先主義のそしりは免れまい。[23]

（2）「下位地域協力」の現状

　日本は北東アジアに位置しているにもかかわらず，日本政府には，東アジアのサブ・リージョンとしての北東アジアでの地域協力という視点はない。北東

アジアでの域内協力という点において、日本政府はこれまでまったく消極的であった。政府は、「東アジア共同体」を提唱しながら、自らが位置するサブ・リージョンとしての北東アジアでは消極姿勢を貫いてきた。90年代の国連開発計画（UNDP）がイニシアティブを採って進められた「図們江地域開発計画」に対してはもちろん、北東アジアの開発資金問題を解決しようと提案された「北東アジア開発銀行構想」についても、日本政府はきわめて冷淡であった。

　残念ながら、サブ・リージョンあるいはマイクロ・リージョンという視点から見たとき、北東アジアの現状は最も遅れているといえる。たしかに日本政府にとって、これまで北東アジアは、外交において最も苦慮してきた地域である。北東アジアでは、日ロ、日韓、日中のいずれの国においても、領土問題を抱えており、解決の糸口さえ見いだせないでいる。さらに、北朝鮮との間には、核・ミサイル問題、拉致問題など深刻な問題を抱えている。

　2003年12月から開始された日韓FTA締結交渉が、2004年11月の第6回交渉を最後に4年以上も中断している最大の理由は、「歴史問題」（とりわけ、竹島＝独島問題）だといっても過言ではない（自由貿易協定締結交渉の開始に先立って行われた日韓双方での共同研究では、短期的には日本製品の輸出が増大することによって自由貿易協定の効果は日本に有利に作用するが、長期的には、韓国の産業構造が調整され、日本からの投資が拡大することによって双方のGDPを押し上げる効果があると報告された。しかし韓国では、日本からの投資拡大には懐疑的な声が強い。それもつまるところ、日韓の歴史問題に行き着く）。

　このような政治状況は、地方レベル、市民レベルでの交流にとっても大きな障害となっていることは否めない。日本企業の間にも、80年代の対韓投資が直面したさまざまなトラブル（韓国スミダ電機の労使紛争、大沢プレス事件など）が依然として「トラウマ」のごとく重くのしかかっている。最近では、サハリンⅡで経験したプーチン政権の強引な手法による介入によって、対ロ投資への不信感をつのらせており、これらはいずれも民間レベルでの交流の障害となっている。

　同様の問題は、中国や韓国、ロシアにも当てはまる。中韓の間には、かねてより中国東北地区および朝鮮半島の歴史解釈をめぐって双方の歴史家の間に根強い対立があった。しかし、中国社会科学院が中心となって2002年から本格的に進められてきた5カ年計画の国家プロジェクト（中国東北地区の地域・歴史研

究)「東北工程」の進行過程において,中国側の公式的な歴史認識(高句麗史・渤海史の中国史への編入)が示されたことによって,韓国では激しいナショナリズムが誘発され,反中感情が一気に高まった。

中口関係においても,プーチン政権の資源外交への傾斜は,両国の「戦略的協力関係」に亀裂をもたらしている。ロシア政府は,2007年7月から,原木・丸太の輸出関税を6.5%から20%に引き上げる措置を一方的に講じた。2008年4月には,さらに25%へと引き上げ,2009年以降,80%まで引き上げることが予定されている(2009年4月現在,実行されてはいない)。中国東北地区,わけても黒龍江省では,ロシアから輸入した原木を家具や建築用材に加工する木材加工産業が重要な産業となっており,影響が大きい(同様の影響は中国だけでなく,フィンランドでも懸念されている)。ロシア政府の狙いが,極東地域再生に向けて中国の木材加工産業の誘致にあることはいうまでもない。

北東アジアでは今,ナショナリズムが再び頭をもたげようとしているように見える。現在繰り広げられているASEANとの経済連携強化をめぐる日・中・韓の角逐も,サブ・リージョンとしての北東アジアでの地域経済協力に展望を見いだせない三国が,国益だけを全面に出して競っているように見える。

北東アジアのこのような状況と切り離して,東アジアでの地域統合や「東アジア共同体」が議論されている現状は,筆者にはとても奇異に映る。90年代初頭には,世界的な冷戦構造の溶解現象を受けて,「北東アジア経済圏」,「環日本海経済圏」構想など,北東アジアで「局地経済圏」を展望する議論が盛んであった。しかし,90年代後半に至ると,こうした議論は急速に後退していった。国連開発計画のイニシアティブの下で多国間協力を実現しようとした「図們江地域開発計画」も挫折を余儀なくされていった[24]。まるでそれに歩調を合わせたかのように,東アジアでの地域統合を展望する議論が,噴出してきた。

だが,これはけして偶然ではない。歴史問題,領土問題,政治問題など困難な問題を抱える北東アジアでは,90年代後半以降,理論と現実の乖離が進行し,地域協力のための議論は,いきおい理念的にならざるを得ない傾向にあった。国家間での対立要素を多く含み,具体的成果の乏しい北東アジアでの地域協力問題を避けて通ろうとする態度が出てくる背景は,このことと無関係ではないだろう。

第4節　北東アジアの新しい局面

(1) 二国間経済連携の進展

　北東アジアは国家間協力が最も難しい地域である。筆者はその理由を，北東アジアの特殊性（歴史的，地理的，政治的，経済的，制度的，文化的特殊性）から説明してきた。残念ながら，北東アジアは依然として「ナショナリズムの時代」にあるといわざるを得ない。にもかかわらず，この地域では，近年，注目すべき新しい状況が生まれつつあることも見逃されてはならない。

　北東アジアでは，2000年以降，二国間での経済連携が著しく進展している。それは，「北東アジア経済圏」，あるいは「環日本海経済圏」が構想された90年代とは比較にならない規模とスピードである。筆者の関心は，このような二国間経済連携の拡大が，やがて「ナショナリズムの時代」を終息に向かわせ，この地域での「下位地域協力」の叢生につながるのではないかという点にある。この点に触れる前に，北東アジアの二国間経済連携の現状について概観しておきたい。

　いうまでもなく，この地域での二国間経済連携を牽引しているのは，モメンタムとしては中ロ経済連携であり，ボリュームとしては韓中経済連携である。対照的に，日本のプレゼンスは相対的に大きく後退している。その結果，北東アジアでは新しい経済地図が描かれることになった。二国間貿易に反映された新しい経済地図のアウト・ラインは表1-1のとおりである。

　この表からも伺えるように，2000年以降，韓・中・ロ・朝4カ国間での相互貿易は，年率20％を超える高い伸び率で拡大してきた。中でも，中ロの経済連携は，貿易においてこの間6倍以上にも拡大し，いまや貿易のみならず投資においても広がりを見せ始めている。特に，2007年の貿易伸び率は44.2％にも達し，過去最高を記録した。中ロ貿易を，2010年までに600～800億ドルに引き上げるという両国政府が2005年に掲げた戦略的目標は，前倒して実現される公算が強い。

　これまで，資金不足によってたびたび計画倒れに終わっていたロシア極東地域開発も，ようやく実現に向けて動き始めた。2007年，ロシア連邦政府は，「2013年までの極東開発総合計画案」を採決し，すでに2008年より実行に移し

表1-1 北東アジアの二国間貿易と伸び率

(単位：億ドル・%)

	2000年	2007年	平均伸率
韓・中	432.2	1,658.1	21.2
韓・ロ	28.5	150.7	26.9
中・ロ	80.0	481.5	29.2
中・朝	4.9	19.8	22.1
朝・ロ	0.5	2.2	23.3
南・北	2.5	14.3	28.3
日・中	1,146.5	2,765.8	13.4
日・韓	513.2	813.5	6.8
日・ロ	51.7	212.6	22.4
日・朝	4.7	0.1	▲76.0

注：南北交易は商業性取引のみ。韓中貿易，韓ロ貿易は韓国側統計，中朝・中ロ貿易は中国側統計，朝ロ貿易はロシア側統計，日本は財務省貿易統計（税関長公示の年平均為替レートでドル換算）による。韓中貿易・日中貿易は香港との取引を含む。平均伸率は，過去7年間の貿易額の平均伸び率。

資料：Korea National Statistical Office, *Monthly Statistics of Korea* 各月版，韓国統一部『月刊南北交流協力動向』各号，中華人民共和国国家統計局『中国統計年鑑』各年版，ロシア連邦統計局『ロシア統計年鑑』(ロシア語) 各年版，財務省貿易統計より算出。

ている。この新しい計画によれば，2008年から2013年までに総額200億ドルの国家投資が行われることになる。さらに，両国政府は，中ロ貿易の決済手段として，元とルーブルの双方の通貨を使用することに合意した。ルーブルが決済手段として使用可能になったことによって，今後両国間の経済連携にはいっそうの弾みがつくことが予想される（中ロの民間貿易においては，従来元で決済されるのが一般的であった）。

　韓中経済連携も，貿易・投資を中心に，この間急速に拡大してきた。韓国の対中直接投資は，一時期，日本のそれを凌駕するまでに増大した。韓国にとって中国は，貿易においても投資においても，圧倒的なプレゼンスを占めている。中国の新たな外資政策（外資優遇政策の撤廃）によって韓中経済連携は量的拡大からの転換期を迎えているとはいえ，相互の依存度は格段に深化している。[28][29]2008年8月には，胡錦濤国家主席が訪韓して首脳会談が開かれ，従来までの韓中関係を「戦略的協力パートナー関係」へと一段引き上げて，韓中協力を全面

的に推し進めるとの両国の立場を表明するとともに，2005年に採択された「2012年までに両国間貿易を2000億ドルにまで引き上げる」とした「韓中経済通商協力ビジョン」の目標年次を2年前倒しにして2010年とするなど，「経済協力の規模と対象を大幅に拡大する」方向で修正・補完して，一層の経済連携強化を図る旨の共同声明が発表された。(30) 声明では，人的文化交流，域内・国際交流の分野でも，積極的な交流を謳っている。

中朝貿易は，かつてのような中国による一方的な援助貿易から，経済的補完関係に基づく二国間貿易へと大きく変化している。中朝貿易の基本的な経済補完関係は，北朝鮮が鉄鉱石，銅などの鉱物資源を輸出し，中国から食料・衣類などの日用製品と石油を輸入するという構造である。最近では，中国から輸入した衣料用原料を韓国企業が北朝鮮国内で製品加工して中国へ輸出するという三角貿易も見られるようになっている。さらに中国は，2006年10月の核実験後に制裁の一環として実施した口座開設に関する経済制裁を事実上緩和し，08年度からは新しく北朝鮮企業に中朝貿易での人民元決済を可能にしたと伝えられている。中朝の経済連携は補完性が強く，拡大を続ける中朝貿易には今後も大きな変化は見られないであろう（実際，2008年の中朝貿易は，前年比で41.3％増の27.9億ドルに達した模様である）。

朝鮮半島の南北経済交流は，すでに，委託加工取引を中心とした第2段階から直接投資を媒介とした第3段階へと移行している（南北交流は，90年代の単純な原産品貿易＝第1段階から，90年代後半からの委託加工取引を中心とした段階＝第2段階を経て，2005年以降，直接投資の段階＝第3段階へ移行した。商業性取引に占める委託加工取引の割合は，2003年の53％をピークに年々減少に転じ，2007年にはついに23％にまで低下した）。韓国の李明博新政権は，前政権まで続いた「包容政策」の見直しを進め，新たに「非核・開放・3000」という対北朝鮮政策を打ち出しているが，(31) 南北経済交流の中心事業として多額の税金をつぎ込んで開発してきた開城工業団地が，後戻りすることは考えにくい。

中朝貿易と南北経済交流は，いまや北朝鮮経済の生命線として深く組み込まれており，北朝鮮としても南北経済交流を後戻りさせることはできないであろう。北朝鮮の核問題は今後も予断を許さないとしても，南北経済交流の決定的な断絶は考えにくい（現実にも，南北交易は，韓国の李明博政権が成立して以降も増大を続けている。開城工業団地への進出企業は，09年2月末現在101社で，雇用されて

表1-2 日中韓の相互訪問者数とその増加率の推移

(単位：万人，％)

	韓⇔中	日⇔韓	日⇔中	3カ国計
2004年	347(41.1)	403(23.6)	395(46.3)	1,145(35.8)
2005年	426(22.6)	419(3.9)	404(2.3)	1,249(9.1)
2006年	482(13.1)	446(6.4)	456(12.9)	1,384(10.8)
2007年	585(21.4)	484(8.5)	492(7.9)	1,561(12.8)

注：香港を除く。2004年の増加率は，2003年のSARSの影響による減少を反映。
資料：Korea National Statistical Office, *Monthly Statistics of Korea*, 各月版，中国国家統計局『中国統計年鑑』各年版，国土交通省『観光白書』各年版より作成。

表1-3 日中韓の相互訪問者数とその増加率

(2007年，単位：万人，％)

	韓 国	中 国	日 本
韓 国 ➡		478(22%)	260(23%)
中 国 ➡	107(19%)		94(16%)
日 本 ➡	224(▲4%)	398(6%)	

資料：表1-2に同じ。

いる北朝鮮労働者は3.8万人，同団地での累計生産額は5.5億ドルを超えている)。

　さらに，北東アジアの二国間経済連携の拡大は，人的交流の拡大にも大きく影響を与えている。表1-2，表1-3に示しておいたように，北東アジアの人的交流はいまや韓中が主役である。特に，日本と韓国の人口規模を考えたとき（韓国の人口，約4900万人)，韓中交流の突出さが伺われよう。2008年8月の韓中首脳会談では，更なる人的交流拡大のために，ビザの簡素化措置をとることも確認されており，今後もこの傾向は続くものと思われる。

　日本にとっても，韓国や中国からの入国者数が急増している。2007年の日本への海外からの入国者数（観光，ビジネス・その他，一時上陸者の合計）835万人のうち，訪日韓国人は31％（260万人）を占めており，訪日中国人（香港を除く）は11.2％を占めている（過去2年間の増加率は，韓国人21％，23％，中国人25％，16％，である)。このように，北東アジアの人的交流は，韓中を中心として急増している。

（2） 新しい可能性

 上述したように，今世紀に入ってから，北東アジアの経済地図には大きな変化が起こっている。北東アジアにおけるこのような二国間経済連携とそれに伴う人的交流の拡大は，経済面での相互依存関係の深化だけでなく，ビジネス・チャンスの拡大，企業間ビジネス・アライアンス（戦略的業務提携）の拡大，経済交流の量的拡大から質的連携への深化，異文化交流の拡大・深化など，新しい可能性を醸成しつつある。

 特に，企業間のビジネス・アライアンスの拡大については，近年注目すべき動きがみられる。これまで，日本と韓国の企業は，互いにパートナーという意識よりもライバルという意識のほうが強く，日韓企業間での戦略的アライアンスには障害が多かった。日韓のFTA交渉においても，韓国企業の間には，日本企業の韓国進出には懐疑的な立場が多かった。中国市場においても，日韓企業は激しい競争を演じてきた。

 しかし，中国が，低付加価値産業への投資を制限し，外国投資の選別政策へと大きく転換してきた現在，韓国企業にとって，自前の技術革新と同時に日本企業との戦略的アライアンスの提携が重要な選択肢として浮上してきたのである[32]。他方，日本企業の側も，コスト引き下げ圧力によって，原材料・部品の現地調達率の引き上げという経営戦略の転換に迫られている。日本貿易振興機構（JETRO）が，在中国日系製造企業に対して行った「日中韓ビジネス・アライアンスの現状と今後の可能性に関する調査」（2006年）によると，在中国日系製造企業の29.7％がすでに韓国企業（在中韓国系企業を含む）から原材料・部品の調達を行っており，27.9％が韓国企業へ販売を行っていた[33]。

 「ビジネス・アライアンス」とは，本来，業務提携（技術提携・販売提携などの契約関係）や資本提携などの戦略的アライアンスをさす場合が多いが，販売提携だけでなく安定的な取引関係の構築（部品・中間財・原資材の相互調達）もアライアンスの初歩的な形態として重要な意味をもっている。安定的な取引関係から出発して漸次アライアンスの深化に向かっていったケースは少なくない。その意味で，初歩的形態ではあれ安定的な取引関係の構築は，将来を占う重要な指標となりうる。

 韓国企業も，対中投資の経験から多くを学び取り，成長を遂げてきた。80年代に対韓投資に向かった日本企業が経験した状況は，改善されつつあるといえ

る。しかし，日韓企業の間には，圧倒的に情報が不足しており，交流の機会も限られている。経済連携の拡大が，交流機会の増大につながっていけば，量的拡大から質的連携への深化へと向かっていくことも可能であろう。[34]

現在は二国間を中心に拡大している経済連携は，やがて多国間での経済協力の基盤を作り出すことは疑いない。日・中・韓のFTAが，具体化に向けて動き出すのも時間の問題であろう。

あわせて，現在行われている吉林省と北朝鮮咸鏡北道との地方間交流のような，この地域での下位地域協力（マイクロ・リージョン）が叢生することになれば，20世紀には挫折を余儀なくされた「図們江地域開発計画」のような多国間に跨る地域協力（サブ・リージョン・プログラム）が再び脚光を浴びる時代が訪れるであろうことは，想像に難くない。[35]

だが，北東アジアの二国間経済連携の進展は新しい可能性を秘めたものではあるが，その可能性を現実のものとし得るか否かは，ひとえに「経済的補完関係」を超えた域内地域協力を実現できるか否かにかかっていることも，忘れてはならない。

おわりに

東アジアの成長は，ついにその先に「東アジア共同体」を展望する議論にまで行き着いた。東アジアのリージョナリズムは，かつてない高まりを見せている。だが，この現象は，東アジアの現実を正しく受け止めているのであろうか。

筆者は，この疑問を，「サブ・リージョン」あるいは「下位地域協力」という視点から改めて提起した。「東アジア共同体」という心地よい響きとは裏腹に，依然として「ナショナル・スタンダード」があちこちで頭をもたげているのではないか。

かつて，東アジアでは，「局地経済圏」（Localized Economic Zone）という言葉が盛んに使われてきた。しかし，「局地経済圏」と「サブ・リージョン」との間には，決定的な違いがあることを，認識している研究者は少なかった。その違いとは，主として，前者はその推進力を「経済的補完関係」に求め，後者は問題解決型地域協力の実現に求めている点である。しかも，後者にあっては，漁業協力にせよ環境協力にせよ，市民参加型の越境協力が行われてきた。それ

に対して，東アジアでは，「経済的補完関係」だけが重視されてきた。北東アジアでも，潜在的に存在しているにすぎない「経済的補完関係」に重きがおかれた結果，国家間関係が重視されてきた。それゆえ，「北東アジア経済圏」，あるいは「環日本海経済圏」構想では，国家間協力を実現しようとする発想が支配的であり，市民レベルや民間レベルでの課題については二義的にしか扱われてこなかった。(36)北東アジアでは圧倒的に市民レベルでの交流が欠如しているという現実をどう受け止めるのかというわれわれの問いは，真剣に受け止められることは少なかった。

東アジアのリージョナリズムのあやしさは，つまるところ，「ナショナル・スタンダード」の問題に行き着く。地域統合を目指し，「国家主権の相対化プロセス」を推進する立場を「リージョナル・スタンダード」だと規定することができるならば，東アジアではまだ，「経済的補完関係」の追及を超える「リージョナル・スタンダード」は見えてこない。東アジアの地域統合の展望は，「ナショナル・スタンダード」を超えたところにある。

注

（1）「雁行形態論」とは，本来，一国の産業構造の高度化プロセスを説明するものであったが，R.バーノンらの「プロダクト・サイクル」論の影響を受けて，東アジア域内への直接投資を媒介とした産業および技術の伝播構造（=重層的追跡過程）を説明する理論としても応用されるようになった。「雁行形態論」への批判としては，東アジア生産ネットワーク論がある。これは，東アジアの成長を，多国籍企業が展開する生産ネットワークの変容から説明するものである。本書第5章に収められている尹論文は，その代表的なものである。

（2） The World Bank, *The East Asian Miracle : Economic Growth and Public Policy*, Oxford University Press, 1993（白鳥正喜監訳『東アジアの奇跡』東洋経済新報社，1994年）.

（3） *Ibid.*, p. 10（邦訳：10ページ）.

（4） *Ibid.*, p. 366（邦訳：350ページ）.

（5） *Ibid.*, pp. 6-11（邦訳：6〜11ページ）. 特に，「選択的介入」に対しては，①東アジアの政府は，選択的介入のためのパフォーマンスの基準と，そのモニタリングが可能となるような組織的なメカニズムを開発し，介入は非常に規律あるパフォーマンスに基づいた方法で行われた，②介入のコストは，顕在的にも潜在的にも過大にならなかった。マクロ経済の安定が最重要視されたため，介入が過大

なコストを伴ったり、安定性を阻害するようになった際には、即時に修正されるかまたは廃止された、として高く評価した。しかし、世銀エコノミストたちがいうとおりであったとすれば、1979年の韓国の朴正熙大統領の暗殺とその後の軍事クーデター、それに続く「光州の悲劇」(1980年) はなぜ起こったのか。全斗煥政権下での緊縮財政への移行は、「過大なコスト」を伴った結果ではなかったか。しかも、80年代前半の韓国経済の危機的状況は、原油価格と国際市場金利の急落、円高・ウォン安の進行という他律的要因によって救われたのではなかったか。

(6) 韓国の家電産業や自動車産業は、戦略的産業として日本からの輸入を禁止することによって守られてきた。自由化すれば、特定の国(日本)からの輸入が集中して寡占状態が出現するという理由からである。これは、「柔軟な選択介入」などと呼べる次元のものではない。「輸入先多角化品目」制度がGATT/WTOに違反していることは明らかであり、この措置はWTO発足を契機に90年代末から段階的に撤廃されていった。

(7) 「強い政府」の下で、開発戦略の策定によってキャッチ・アップ型の工業化を目指す体制を、かつては「開発独裁」と呼んだ時期もあった。しかし、「開発独裁」というタームは、90年代半ば以降、その曖昧性が指摘されるようになり(末廣昭「アジア開発独裁論」中兼和津次編『講座現代アジア2』東京大学出版会、1994年、所収)、再検討が迫られた。その背景には、「独裁」という言葉のもつ曖昧さだけでなく、強い否定的イメージとその言葉のもつ「政治性」があったことは疑いなかろう。したがって、「政治性」を排除して、分析概念として客観性をもたせるとすれば、東アジアの実態を反映した別の概念が必要とされたのである。たしかに、朴正熙時代の韓国(1961～79年)や蒋介石時代の台湾(1949～75年)ならまだしも、一定の民主主義的手続きを踏んで成立したシンガポールのリー・クアンユー政権やマレーシアのマハティール政権までも「開発独裁」というタームで括ることには強い抵抗があったことは想像に難くない。さらに、1987年6月の「民主化宣言」以後の韓国、87年7月の戒厳令解除後の台湾は、明らかにそれ以前の体制とは質的に変化しており、「独裁」にかわる新しい規定が必要とされていた。その結果、90年代中頃から、「開発独裁」に代えて、「開発主義」体制あるいは「開発主義」国家という言葉が多用されるようになった。なお、末廣氏は、開発主義の特徴として、①開発の単位と目標が個人・家族、企業、地域社会にではなく、あくまで国家や民族におかれていること、②国家が、つまり行政機能を担当する政府だけでなく、治安や国防を担当する軍も含めて国家が、広範囲に経済や社会の運営に介入していること、③開発主義の普及と持続には、経済成長イデオロギーの浸透と定着が密接に関係していること、の3点を挙げている(末廣昭、同上書、2～3ページ)。

(8) 筆者は，このような体制を「国家資本主義」の第三類型と規定した。詳しくは，坂田幹男「キャッチ・アップ型工業化と国家資本主義」北東アジア学会編『北東アジア地域研究』第14号，2008年所収，を参照してほしい。

(9) 特に，1973年の「重化学工業化宣言」とそれに続く「第3次5カ年計画」（1973～77年）期間中には，「維新体制」と呼ばれた徹底した社会統制の下で，造船，自動車，石油化学，電気・電子などの各産業において，政府の手厚い保護により，財閥系企業を利用した重化学工業化が目指された。

(10) Prebisch, R., *Towards a New Trade Policy for Development*, United Nation, 1964（外務省訳『プレビッシュ報告——新しい貿易政策を求めて』国際日本協会，1964年，34ページ）.

(11) 1970年10月のUNCTAD特恵特別委員会において，先進11カ国が，さし当たって今後10年間，91の発展途上国に対して特恵関税を実施することが決定された。このGSPには卒業条項がついており，GSPの恩恵を最大限享受したアジアNIEsは，80年代末には相次いで適応除外におかれることになる。

(12) ダブル・スタンダードは，けして途上国だけのものではない。米国自身も，実は二重のスタンダードを使い分けてきた。国際法より優越する米国通商法は，「ダブル・スタンダード」の典型である。米国のいう「グローバル・スタンダード」とは，「アメリカン・スタンダード」ではないかという批判もある。

(13) 筆者は，リージョナリズムを，ナショナリズムとグローバリズムの「中間領域」と考えている。ナショナリズムが主権国家を中心とした「ウエストファリア体制」の延長にあり，グローバリズムが「脱主権国家」につながるものであるとすれば，リージョナリズムは国家主権の範囲を相対化させつつ国家間協力を追及する動きである。主権国家の「主権」の相対化の程度によって，リージョナリズムにもいくつかのタイプが見られる。ASEANは，主権国家の相対化の程度が低いリージョナライゼイション（地域統合）であり（内政不干渉・全会一致の原則など），EUは相対化の比較的高い段階にある（通貨統合・欧州委員会の存在など）地域統合である。

(14) 詳しくは，坂田幹男「加速する東アジアの地域統合」（福井県立大学年報創刊号『東アジアと地域経済』2008年，所収）を参照してほしい。

(15) www.mofa.go.jp/regiom/asia-paci/report2001.pdf.

(16) 『毎日新聞』2002年1月15日。

(17) 「東アジア共同体」をめぐる議論の焦点の一つに，その枠組みの問題がある。日本政府は，2006年に突如，「東アジア共同体」の枠組みとして，ASEAN＋3に替えて，ASEAN＋6（日・中・韓・インド・オーストラリア・ニュージーランド）を主張し始めた。BRICsの一角であるインドを取り込みたいという経済的動

機は理解できるとしても，これまでASEAN＋3として築いてきた地域経済協力を考えれば，唐突の感は否めない。日本とインドの間には，ASEANとの間で行われてきた経済協力はみられない。実体を伴わないASEAN＋6の枠組みは，議論を混乱させるだけであろう。日本のこのような主張には，ASEANへの急接近をはかっている中国への牽制という意味が強いと勘ぐられても致し方あるまい。それとも，農業問題を抱えて展望を見いだせない日本政府の時間稼ぎであろうか。

(18) ヨーロッパのサブ・リージョンはユーロリージョンと呼ばれることが多い。ユーロリージョンに詳しい高橋和氏によれば，「ユーロリージョンは，1960年のEECにおける『国境に跨る自然な地域統合のための会議』の設立と，そのパイロット計画としてのLACA（ヨーロッパ国境地域のためのリンケージ援助と協力）がスタートとなっている。しかし，この計画がスタートする前の1958年にすでにドイツのグロウナウとオランダのエンスデンのあいだで自治体間の協力関係が成立しており，この地域は自らを『オイレギオ（Euregio＝Euroregion）』と名乗った。ユーロリージョンという名前が一般化するのは，ここに由来する」という（高橋和「欧州における下位地域協力」『環日本海研究』第4号，1998年，31ページ）。このように，ユーロリージョンの歴史は古い。

(19) このことは，ヨーロッパの地域統合化の契機に，政治的動機があるということを否定するものではない。地域統合の出発点となったEECの形成においても，また，EUの東欧への拡大においても，政治的動機が主要な推進力となったことは否定しない。その点は，ASEANの形成においても同様である。しかし，地域統合の深化（主権国家の相対化）のプロセスにおいては，サブ・リージョンの存在が大きくかかわっている。

(20) 川本忠雄「東アジアにおけるサブ・リージョンの存立条件について」『下関市立大学創立50周年記念論文集』2007年，34ページ。

(21) 同上論文書，31〜34ページ。

(22) CEFTAは，ポーランド，チェコ，スロバキア，ハンガリーが，EUへの加盟交渉の過程で94年に発効させた自由貿易協定である。その後，スロベニア，ルーマニア，ブルガリアなどが加盟していったが，原加盟国は04年にEU加盟を果たし脱退した。CEFTAがEU加盟への橋渡しの役割を果たしたことは間違いない。

(23) これとは別に，北東アジアの共生という視点から「北東アジア共同体」を提唱する議論がある（松野周治ほか編『東北アジア共同体への道』文眞堂，2006年）。そこでは，朝鮮半島の平和と安定の実現を最大の課題として，日中韓三国の協力を中心として「地域経済協力と地域安全保障の枠組み」を目指していこうとする立場が表明されている。北東アジアにおいて，日中韓の共生を目指そうとする立場自体に異論はないが，この地域の特殊性を考えれば，この地域ではまず経済連

携の拡大と信頼関係の構築から始められるべきであり,「共同体」のような国家間の枠組みを目標にして協力を目指す条件は存在しないといわざるを得ない。
(24) 「図們江地域開発計画」の経緯およびその問題点については,坂田幹男『北東アジア経済論』ミネルヴァ書房,2001年,を参照してほしい。
(25) 同上書,16~21ページ。そこでは,次の点を指摘した。①この地域は,かつて宗主国と植民地という支配と従属の関係におかれていた地域が大部分であること,②この地域の構成主体には国家と国家の一部地域(中国東北地区,ロシア極東部)が混在しており,中央と地方という複雑な利害関係を内包していること,③今なお分断国家が対峙する著しい不安定性をもっていること,④他の地域には見られない著しい経済格差とそれとは対照的な「生産知識体系」の存在(ロシア極東地域の旧軍需産業や中国東北地区の重化学工業など),⑤この地域に存在している多様な経済システム,⑥「儒教文化圏」という範疇では括れない文化の多様性,などである。
(26) 北東アジアの二国間経済連携の現状について,詳しくは,坂田幹男「塗り替わる北東アジアの経済地図」『世界経済評論』第52巻第1号,2008年,を参照してほしい。
(27) 中国の対ロシア直接投資(非金融部門)は,05年に前年比2.6倍増(2億ドル),06年2.2倍増(4.5億ドル)と急増し,07年にも4.8億ドルを記録した。07年末現在の投資残高(ネット:14.2億ドル)の実に80%が過去3年間によるものである。
(28) 中国の外資優遇政策から選別的外資導入政策への転換については,坂田幹男「中国の成長と北東アジア」,前掲(注14)所収,143~145ページを参照してほしい。筆者は,中国の「社会主義市場経済」化が,第3段階へ入ったとの認識をもっている。この点については,坂田幹男,前掲論文(注26),をあわせて参照してほしい。
(29) 韓国の中国(香港を含む,2007年)との貿易結合度[=(韓国の中国への輸出額/韓国の総輸出額)/(世界の中国への輸出額/世界の総輸出額)で算出]は3.25で,日本の2.26を大きく上回る("Direction of Trade Statistics", IMF, May 2008,より算出)。また,韓国の対中貿易依存度(香港を含む・2007年)は17.1%(輸出10.4%,輸入6.7%)で,日本の6.3%(輸出3.4%,輸入2.9%)を大きく上回る(Monthly Statistics of Korea,財務省貿易統計より算出)。
(30) 『朝鮮日報』2008年8月26日付,電子版。
(31) 韓国の李明博政権の基本的な対北朝鮮政策は,「非核・開放・3000」というスローガンに集約されている。これは,北朝鮮が,核兵器の廃絶と対外開放を進めるならば,北朝鮮の一人当たりGDPを3000ドルまで引き上げるための援助を行う,というものである。しかし,北朝鮮の非核化と対外開放を前提にした協力姿勢は,

「包容政策」によって拓かれた南北関係を大きく後戻りさせてしまうものだとの韓国マスコミや野党の批判を受けて，2008年8月には，対話を通じた段階的支援も行うとする「相生と共栄の対北政策」を発表した。北朝鮮は，これに対しても激しく反発している。

(32) この点について，一例を紹介しておこう。北陸地域（福井・石川・富山）では，北陸経済連合会，商工会議所，北陸経済交流促進協議会（AJEC）などが中心となって，韓国の「韓日経済協会」と連携して，2000年から「北陸・韓国経済交流会議」を毎年日韓交互に開催している。第7回目となった06年には，10月に福井市で開催され，韓国からは24社が参加して商談会が行われた。商談会で韓国側企業が希望したビジネス・アライアンスの内容（複数希望）は，輸出21社，輸入7社，業務提携8社，合弁投資7社，技術開発6社であった。貿易以外の，業務提携・合弁投資・技術開発などの戦略的アライアンスを希望した企業は合計13社で，全体の54％に達した。過去7年間で見て，戦略的アライアンスを希望する企業が明らかに増えつつある。日韓ビジネス・アライアンスへの期待は，日本企業よりも韓国企業の方が強い傾向にあるといえる。

(33) 今回の調査対象企業の中国市場での平均現地調達率は46.9％であるので，在中韓国企業からの調達比率はかなり高いものと思われる。さらに，将来的には，在中日系企業の44％が韓国企業からの調達拡大に，54％が韓国企業への販売拡大に意欲を示しているという。さらに，韓国に進出している日系企業のなかには，販売先の韓国企業の中国シフトなどを背景にして中国展開するケースもあるという。調査ではまた，在中日系企業の今後の調達方針について，どの国・地域からの調達を増やすかとの質問（複数回答）に対して，「進出国・地域」と答えた企業が89％にも達した。「日本」からと答えた企業は1.4％であった（『中国経済』JETRO，2006年6月号）。

(34) JETROでは，韓国のKOTRA（大韓貿易投資振興公社），中国のCCPIT（中国国際貿易促進委員会）と協力して，2006年から「日韓中産業交流会」を毎年持ち回りで開催している（06年青島，07年ソウル，08年大阪）。今後は，マッチングの機会の提供に加えて，アライアンスを希望する企業の「情報のストック」とその積極的な活用の方法などが模索される必要があろう。

(35) 中国吉林省と北朝鮮咸鏡北道との地方間経済交流では，吉林省琿春市が主導する交流が進んでいる。これまでの報道によると，琿春市の「東林経貿易有限公司」と「琿春辺境経済合作区保税有限公司」，および北朝鮮側の「羅先市人民委員会経済合作社」が折半で出資して「羅先国際物流有限公司」を設立することに合意したという。登録資本金6000万ユーロのうち，羅先市は港・道路などを現物出資（利用権の提供）し，中国側は資金，設備，建築資材を提供し，羅津港第

3号埠頭と4号埠頭（新設予定）の50年間の独占的使用権と中朝貿易通関がおかれている元汀から羅津港までの道路（約48km）の50年間の運営権を獲得するという。中国政府も，2003年に打ち出した「東北振興」の一環として，吉林省に対しては琿春市の物流ルート開拓を支援するなど，北朝鮮との経済連携強化を後押ししている。

(36) ヨーロッパでは，互いに国境を接しているため，国境線によって区分された政治空間と実際の生活空間や生態系を共有する自然空間とはさまざまな局面において齟齬をきたす場合があった。そのため，クロス・ボーダーでの市民協力という意識は比較的浸透しやすいという特徴がある。それに対して，日本は四方を海に囲まれているため国境で区分された政治空間と実際の生活空間が齟齬をきたすことはほとんどなく，クロス・ボーダーでの協力という市民意識が希薄であることも一因であろう。

第2章
韓国の経済成長と韓中経済連携の進展

金　昌　男

はじめに

　韓国は，1960年代初期以降，輸出志向工業化という外向的開発戦略の選択と強力な輸出促進政策の推進によって，高度経済成長を達成してきた。特に，高度経済成長を牽引してきた労働集約財の輸出は，韓国社会に蔓延していた膨大な潜在失業や絶対的貧困の「輸出」であったが，それによって一人当たり国民所得の急速な増加と所得分配の相対的公正性，産業および輸出構造の高度化を短期間に実現することができた。1993年の『世銀報告書』の表紙タイトルの表現を借りるならば，韓国の経済成長の実績は，まさに「漢江の奇跡」といっても差し支えない。
　1960年代初頭の開発初期条件は，資本不足・労働過剰の状態であり，低生産性農業部門が支配する伝統的二重経済構造を特徴としていた。一人当たり国民所得は，70ドル台の最貧国の水準であった。ところが，工業開発とともに国内総投資率と経済成長率は，19世紀資本主義工業開発の最後発国であった日本の経験よりも遥かに高い水準を記録しながら，先発国の実績をキャッチ・アップしてきた。
　今日，韓国は，重化学工業製品の主要輸出国であるばかりでなく，鉄鋼，造船，自動車，化学製品，半導体，電子製品など主要な先端技術製品の世界市場におけるシェアを拡大させながら，先進国の市場シェアを大きく侵食してきた。こうした輸出の拡大と産業構造の先進化を実現しながら，GDP規模や貿易規模の面で世界上位を占め，一人当たり国民所得も2万ドルを超えるようになった。韓国は，すでに，先進国に対して強力な競争国として浮び上がってきたのである。

本章は，かかる韓国経済の成長過程を概観し，国際経済関係がどのように変化しているかを究明するところに主な目的がある。第1節では，韓国の経済成長の実績をマクロ的に概観した後，第2節で経済成長を牽引してきた輸出拡大のための政策的手立てと輸出の経済成長寄与を検討する。第3節では，1990年代初頭の中国との国交樹立をきっかけとして，韓国の対外経済関係が多様化しながら，急速に中国へ傾いていった現象を分析し，最後に韓国経済の展望を示してみたい。

第1節　経済成長のマクロ的概観

（1）　資本輸入国から資本輸出国への圧縮的成長

韓国は，1962年から，労働集約的軽工業部門の開発に重点をおいた輸出志向工業化政策を推進してきた。これは，当時韓国社会に蔓延していた膨大な失業者と不完全就業者を低賃金で豊富に利用することができるという前提条件があったからである。のみならず，一人当たり国民所得が最も低い最貧国の水準にあったために，国民の多くは購買力をもたず，工業開発に伴う製品の販売先を海外へ求めざるを得なかった。かくして，韓国は労働集約財部門に特化し，低賃金を武器にした強い価格競争力を利用して，輸出を拡大してきた。

さらに，韓国は，1970年代初頭に，重化学工業部門の開発に乗り出した。こうした政策転換は，労働集約財産業の急速な発展と，それに伴う後方連関効果によって促進された。すなわち，労働集約財部門の急速な発展は，それに必要な中間財や原・素材ならびに資本財に対する需要を拡大していく。その需要規模が大きければ大きいほど，それを輸入に依存するよりも国産化して国内で調達する方が有利になる。かくして，石油化学工業，鉄鋼業，金属工業，電気・電子工業，機械工業などの重化学工業部門の開発が始まったのである。

図2-1は，1956～2007年までの韓国の実質経済成長率を示したものである。これによると，1961年までは，年平均4.0％の低い水準にあったものが，工業開発が進められた1962年以後急速に上昇し，1962～97年までの35年間に，2回にわたるオイル・ショックと1979年の大統領暗殺，1980年の「光州民主化抗争」という厳しい政変を経験しながらも，年平均8.0％の高成長を実現した。

このような韓国経済の高度成長には，その背後に工業部門を中心とする近代

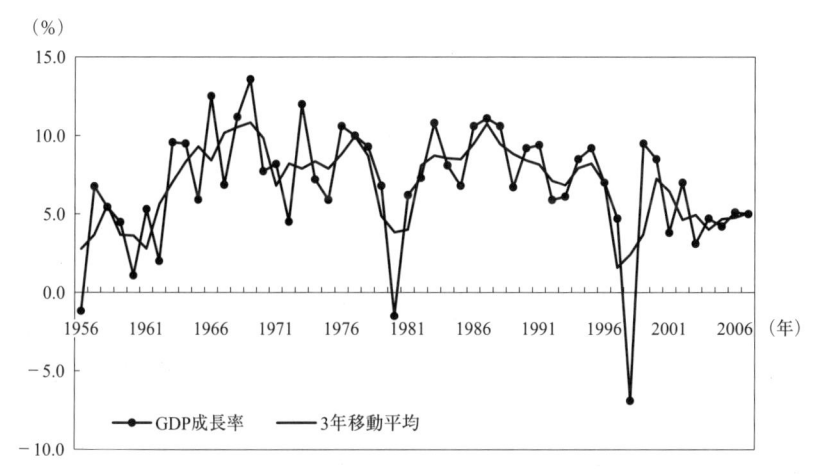

第2章　韓国の経済成長と韓中経済連携の進展　33

図2-1　韓国の実質GDP成長率の推移（1956〜2007年）

資料：韓国統計庁のデータベースを利用して筆者作成。

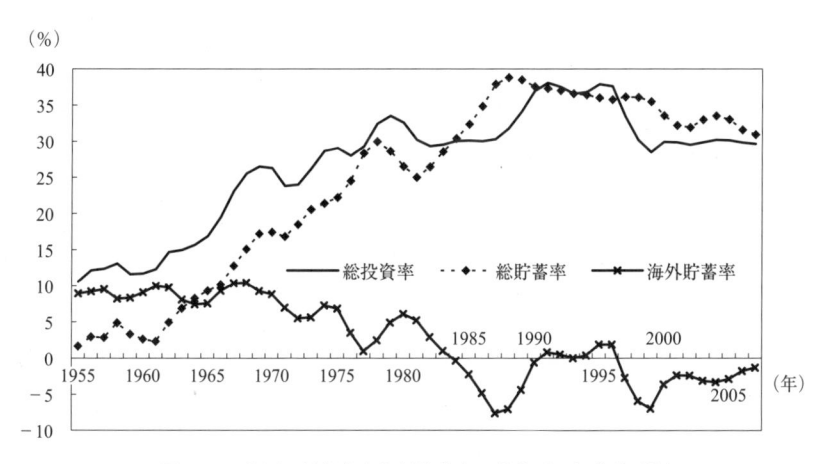

図2-2　韓国の総投資率と総貯蓄率の推移（3年移動平均）

資料：1955〜69年までは，韓国銀行『韓国の国民所得』1978年版を，それ以降は韓国統計庁のデータベースを利用して筆者作成。

部門に対する大規模で持続的な投資があった。実際に，韓国は，図2-2に見られるように，投資資源としての国内貯蓄が充分ではなかった。韓国の総貯蓄率は，1950年代平均4％から1960年代中葉まででも10％を超えることはなかっ

た。しかし，総投資率は，これを大きく上回る水準であった。この格差は，ほとんど公的借款ならびに商業借款など外資で賄われた。韓国の外資導入の著しい特徴は，多国籍企業を中心とする外国人直接投資（FDI）ではなく，借款であるという点にある。

　国内の経済が外国資本によって支配されるのを嫌う韓国政府は，1966年に「外資導入法」を制定したが，その内容はFDIを厳しく規制するものであった。そのために，韓国が1997年の金融危機に直面するまで，総固定資本形成額に対する外資導入比率は年平均3％未満にすぎず，そのうちFDIは0.6％にすぎなかった。南米や東南アジア諸国の平均30～60％に比べると，外国人資本に対していかにも閉鎖的な国家であった。[1]

　1997年の暮れに襲ったアジア金融危機の荒波を受けて，国際通貨基金の支援とその管理体制のもとにありながらも，速やかな構造調整と膨大な外債の返済を行うなど，いち早くIMFの管理体制から脱皮して，1998～2007年までは，4.4％の安定的な経済成長率を達成してきた。

　図2-2によると，総貯蓄率と総投資率は，1960年代初期から大きく増加している。特に，総投資率の増加速度は著しく速い。1970年代半ばには30％台に近づき，1930年代および1950～60年代における日本の投資ブーム期よりも遥かに高い投資率を記録した。[2]総貯蓄率の速やかな増加に伴って，1970年代半ば以降，両者間のギャップは縮小し始め，1980年代には逆転した。そして，1990年代初期の数年を例外とすれば，1980年代半ば以降，韓国の総貯蓄率は総投資率を上回ってきた。これは，韓国が1980年代半ばを起点に，慢性的な資本不足国から資本輸出国へと変身してきた，ということを示すものである。統計庁の資料によると，1980～2007年までの期間に，韓国の海外直接投資の累計額は，917億ドルに上っている。

　図2-3は，マデソンが推計した主要国の一人当たりGDPを1990年のGKドル（Geary-Khamis Dollars）で表したものである。[3]これによると，一人当たりGDPの上昇速度は，イギリスよりも工業開発の時期が遅れた日本が速く，しかも日本よりも遥かに遅れて工業化を開始した台湾や韓国の方が速い。こうした現象から，ガーシェンクロンのいう「後発性の利益」命題の通り，後発国ほど工業化がひとたび開始されれば，その成長は非連続的にスパートして，先発国の歴史的成長過程を圧縮した形で実現するという，複線的発展類型が観察さ

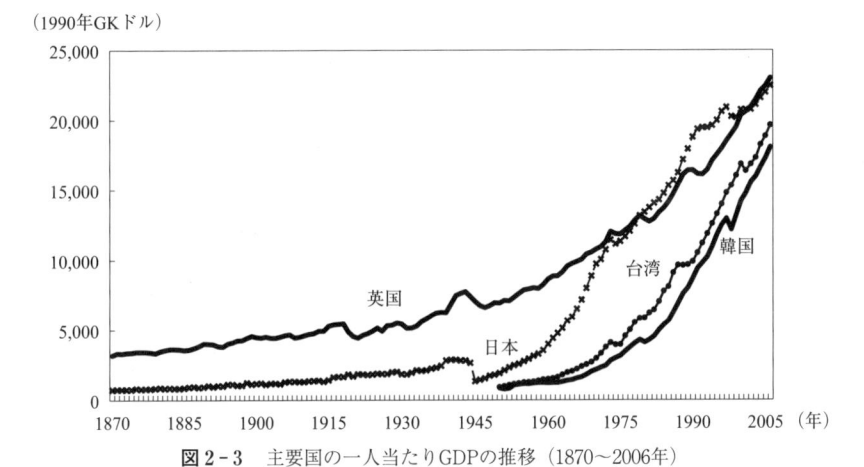

(1990年GKドル)

図2-3 主要国の一人当たりGDPの推移（1870〜2006年）

資料：Maddison, A., *Statisitcs on World Population, GDP and Per Capita GDP, 1-2006AD*の推計結果（2008年10月update）を利用して筆者作成（http://www.ggdc.net/maddison/）。

れる。[4]

　ここで，比較のために，一人当たりGDPが，1990年ドル表示で1000ドルから始まって1万ドルに達した期間を計算してみよう。マデソンの同じ資料から計算してみると，イギリスは，1780年頃に1000ドルから始まって1965年に1万ドルに達した。日本は，1890年から始まって1970年に達した。台湾は，1950年から1987年に，韓国は1953年から1992年に達成した。したがって，イギリスは185年，日本は80年，台湾は37年，韓国は39年かかったことになる。結局，韓国は，先発国の成長史を大きく圧縮した形で発展してきたのである。

（2）重化学工業化の深化

　産業構造の先進化を示す一つの指標が，ホフマン比率である。ホフマン比率は，重化学工業部門の付加価値生産額に対する軽工業部門の付加価値生産額の比率で表すもので，工業発展段階が低い水準から始まって，その比率が5.0〜3.5の第1段階，3.5〜1.5の第2段階，1.5〜0.5の第3段階に区分されている。そして，先進工業国は，重化学工業部門の発展の程度が最も低い第1段階から重化学工業化が高度に発達した第3段階までの移行期間が50年以上かかったのに対して，韓国は1960年代初期から1970年代半ばまでの約15年間とい

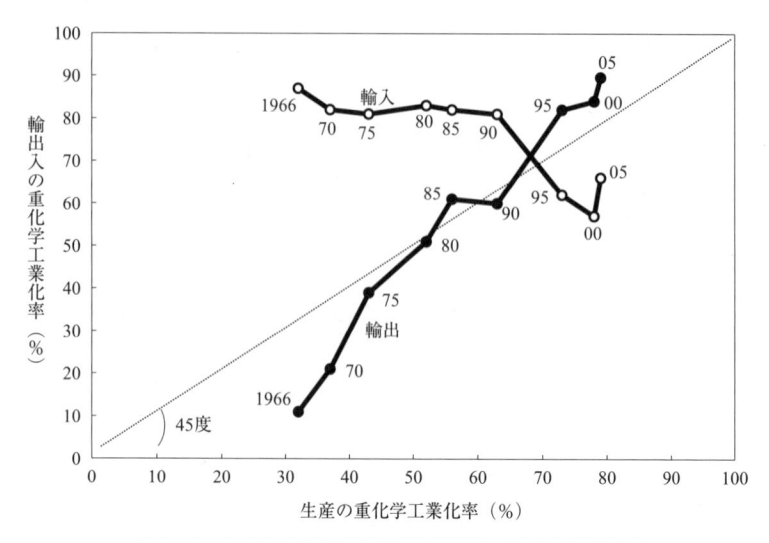

図 2-4 生産の重化学工業化率と輸出入の重化学工業化率

資料：韓国銀行『産業連関表』各年版を利用して筆者作成。

う短期間で実現してきた(5)。まさに，先進国の産業発展の歴史的経験を大きく圧縮した形で重化学工業化が進んできた。

　図2-4は，韓国製造業部門の生産と輸出入における重化学工業化率を結合した相関図である。上述したように，1980年代半ば以降，機械類と鉄鋼・石油化学などの重化学工業部門が急速に発展し，これを反映して輸出における重化学工業化率も大きく増加してきた。図の中で45度線は，重化学工業化率と輸出ならびに輸入の重化学工業化率が同じ速度で進展する方向を表している。

　輸出の重化学工業化率と生産の重化学工業化率には正の強い相関関係がみられ，急速な右上がりの傾向を見せている。1966年に32％であった生産の重化学工業化率は2005年に79％に達しており，輸出の重化学工業化率は同じ期間に11％から90％に増加している。この両者間の相関係数（R^2）は0.972であり，生産と輸出における関係が最も密接であったことを示している。しかし，45度線に接近し始めたのは，1975年頃である。その後，輸出と生産の重化学工業化率の結合点は，この対角線に沿って上昇している。これは，輸出製品構成における重化学工業製品の比率が生産上の重化学工業化率と一致するか，あるいはそれ以上の速さで進展してきたということを意味している。

一方,輸入の重化学工業化率は,生産の重化学工業化率の進展にもかかわらず,1990年までは緩やかにしか低下してこなかった。1966年に87%であった輸入の重化学工業化率は,1990年までは81%の高い水準で推移してきた。しかし,この比率は1990年代に入ってから大きく低下し,2005年には前期に比べ多少増加したものの66%に低下した。輸入と生産の重化学工業化率間の相関係数(R^2)は,0.744である。韓国の輸入製品の大部分は,素材・中間財ならびに資本財を含む生産財で占められている。これらの生産財は,輸入誘発的生産構造のために,最終財の生産と輸出の拡大に伴って,その輸入も大きく増加する。したがって,生産と輸出における重化学工業化率の増加は,輸入の重化学工業化率を高い水準にとどめてきた。しかし,1980年代半ばから本格化したR&D投資の成果によって,1990年代初期から生産財の国産化が進み,輸入における重化学工業化率は大きく低下してきたのである。

このように,韓国の生産と貿易における工業構造の高度化は,目覚しいものがある。特に,韓国は,1970年代半ば以降,重化学工業部門中心の工業構造を形成し,また1990年代以降は,IT産業を中心にした技術集約的産業が工業構造の中心を形成するようになってきた。

(3) IT産業の発展と産業発展パターン

技術集約的先端工業製品を代表する半導体やコンピューターなどを含む電子機器の生産比重は,1991年の11.5%から2005年には20.1%に大きく増加した。また,乗用車を中心とした輸送機械の生産比重も同じく11.1%から15.4%へと増加し,産業用電気機械の生産比重は3.4%から5.9%に増加した。旋盤など工作機械を中心にした一般機械は,観察期間中8.0%前後の生産比重を占めていた。[6]このような製造業生産構造の尖端化を反映して,輸出構造も技術集約的製品が中心をなしている。1990年と2005年の韓国輸出総額に対する先端技術製品の輸出構成比を計算してみると,電気・電子機器は12.5%から37.8%に,輸送機械は4.2%から19.9%にそれぞれ増加している。また,鉄鋼は3.0%から5.7%に,一般機械も1.1%から5.9%へと増加している。

電気・電子機器の中で最も大きな生産・輸出比重を占めているのは,半導体とコンピューターである。特に,半導体の輸出額は,1990年の45億ドルから2005年299億ドルに増加し,韓国電子部品輸出総額の73%以上を占めている。

2005年の世界の電子部品市場規模は4121億ドルであり，これは世界電子産業市場の32％に達する規模である。2005年の韓国の電子部品総輸出額は391億ドルに上り，世界市場シェアは9.5％になっている。(7)

韓国の工業製品の生産と輸出構造は，半導体とコンピューター，無線通信機器などのIT産業中心へと大きく転換してきた。これは，1980年代末までに進められた産業育成過程において肥大化した資源集約的重化学工業部門の競争力低下と，それを克服するための構造調整の結果である。特に，三星グループなど韓国屈指の大手企業では，1980年代末から，独自の技術開発に拍車をかけてきた。たとえば，韓国半導体生産メーカーの売上高に対するR&D投資比率をみると，1997～2001年間平均で三星電子7.0％，ハイニックス半導体10.3％であった。これは，同じく製造業平均の1.0％前後と比べると格段に高い比率である。こうした高いR&D投資は1980年代末から始まっており，その成果は1990年代の初期から生産と輸出の拡大として現れた。(8)

年代別産業発展過程を整理した図2-5によると，経済開発初期の1960年代には，資本不足・労働過剰という要素賦存状態を反映して労働集約的軽工業部門が工業生産の中心をなしてきた。この時期の主導産業は，食品加工業，衣類加工業，合板や家具などの木材加工業，カツラ加工業であり，これらの工業部門の生産増大と輸出拡大によって，韓国の経済成長が牽引された。

1970年代は，重化学工業化政策が本格的に推進された時期であり，重化学工業部門に対する投資が大規模に行われた。この時期の主導産業は，繊維産業，家電産業，鉄鋼産業，石油化学産業など，資本集約的重化学工業部門と海外建設部門であった。1980年代には，産業合理化政策を通じた投資調整が行われ，1990年代半ばまで自動車，電子・電気機器，造船など，いわゆる機械組立産業が高い国際競争力をもちながら，主導産業として発展してきた。

1980年代半ばから本格化した半導体分野に対する投資拡大と技術開発によって，1990年代初期から最近までは，半導体や情報通信機器などIT産業がリーディング・セクターとして産業構造の中心に位置した。こうした発展は，前述したように，工業製品の輸出によってであり，その輸出を促進したあらゆる政策的支援政策を抜きにして，韓国の経済成長を語ることはできない。

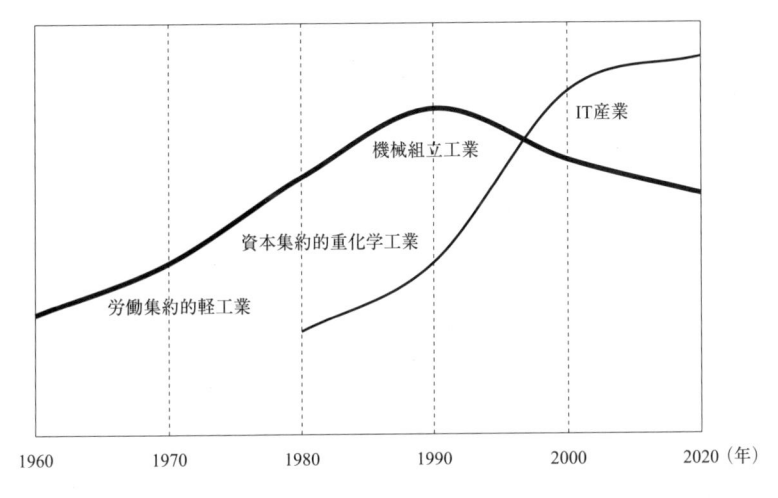

図 2-5　韓国の年代別主導産業の変遷

資料：韓国産業銀行『韓国の産業』各年版，を参照。

第2節　輸出支援政策と輸出の成長誘発効果

（1）　要素価格体系の是正と輸出インセンティブ

　1960年代半ばから始まった韓国の輸出志向工業化政策は，要素価格体系の歪みを是正することから始められた。当時，韓国は，資本不足・労働過剰という要素賦存状態にあったにもかかわらず，自国通貨の過大評価と低金利政策によって，相対的に資本価格は安い反面，労働価格は高かった。そのために，製造業部門では，相対的に雇用効果の少ない資本集約的な生産技術を採用するのが一般的傾向であった。

　こうした歪みを是正するために，韓国政府は，1964年から韓国通貨であるウォンの大幅な平価切下げや高金利政策を断行した。こうした政策転換によって，要素価格体系の歪みが是正され，労働集約的生産技術の選択が促進され，製造業部門での国際競争力が強化された。特に，通貨の平価切下げは，以下のようないくつかの目的を達成することができた。(9) 第1は，為替レートの引上げ（ウォン貨の平価切下げ）によって，韓国製品のドル表示輸出価格は低下し，それだけ価格競争力をもち，輸出の拡大が容易になった，という点。第2は，為

替レートの引上げによって，輸入製品の国内価格が上昇し，それが輸入を抑制することによって，国際収支の不均衡を是正することができた，という点であった。

韓国の為替レートの調整過程で現れた著しい特徴は，貿易収支の赤字幅が大きく拡大した次の年にウォン貨の平価切下げが行われ，またその次の年には一般物価水準が上昇するという現象が繰り返された，という点である。1962～80年代の韓国の物価上昇率は，主要貿易相手国のそれよりも遙かに高い水準であった。このように高い物価上昇率は，これに対応する平価切下げを行わない限り，外貨に対するウォン貨の「実質価値」(10)が急速に過大評価されて輸出には不利に作用する一方，輸入には有利に作用することによって，結果的に国際収支の不均衡を招く。したがって，物価上昇に伴ってウォン貨の平価切下げを行わざるを得なかった。

かくして，韓国は，1960年代初期以降，為替レートの現実化政策を断行した後，1980年代半ばから市場均衡為替レート制へと移行し，1990年代初頭から完全に外国為替取引の自由化を推進してきた。そのために，外国人による直接投資や間接投資が急速に流入し，かつ韓国企業家の膨張主義的経営戦略のもとで，民間企業の外貨短期借入が拡大した。このような状況の下で，東南アジア諸国に発した金融危機の荒波を受けて，1997年末に，金融危機に直面した。

金融危機のために，変動相場制下の公定為替レートは1ドル2000ウォンという史上最大の下落となり，これが輸出の拡大と輸入の大幅な減少をもたらし，結果的に貿易収支の黒字幅を拡大してきた。この過程で，韓国の外貨保有高は，持続的に増加し，2007年末には史上最高の2622億ドルに達し，世界第6位の外貨保有国となった。

1960年代初期，韓国は，深刻な資本不足状態にありながらも金利はかなり低く抑えられていた。そのために，資本に対する需要は大きく，制限された資金源のもとで，特権的企業に対して金融資金の配分が行われた。これに対応して，韓国政府は，1965年に金利の現実化政策を打ち出した。高金利政策の推進は，一定水準以上の資本収益を実現できない非効率的な生産単位を排除する機能をもっており，また著しい低賃金政策のもとで進んできた異常なほどの資本集約的生産方式を次第に労働集約的な生産方法へと転換させるのに寄与したことは明らかである。(11)

このように，韓国政府は，為替レートと金利の市場実勢を反映させる改革を通じて，資本不足・労働過剰経済の要素賦存状態に見合う労働集約的生産技術の選択を促進することによって，国際競争力を強化し，輸出を拡大させるのに最大の努力を尽くしてきた。

また，1964年以降，韓国は，輸出に対して直接的あるいは間接的に補助金を支払うシステムを導入してきた。輸出補助金は，大きく分けて，直接補助と関税減免ならびに関税払戻し・各種の内国税減免・金利補助などの間接的支援に区分される。実際に，輸出補助は，さらに複雑な項目を含んでおり，それらをすべて貨幣単位で換算して推計することは難しい。

韓国の輸出促進のための租税支援政策は，内国税と関税に大別される。1962年から1987年まで輸出企業に支援された内国税の減免総額は韓国の租税関連輸出支援総額の45％に達するものであった。また，輸出支援と関連した関税上の政策支援は，関税減免，関税払戻しなどが中心であった。1962～74年間の租税支援総額のうち関税減免額の占める割合は，年平均58％であった。1975年以降は，関税払戻し制度の導入によって関税減免比重が大きく減少した反面，関税の払戻し比重は拡大した。1975～87年間における関税払戻し額の割合は，租税支援総額の35％に達していた。[12]

さらに，輸出金融に適用された低利の政策金利による優遇額を，一般商業手形割引率との差として計算してみると，1983年に優遇金利制度が撤廃されるまで，年平均で輸出支援総額の12.1％であった。こうした一連の輸出支援インセンティブの総額をドル表示輸出総額で割って得られる輸出額1ドル当たり支援額は，1961年の11ウォンから1971年の110ウォンまで増加し，その後1987年までは95ウォン水準で推移した。公定為替レートに対する支援額の比率，すなわち支援率は1960年代年平均17.1％，1970年代22.8％，1980年代12.4％であった。たとえば，1970年代の年平均支援率が22.8％というのは，生産者としては，特定商品の販売価格を国内市場では122.8ウォンに設定し，また外国市場では100ウォンに設定しても，そこから得られる収益はまったく同じだということを意味している。もちろん，1980年代末以降，こうした支援制度はほとんど撤廃されたのであるが，これまで韓国の生産者は政策的支援によって輸出価格を大幅に引下げることができ，これが国際市場において競争力を強化し，輸出を拡大することができた重要な要因であった。

また，1978年から始まった輸入自由化措置も，韓国製造業部門の国際競争力の強化に寄与した。すなわち，輸入自由化に伴って関税率の引下げが行われ，輸出のための資本財や中間財，原資材の輸入価格が安くなり，それだけ国際競争力は強化されたのである。1979年の第2次オイル・ショック時にも，輸入自由化は着実に推進され，1983年以降先進諸国による市場開放圧力に対応した輸入自由化によって，韓国の輸入自由化率は1996年には99.3％に達し，国内市場はほとんど開放された。

（2） 輸出の経済成長誘発効果

こうした輸出支援政策と輸入自由化によって，韓国工業製品の国際競争力は強化され，輸出が拡大し，それが経済成長に大きな影響を与えてきた。輸出の経済成長に対する影響は，生産誘発による成長率誘発効果，雇用誘発効果，所得誘発効果，輸入誘発効果などがある。これらの効果は，産業連関分析を通じて確認することができる。

まず，生産誘発効果は，輸出1単位の増加が前・後方産業連関効果を通して，関連産業の生産に直接的・間接的影響をもたらすことを意味する。この効果が大きければ大きいほど，輸出の拡大が生産増加に強い影響を与えているということになる。輸出1単位がもたらす生産誘発額の国内総生産に対する比率を輸出の生産誘発率であると定義しよう。

図2-6によると，輸出の生産誘発率は，1979年と1989年のマイナスの値を例外とすれば，全期間にわたってかなり高いプラスの値を見せている。GDP成長率も，1980年，1998年の2回のマイナスを除けば，全体として高いプラスの値を記録している。この生産誘発率のGDP成長率に対する比率として示される輸出のGDP成長寄与率は，1970年代37.2％，1980年代25.9％，1990年代23.1％，2000年代63.5％であり，全期間平均は37.4％であった。2000年代における輸出の成長寄与率の大きさは特に注目に値する。このように，韓国の輸出増大は，直接的・間接的産業連関効果を通じて経済成長に大きな影響を与えている。この輸出は，生産効果だけではなく，雇用や所得，輸入にも大きな影響を与えている。

表2-1によると，雇用誘発率は，年平均15.5％の安定的な水準を見せている。この雇用誘発数を製造業就業者数に対する比率で計算すると，2000～07年

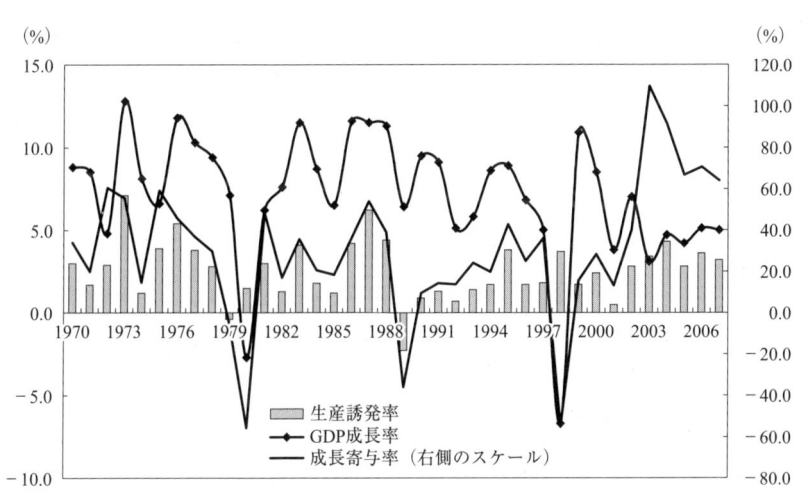

図2-6 韓国の輸出による生産誘発率のGDP成長寄与率

資料:韓国貿易協会『輸出の国民経済に対する寄与——輸出の産業連関効果分析』各年版より筆者作成。

表2-1 韓国輸出の経済成長誘発寄与率　　　　　　　(単位:%)

年	GDP成長	雇 用	所 得	輸 入
1975	56.5	13.9	65.0	35.0
1980	-1.2	14.5	63.2	36.8
1985	16.7	15.5	65.0	35.0
1990	18.1	15.5	67.7	32.2
1995	52.4	15.8	67.3	32.7
2000	37.6	16.2	59.9	43.0
2005	69.2	14.5	57.2	46.6
2007	64.3	16.0	53.3	48.7

注:(1) GDP成長寄与率は,GDP成長率に対する輸出生産誘発率の比率。(2) 雇用誘発寄与率は,輸出による雇用誘発数を総雇用者数で除したもの。(3) 所得誘発寄与率は,輸出による外貨稼得額をGDPで除したもの。(4) 輸入誘発寄与率は,輸出による輸入誘発額を総輸出額で除したもの。
資料:図2-6に同じ。

平均82%に上っている。製造業雇用のほとんどは,輸出増加によってもたらされている,といっても過言ではない。前述したごとく,韓国の生産技術は,時間の経過とともに労働集約的技術から資本・技術集約的技術へと大きく転換している。それにもかかわらず,未だ製造業部門雇用の8割以上が輸出の増加に

よって実現しているということは，韓国の輸出が雇用増加に与えるインパクトが如何に大きいかを物語るものである。

次に，所得誘発効果に注目してみよう。輸出は，生産と雇用を創出することによって，それに従事する経済主体の所得を創出する効果をもつ。この所得誘発効果は，当該輸出産業における直接的な効果だけでなく，その生産過程で投入されるあらゆる中間財を生産する関連産業での間接的な効果も含まれる。そうして誘発される所得額を総輸出額で割った外貨稼得率を，所得誘発寄与率と定義する。表2−1によると，これは，観察期間中，平均62.0％の高い水準を見せている。輸出の所得誘発効果がそれだけ大きかったことを示唆している。しかしながら，この寄与率は，2000年代に入って，低下している。これは，図2−4でも観察したごとく，2000年代に入ってからの重化学工業部門における輸入比重の急速な増加と密接な関係がある。すなわち，産業構造の高度化に伴って，先端技術分野の核心部品や中間財の輸入が急増し，また交易条件が悪化したために，所得誘発効果が持続的に低下してきたものである。

最後に，輸出1単位を増やすためには，どのぐらいの輸入が必要であるかを計算したものが，輸出の輸入誘発効果である。これは，所得誘発効果である外貨稼得率の大きさと相反する関係にある。すなわち，輸出1単位のための輸入誘発額が大きければ大きいほど，外貨稼得率はそれだけ減少するからである。表2−1によると，輸入誘発寄与率は，1990年代までに平均35％前後水準から2000年代には40％台に持続的に増加している。この寄与率の増加は，前述したように，工業構造と輸出構造の高度化に伴って，日本を中心にした先進国から高価な先端技術分野の機械や中間財，部品などの輸入がそれだけ増加したことを意味している。これは，韓国の輸出が高い輸入誘発的性格をもっている，という事実の証左でもある。

第3節　輸出先の多様化と対中国経済関係の深化

（1）　輸出先の多様化

従来，韓国の主要貿易相手国は，アメリカと日本であった。1970年代までは，韓国の輸出総額の80％がアメリカと日本で占められていた。両国との貿易には，著しい特徴がある。韓国の対日本貿易では，資本財や中間財，部品などの生産

表2-2　韓国の地域別輸出入構成比　　　　　　　　　（単位：%）

		1970	1980	1990	2000	2004	2007
輸出	アジア	37.0	32.1	37.9	47.1	51.0	50.8
	日本	28.3	17.4	19.4	11.9	8.5	7.1
	中国	0.8	0.1	0.9	10.7	19.6	22.1
	中東	0.8	14.6	4.0	4.4	4.3	5.3
	ヨーロッパ	9.1	17.9	18.5	16.3	17.6	19.2
	EU	7.9	16.7	15.4	13.6	14.9	15.1
	北米	49.7	28.3	32.4	23.2	18.2	13.3
	米国	47.3	26.3	29.8	21.8	16.9	12.3
	ラテンアメリカ	0.5	2.8	3.2	5.4	4.6	6.9
	アフリカ	2.0	2.6	1.4	1.3	2.2	2.2
	オセアニア	0.8	1.6	1.9	2.0	1.9	2.1
輸入	アジア	51.2	35.2	40.8	43.8	49.6	47.8
	日本	41.0	26.3	26.6	19.8	20.6	15.8
	中国	4.1	0.1	3.2	8.0	13.2	17.7
	中東	5.7	26.0	8.9	16.1	15.0	18.9
	ヨーロッパ	11.0	8.5	15.1	12.5	13.6	13.4
	EU	10.5	7.6	13.0	9.8	10.8	10.2
	北米	30.6	23.6	26.4	19.5	13.8	11.3
	米国	29.5	21.9	24.3	18.2	12.8	10.4
	ラテンアメリカ	0.4	1.7	2.5	2.0	3.0	3.2
	アフリカ	0.3	0.9	0.5	1.8	1.3	1.2
	オセアニア	0.9	3.5	4.6	4.3	3.8	4.1

資料：韓国貿易協会のデータベースを利用して作成。

財の大部分を輸入する反面，最終消費財を輸出することによって，慢性的な貿易収支の赤字を累積してきた。これとは対照的に，アメリカには，日本から輸入した生産財を組立・加工した最終消費財を一方的に輸出することによって，永らく貿易収支の黒字を記録してきた。しかし，1980年代半ば以後，東南アジア諸国や中国など東アジア諸国の工業開発に伴って，韓国の輸出先は多様化してきた。

表2-2でもわかるように，1970年の主要輸出国は，アメリカ47.3%，日本28.3%であり，輸出シェアが2カ国だけで75.6%に達した。これが，1990年の49.2%を経て，2007年には19.4%へと大きく減少した。これとは対照的に，中国とは1992年の国交樹立以後，貿易規模が増大し，輸出シェアは1990年の0.9%から2000年の10.7%を経て，2007年には22.1%に拡大した。日本と中国を除く東アジア諸国への輸出シェアも，1990年以降2007年まで年平均18%を維

持している。また，輸入先の比重をみても，日本とアメリカ中心の輸入構造は，輸出と同様に，中国や他のアジア諸国へと転換してはいるものの，輸出とは異なって日本に対する輸入比重はかなり高い水準を維持している。これは，韓国の生産と輸出の製品構造の高度化に伴って，日本から先端技術部分の機械や部品，中間財などが相当な規模で輸入されているということを意味している。

こうしてみると，韓国の主要輸出先は，1990年代以降，日米2カ国依存体制から中国を中心にした東アジア諸国へと多様化してきた。これは，韓国の工業生産構造の高度化と輸出製品構造の高度化を反映したものであり，アジア諸国自身も日米依存体制から韓国を初めとする他のアジア諸国との国際分業が活発になってきた，ということを示すものである。

特に，開発途上諸国に対する輸出比重は，1970年代の25.4％から2000年代の50％を経て，2007年には60％に達している。対米輸出比重の減少は，海外市場での競争力を高めるための現地生産の拡大と開発途上国を通じての迂回輸出戦略の結果でもある。すなわち，韓国企業は，中国など新興工業国に対して，中間財や部品を輸出し，それを再加工した完成品を先進国へ輸出する，というパターンをとっている。三星経済研究所の計算では，韓国の対中国輸出の約25％，また対アジア諸国に対する輸出の35％程度が第三国へ輸出されている。[13]

韓国の対アジア域内輸出比率の拡大要因は，中間財貿易の拡大にあると思われる。国連の貿易データベースをもとに，財別輸出比率を計算してみると，2006年に韓国の対アジア輸出のうち中間財輸出比率は64％に達している。特に，日本を除くアジア諸国の域内輸出比率は1998年の46.9％から2006年には53.7％へと拡大しており，そのうち域内での中間財輸出比率は同じ期間に25.9％から30.9％に増加している。[14]これは，韓国などアジア諸国における工業部門の技術水準が向上したために，それだけ域内で中間財や部品の調達が可能になり，これまで日米に依存してきた国際分業パターンが東アジア域内諸国間でも可能になってきた，ということを意味している。こうした事情を反映して，中国との経済関係が急速に拡大してきたのである。

（2） 韓中貿易の拡大

韓国の対中国輸出は，1992年の国交樹立以来急速に拡大し，いまや韓国にとって中国は第1の輸出相手国になった。同時に，輸入も近年では日本からの

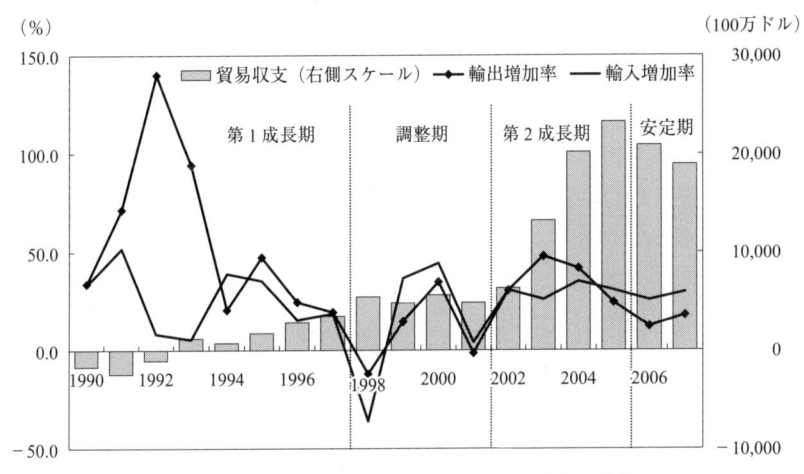

図2-7 韓国の対中国貿易成長率と貿易収支の推移

資料：韓国統計庁のデータベースを利用して推計・作成。

比重を超えている。1992年当時，中国に対する韓国の貿易額は，輸出入合計で63億ドルにすぎなかった。ところが2007年には1450億ドルに拡大し，期間中23倍の増加となっている。こうした対中国との貿易拡大過程を図2-7を参考に整理すると，次の4段階に要約することができる。[15]

第1段階は，1992年の国交樹立から1997年の韓国の経済危機までの時期で，両国間の貿易が香港を通じた間接交易から直接交易へと転換した時期であり，貿易規模も大幅に拡大した。特に，1992年の5月には，投資保障協定を締結し，9月には韓中間貿易協定が発効するなど，貿易上の障害要因であった制度的問題が改善された。そのために，両国間の直接交易規模は，1991年の44億ドルから1997年には237億ドルへ増加し，年平均32.2％の貿易増加率を記録した。この時期を「第1成長期」と呼ぶことができよう。

第2段階は，韓国の金融危機以後から中国がWTOに加盟した2001年までの期間である。この期間，韓国は深刻な経済危機の最中にあり，中国も長期不況で両国間の貿易規模は，前期に比べてそれほど増加しなかった。しかし，IT分野を中心としたベンチャーブームで，両国間の貿易は安定的に増加して，韓国の対中国貿易比重は，2001年に輸出で12.0％，輸入で9.4％を占め，貿易収支も48億ドルの黒字となった。この時期を「調整期」と呼ぼう。

第3段階は，中国がWTOに加盟した時期から2005年までである。この時期には，対中国投資が爆発的に増加し，貿易商品構造もハイテク製品を中心に高度化してきた。2000年代に入って中国が長期不況から脱したために，韓国の対中国貿易も2001年の315億ドルから2005年には1006億ドルに拡大し，年平均33.7%の増加率を記録した。その結果，韓国にとって中国は最大の貿易相手国となり，2005年には輸出の21.8%，輸入の15%を占めるようになった。また，貿易収支も年平均157億ドルの黒字を記録したのである。この時期を「第2成長期」と呼ぶことができる。

　第4段階は，2005年の下半期から最近までの期間で，「安定化段階」として規定することができる。この時期には両国間の貿易増加率が鈍化しており，この図からも確認できるように，韓国の輸出増加率が輸入増加率を下回る構造となっている。こうした現象は，中国の産業発展の進展と密接に関係していると思われる。すなわち，中国に進出した韓国企業による対中国輸出誘発効果が低下し，しかも完成品だけでなく中間財産業においても中国での輸入代替が速やかに進むことによって，韓国の輸出が次第に減少している。さらに，競争力をもった中国のIT分野を中心とする部品や中間財の韓国への輸出が急速に増加してきた結果である。そのために，韓国の対中国輸出増加率は低下する一方，その輸入増加率は高められている。それにもかかわらず，付加価値の高い製品の輸出によって，対中国貿易収支は，年平均199億ドルの黒字を記録してきた。

　韓国貿易協会のデータベースを利用して加工段階別輸出構成比率を計算してみると，対中国輸出総額の内，中間財の輸出比重は1997年82.6%から2006年には80%となっている。その中で，半製品の輸出比重は72.3%から44.0%に大きく減少したのに対して，部品類は10.3%から35.9%に大幅に増加した。最終消費財は，同じく17.1%から20.0%に微増したものの，資本財のそれは11.2%から16.7%に増加している。さらに，加工段階別輸入比重の変化を見ると，中間財は53.2%から57.9%に増加している。その中でも，半製品の輸入比重は44.4%から36.9%に減少したのに対して，部品類は8.9%から20.9%に大幅に増加した。消費財の比重も26.2%から36.2%に増加しているが，その中でも資本財の輸入比重が6.6%から18.7%へと大幅に増加したことが注目に値する。[16]

　こうした加工段階別輸出比重の変化は，中国が世界の生産基地として位置しながら最終財生産に必要な中間財や部品を韓国から輸入しているためである。

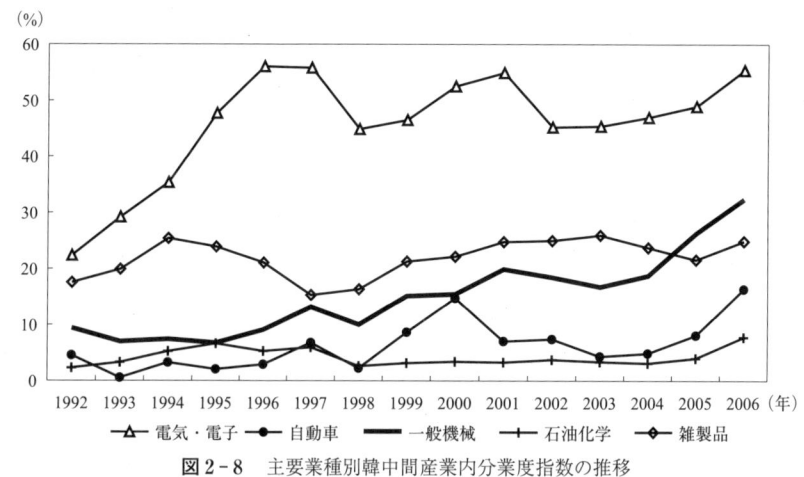

第2章 韓国の経済成長と韓中経済連携の進展　49

図2-8　主要業種別韓中間産業内分業度指数の推移

凡例：電気・電子、自動車、一般機械、石油化学、雑製品

資料：表2-2に同じ。

　特に，2002年から韓国の企業は，中国の携帯電話をはじめとするIT部門と自動車部門に本格的に進出しており，こうした韓国企業の中国内での生産基地構築に伴う関連部品の対中輸出拡大が大きく作用したものと考えられる。さらに，韓国の中国からの輸入が，従来の最終消費財中心から資本財や耐久消費財中心に大きく転換してきた。これは，それだけ中国の産業生産技術がかなり高められており，それが韓国との垂直分業から水平分業へと発展しているという重要な証拠の一つとなっている。

　図2-8は，グルーベル・ロイド指数（Grubel-Llyod Index）と呼ばれる産業内分業度指数を表したものである。この指数は，同業種で両国間の輸出入額が等しい場合には，1になり，また一方の国が輸出に完全特化し，他の国が輸入に完全特化した場合にはゼロになる。これを百分率で表したものがこの図である。これによると，分業度指数は，1995年以後，電気・電子部門で50％前後の高い水準を維持している。このことは，この部門での産業内分業が高度に進んでいるということを示している。その他の4つの部門での分業度指数は，かなり低い。しかも，雑製品部門では，観察期間中20％前後の水準で推移している。これは，中国から韓国への輸出が大きく，逆に韓国の対中国輸出が小さい，一方的貿易であることを意味している。

しかしながら，一般機械などでは，その分業度指数は，この間持続的に増加してきた。のみならず，自動車部門や石油化学部門でも2000年代半ば以降，分業度指数は急速に上向き傾向を見せている。こうした現象は，韓・中間の技術格差が急速に縮小することによって，産業内分業が次第に進展するようになったということを意味している。

以上の分析からみた場合，韓・中間貿易には幾つかの特殊性がある。すなわち，韓国の対中国輸出は，そのほとんどが第三国への再輸出を目的にしている，という点である。韓国の対中国輸出製品の加工段階をみると，素材，部品などの中間財が80％を占めている。こうした中間財に対する需要先は，ほとんど中国に進出している韓国系企業である。部品産業と資本財産業部門での産業内分業度指数が高く現れているのは，こうした事情を反映したものである。すなわち，中間財部門に対する韓国系企業の投資が多く，そこで生産された中間財の相当部分を韓国へ輸出している，ということである。

このようにみると，両国間の貿易には，産業内分業度指数が高い分野での競争関係が激しい反面，分業度指数が低い部門での相互補完関係も強く維持されているということができる。

（3） 対中国直接投資の拡大

図2-9は，1998年から2006年まで，韓国の対世界直接投資額と対中国直接投資額の推移を表したものである。これによると，対世界直接投資額は，1990年代初期から急速に増加した後，経済危機に直面した1997年以後2003年までの間に平均的に40億ドル前後水準で推移した。そして，2004年から2006年までは加速的に増加してきた。中国に対する直接投資は，1990年代は緩慢に増加したものの，2000年代に入ってから急速に拡大している。2000年に7億ドルであった対中国投資は，2002年に10億ドルを突破した後，持続的に増加して，2006年には33億ドルに達した。

中国に対する直接投資額の対世界直接投資額に対する比重は，1990年代半ばには25％前後水準にまで達していた。その後，2002年から再び急増し，40％水準にまで達している。こうした中国に対する韓国の直接投資活動は，次の4段階で区分することができる。第1段階は，1989～91年までの「探索期」である。この時期，韓国の対中国投資は，香港を介した迂回投資が大部分であった。特

(100万ドル) (%)

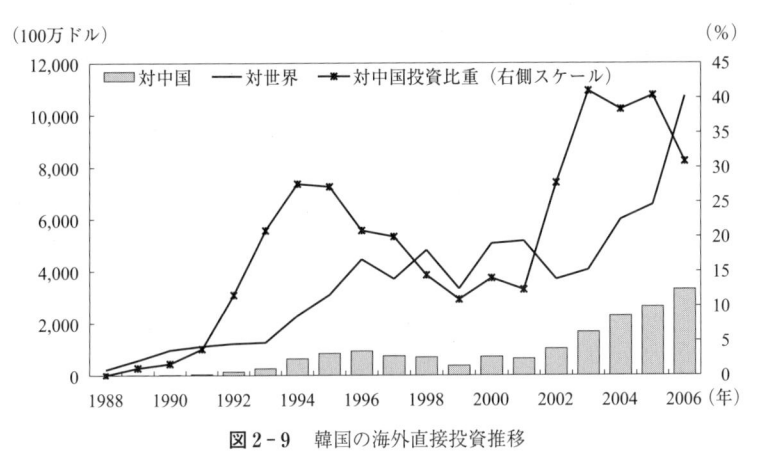

図2-9 韓国の海外直接投資推移

資料:韓国輸出入銀行のデータベースにより作成。

に,この時期は,両国間の国交樹立前であり,投資保障協定など制度的保護措置がなかったために,投資規模は小規模であった。

第2段階は,1992〜97年までの「初期の成長期」で,韓国の対中国投資が爆発的に増加した時期である。この時期の投資パターンは,低賃金労働の利用を狙った労働集約的中小企業の進出が中心であった。

第3段階は,1998〜2001年までの「調整期」である。この時期は,韓国が経済危機に直面した時期であり,また中国がWTOに加盟した時期でもある。韓国は,金融危機のために対中国投資は萎縮しており,中国政府側も外国人投資を選別的に誘致したために,対中国投資は減少した。

第4段階は,2002年から現在までの「第2の成長期」として規定することができる。この時期は,韓国企業の対中国投資が最も急速に拡大した時期である。この時期に,中国はWTOへの加盟に伴って国内市場を大幅に開放しており,かつ韓国の方でも経済危機を克服し,IT部門を中心に好況が続いた。さらに,韓国の為替レートが安定化したために,ウォン貨の対外購買力が強くなってきた。このような状況のもとで,韓国企業は,電子・通信部門,自動車と鉄鋼業部門,サービス部門を中心に,中国への直接投資を拡大したのである。

表2-3は,製造業部門別韓国の対中国投資の期間別推移を要約したものである。これによると,2006年末までの累計で韓国の対中国投資額は,143億ドルであった。この製造業部門のなかで最も高い投資比重を占めている部門は,

表2-3 韓国の対中国直接投資の推移 (単位:100万ドル)

業　種	1989〜97	1998〜2001	2002〜06	2006年末累計 金額	構成比（％）
飲食料業	166	69	431	666	4.65
繊維・衣服	541	169	830	1,540	10.76
履物・皮革	162	83	217	462	3.23
木材・家具	47	15	57	119	0.83
紙類・印刷	53	20	81	154	1.08
石油化学	265	247	1,030	1,542	10.77
非金属鉱物	218	222	401	841	5.88
一次金属	156	48	718	922	6.44
組立金属	76	46	347	469	3.28
機械装備	224	124	800	1,148	8.02
電子通信	591	718	2,527	3,836	26.80
輸送機械	221	167	1,492	1,880	13.13
その他	215	97	423	735	5.13
製造業合計	2,935	2,025	9,354	14,314	100.00

資料：図2-9に同じ。

電子通信部門（26.8％），輸送機械部門（13.1％），石油化学部門（10.7％），繊維・衣服部門（10.7％），機械装備部門（8.0％）の順になっている。

　期間別にみると，1990年代には，繊維・衣服部門，石油化学部門，非金属鉱物部門，電子通信部門，その他雑製品部門など労働集約的産業部門や資源集約的産業部門に投資が集中していた。そして，2000年代には，電子通信，輸送機械，機械装備など資本集約的で技術集約的製造業部門への投資が中心をなしている。

　これは，中国の技術水準の向上と密接な関係があるものと考えられる。韓国産業技術評価院の分析結果によると，2005年時点で先進国を100とした場合の部門別技術水準は，ディスプレイ，造船，半導体，自動車，コンピューター部門では，韓国が75〜78の水準にある反面，中国は55前後水準にあった。また，デジタル家電と携帯電話では，韓国が94〜84の水準にある一方，中国は74〜68の水準にあった[17]。これからみると，中国の技術水準は，韓国に比べて20％ポイント前後の格差があるが，遠くないうちに韓国をキャッチ・アップすることができると思われる。さらに，技術水準別貿易構造をみると，韓国の対中国輸出品は中高位技術と最高位技術の品目が全体の76％を占めている反面，中国からの輸入品の46％は中低位以下の技術商品で構成されている[18]。こうした技術水準

のレベルアップが国際分業の拡大を促進し，それが韓国企業の対中国直接投資を促進したものと思われる。

おわりに

最後に，本章での考察を通じて明らかになったいくつかの点について，改めて以下に整理しておきたい。

（1）1960年代初期以降，韓国は，政府主導型輸出志向工業化政策のもとで高度成長を実現してきた。開発初期，韓国の工業開発の主要資金源は，外資であった。公共借款，商業借款を中心とした外資導入によって，開発のボトルネックであった貯蓄投資ギャップを埋め合わせた。工業部門中心の投資活動によって，高い経済成長率を維持しながら，一人当たり国民所得の急速な増加を実現した。一人当たり国民所得が1000ドルから出発して1万ドルを達成した期間を，主要先進国と比較してみると，イギリスは185年，日本は80年が所要された。しかし，韓国は39年しかかかっていない。いかにも圧縮型成長過程である。これは，アレクサンダー・ガーシェンクロンのいう「後発性利益」の命題を立証するものでもある。

（2）こうした圧縮型成長過程で工業構造の高度化が速やかに進められた。1970年代初期以降の重化学工業化政策への転換は，韓国が新興工業国としての地位を確保するきっかけとなった。1980年代には，重化学工業製品の主要輸出国に浮上した。さらに，1990年代半ばからは，IT産業が急速に発展してきた。韓国の産業構造は，1970年代初期まで労働集約的軽工業部門が中心であったが，1970年代半ばから1990年代初期までは重化学工業部門が中心になってきた。そして，1990年代半ばから最近までは，機械産業とIT産業が相互交差しながらリーディング・インダストリーとして発展してきた。いまや，韓国の産業構造の中心は，IT産業であるといっても過言ではない。

（3）韓国の高度成長と産業構造の高度化は，輸出支援政策によって促進された。1960年代初期から推進してきた為替レートと金利の現実化政策は，要素価格体系の歪みを是正し，労働過剰・資本不足という要素賦存状態に見合う技術選択を促進することによって，国際競争力を強化することができた。また，各種租税関連輸出支援政策の推進は，輸出企業の収益を保障し，かつ輸入自由

化措置は生産財の輸入価格を低下させ，輸出製品の生産原価を引下げてきた。こうして，韓国の工業製品は，国際競争力を強化しながら輸出を急速に拡大することができたのである。さらに，輸出の経済成長誘発効果は大きい。輸出が，前方・後方産業連関効果を通じて，直・間接的影響によって，誘発した生産，雇用，所得の効果は大きかった。また，韓国の未充足的産業構造の特性を反映して，輸出の輸入誘発効果も大きく現れ，韓国の輸出は輸入誘発的性格が強いという事実も確認された。

（4）韓国の貿易構造は，1990年代初期以降，従来の日・米依存型貿易構造から中国とASEANなど東アジア諸国へと多様化してきた。特に，1992年の韓・中国交樹立以降，韓国の貿易は中国へと偏向しており，最近では輸出の22％，輸入の17％を占め，いまや中国は，韓国の最大の貿易相手国となった。貿易品目をみると，韓国の対中国輸出は，中間財と資本財が中心をなしており，輸入品は最終消費財が中心である。特に，韓国の対中国輸出の相当部分は，中国に進出している韓国系企業との取引であり，そこで再加工および組立てられた製品が第三国へ輸出されるというパターンをとっている。すなわち，中国は，韓国商品の第三国への迂回輸出基地の役割も果たしている，といえよう。

（5）韓・中間貿易パターンをみると，産業内分業が最も活発な産業は，電気・電子をはじめとするIT産業部門であり，一般機械部門も産業内貿易が速いスピードで増加している。これは，当該産業での両国間技術格差がかなり縮小されたことを示唆しており，これを反映して韓国の対中国直接投資も持続的に拡大してきた。2000年代初期以降，韓国の対中国投資は，対世界直接投資の40％に達する比重を占めている。換言すれば，韓・中間技術格差の縮小が両国間の国際分業を促進し，韓国企業の対中国直接投資を促進させてきたのである。

このように，韓国は，過去40数年間の経済成長過程で貿易相手国が日・米2カ国依存体制から中国寄りに傾いており，これからもそうした傾向はより強化されると思われる。これは，対外依存度の高い韓国経済が，従来は日・米2カ国の景気動向によって大きな影響を受けていたが，これからは中国経済の動きによって左右される可能性が大きい，ということを意味している。最近の世界的金融危機の余波として今後現れるであろう韓国の実物経済の動きは，何よりも中国の景気動向によって大きく作用されることは明らかである。

注

（ 1 ） 金昌男「東アジア諸国の開発戦略と発展類型」韓国経済史学会編『経済史研究』第28号（ソウル），1997年，参照。これとの関連で，1962～92年までの韓国の外資投入総額801億8100万ドルのうち，FDIはその9.7％にすぎない77億8500万ドルであった。具体的内容については，韓国産業銀行『韓国の外資投入30年史』1993年，36ページを参照。
（ 2 ） 金昌男・渡辺利夫『現代韓国経済発展論——発展メカニズムと開発政策』裕豊出版社，1997年，第2章，参照。
（ 3 ） GKドルは，マデソンが国際比較のために用いた通貨単位である。すなわち，各国の通貨を購買力平価と物価変動率をもって1990年の共通のドルに換算したもので，1990年のアメリカのドル価値とほぼ一致している。詳しくは，Maddison, A., *Monitoring in the World Economy 1820-1992*, OECD, 1995，および，Maddison, A., *Statistics on World Population, GDP and Per Capita GDP, 1-2006AD*, 2008 (http://www.ggdc.net/maddison/)，参照。
（ 4 ） 詳しくは，Gerschenkron, A., *Economic Backwardness in Historical Perspective*, Harvard University Press, 1996, Ch. 1，ならびに，金昌男，前掲論文（注1）を参照。
（ 5 ） 金昌男・渡辺利夫，前掲書，74～75ページ，参照。
（ 6 ） 韓国統計庁『鉱工業統計調査報告書』各年版，参照。
（ 7 ） 韓国貿易協会『貿易年鑑』各年版，ならびに韓国産業銀行『韓国の産業——部品・素材産業編』2005年，74～75ページ，参照。
（ 8 ） 韓国産業銀行『韓国の産業』各年版から推計。
（ 9 ） 以下での議論は，金昌男・文大宇『東アジア長期経済統計（別巻1）——韓国』勁草書房，2006年，第3章をもとにしている。
（10） ウォン貨の実質価値とは，対外購買力〔ウォン／（韓国の消費者物価指数／貿易相手国の消費者物価指数）〕で評価したものを指す。
（11） 韓国製造業部門の労働集約的生産技術の選択と雇用吸収力の問題に関しては，Kim, Chang-Nam and Moo-Ki Bai, *Industrial Development and Structural Changes in Labor Market*, Institute of Developing Economies (IDE), 1985, Tokyo，参照。
（12） 韓国の輸出支援政策の具体的な内容は，Kim, Chang-Nam et al., *Export Promotion and Trade Liberalization Policy in the Republic of Korea*, IDE, Tokyo, 1989，参照。
（13） 三星経済研究所『輸出好調は2008年にも持続されるか』2008年，3ページ，参照。

(14) UN, Comtrade DB (comtrade.un.org/db/) を利用して計算したもの。
(15) 以下での論議は，楊平燮外『韓中交易特性と韓中FTAに対する示唆点』対外経済政策研究院，2007年，52〜54ページ，参照。
(16) 韓国貿易協会のデーターベースによる計算結果（www.kita.net）。
(17) 韓国産業技術評価院『産業技術水準調査分析』2006年，三星経済研究所，前掲書，三星経済研究所『韓中貿易構造変化と示唆点』2008年（SERI経済フォーカス）。
(18) 国際貿易研究院『韓中日3国の技術水準別貿易構造分析』韓国貿易協会，2008年。

第3章
ロシアの地域格差と地域政策
──日本モデルは有効か──

アンドレイ・ベロフ

はじめに

　2000年代では，ロシア経済の動向に関しては，肯定的な動きが優勢となった。すなわち，経済成長が早く進み，国家の予算が安定化し，投資が進んだことなどがそれである。一方，否定的な動きとしては，インフレーションの昂進，原料と資本の面で世界市場への依存性の深まり，特に収入とその水準の点で地域格差が増大したことなどを挙げることができる。多くの国々において，経済の成長は不平等を引き起こしている。しかしながら，世界経済の歴史を見ると，異なる場合もある。特に，日本の経験がそれである。

　すなわち，日本においては1950～70年代の高度経済成長の時期に，同時に地域格差を縮小させ，かつ収入上の不平等を減少させたのである。1970～80年代，韓国および台湾でも，同様な格差の減少が見られた。高成長と格差の縮小は，「東アジア発展モデル」の重要な特徴となった。この場合，主要な役割を果たしたのは各国の政府政策であり，そのなかには国家予算の地域配分にあたって取られた政府の予算による投資が含まれている。この要素こそ，ロシアの地域政策作成に際して有益なものとなるであろう。

　最近，ロシア政府によって，いくつかの地方の開発の方向が打ち出された。2013年までの極東の開発計画，2012年のアジア太平洋サミットに向けたウラジオストク市の開発計画，2014年の冬期オリンピック挙行のための都市建設などがそれである。ロシア連邦のこの投資計画の実現のため，GDPの約1％が充当されることになっている。この様な巨額の予算による投資は，ロシアの地域における資本と労働力の地域配分の点で著しい変化をもたらし，したがって収入についての地域配分に対しても大きく影響を及ぼすであろう。

生産要素の地域的偏りの問題は，国の経済に複雑な影響を与えている。労働と資本が効率の高い地域に集中している場合には，総生産を引上げ，しばしば地域間格差を拡大する帰結を招いている。それ以外の地域分布バリアントの場合，潜在的に可能な成長率を引下げるが，原則的には大きな平等性をもたらす。効率性と平等性を確保する最適バランスは理論的には存在する。実際には，多くの国で，国家政策の評価方法について，十分な研究が進んでいない。国家の影響力は不足しており，政策目標はしっかりと認識されていない。

　ロシアも，地域政策を作成する際，明らかに難しい問題を抱えている。2000年以降，地域発展関連の国家財源は拡大したが，その経済効果に関する研究は不十分である。しかし，日本においてはこの様な研究は広汎に行われている。特に，財政投資配分と地域内総生産の成長率への影響（効率）および，労働者一人当たりの総収入の地域配分（平等性）のモデルの作成である（Yamano, Ohkawara, 2000；Kataoka, 2005）。本章においても，このモデルのロシアへの適用を試みてみたい。

　上に述べたような意味で，生産要素の地域分布と生産効率の関連を追及することは興味深く，本章でもこの点について検討している。第1節ではこの分野の先行研究の検討を行う。第2節では生産関数パラメーターの計算方法と，利用した統計データについて述べている。第3節では，限界生産性の視点から，連邦管区別に効率性と生産要素の分布を分析する。第4節では，財政投資の各種バリアントと労働力移動のモデル化を行う。第5節では結論と成果を述べる。

第1節　ロシアの地域格差の検討

　ロシアでの地域格差問題は，研究者の大きな関心の的となっている。2000年以前に刊行されたこの問題分野での比較的詳細な文献リストは，Hanson and Bradshaw (2000) が作成した。最近の研究展望は，Solanko (2003), Yemtsov (2005) およびその他の研究者が行っている。

　地域格差の諸問題は，地域的視点からのさまざまな経済分析がある。不平等問題は，たとえばLugovoi et al. (2006), Berkowitz and DeJong (2003), Ahrend (2002), Dolinskaya (2002b), Yudaeva (2001) の研究のように，経済成長の地域的要素の研究の一環として取上げられるのが最も普通である。

Kumo（2007），Gerber（2006），Andrienko and Guriev（2003）は，人口移動と地域的不平等の相互関係に注目した。Kolenikov and Shorrocks（2003），およびYemtsov（2005）は，貧困を地域的視点で分析した。Rosefielde and Vennikova（2004），Popov（2002），Zhuravskaya（2000）は，財政資源の地域的格差に注目した。制度的，経済外的，民主的などの視点で地域的不平等性を分析した研究も存在する。

公刊された研究の大部分は，1990年代と2000年代初期における地域格差の拡大を証明している。ただし，結論の相違もあるが，それは利用した指標と分析対象期間の相違に由来している。たとえばHanson（1999）は，1993～97年に住民の平均実質所得に関して格差がたえず増大したと述べている。Fedorov（2002）は，1991～96年の時期に，6つの指標について地域格差の拡大を指摘した。しかし，それは90年代末の反対の作用要因で，速度が遅くなり消滅したという。Baranov and Skufjina（2005）は1998年および2004～05年の時期に，地域格差が若干縮小したことを観測した。したがって，1998～2005年の期間に対し，12の指標に関してはっきりした趨勢を示すことに成功しなかった。Belov（2006）は1999～2003年の期間，16から21の指標に関して地域格差の拡大を検出した。Lugovoi et al.（2006）は，1996～2004年の時期に，一人当たりの地域総生産（GRP）について，地域格差の拡大を確認した。UNDPのロシアに関する専門家（UNDP, 2007）は，1990年代末と比較して，2003～04年の人間開発指数（human development index）に関して地域格差が拡大したことを指摘している。

地域格差の拡大は学界だけでなく，政界の注目をも集めている。格差是正に関する政策は，歳出の地域間格差の平等化とインフラストラクチャーの地域間格差の是正という2つから構成されている。この分野の政策は，2001年の「ロシアの社会――経済発展の地域間格差縮小プログラム」で詳述されている。歳出の平等化は，連邦予算から地方予算へ財政資金の移転によって行われる。インフラストラクチャー改善政策の主要な手段は，後発地域に対する連邦財政投資である。政府の政策を分析すると，効率基準をベースとする財政投資よりも，後発地域への財政支援の平等化を重視していることが分かる。

財政投資は，経済成長と密接な関連をもっている。周知のように，ロシアの深刻な経済停滞の主要な原因は，貯蓄と投資の関係が劇的に変化した点にある。

1998年の危機以降,個人消費に依存する新しい成長メカニズムが生まれた(田畑,2006)。財政投資は民間投資の不足を補うとともに,地域間および経済セクター間の再分配を一定程度行っている。このことが改めて強調していることは,地域別資本分配に関する経済政策の分析が重要であるということだ。

科学的研究および政策装置が多数あるにもかかわらず,現代ロシアに関する資本と労働資源の分布を地域格差との関係で研究した業績は十分あるとはいえない。まさにこの意味で,本章は地域の基本的要素と地域生産との関連をより一層正確に関連付けること,効率性と平等性の視点から地域分布のバリアントとその結果を評価するモデルを作成することを目的としている。それにより新しい視点で地域格差を観察すること,経済発展に与えるその影響を数量的に決定することが可能になる。

第2節 生産関数の分析

労働と資本の生産高との関連については,コッブ＝ダグラス生産関数がしばしば利用される。

$$Y = AE^{\alpha}K^{\beta}$$

ここで,Yは生産高,Aは技術進歩係数(TFP),Eは労働,Kは資本のストック,αは労働に関する生産高弾力性,βは資本に関する生産高弾力性を示す。

通常,パラメーターA,α,βは下記の生産関数から計量経済学的手法で推計される。

$$\ln Y = A + \beta_1 \ln E + \beta_2 \ln K + \beta_j X_j + \varepsilon$$

$\alpha = \beta_1$,$\beta = \beta_2$,X_jはj変数のベクトル(トレンド変数,ダミー変数,ロシア地域経済の特色を現すさまざまな変数),εは誤差項である。中央,南,ウラル管区のダミー変数をいれた推計の結果,Adj.R-sq.$= 0.991$となった。しかし,残差(residual)の分析によってモデルの有意性に関するいくつかの問題点が明らかとなった。たとえば,DW$= 0.724$となり,相応しい数値(2.0以上)を大きく下回った。そして,β_1およびβ_2の数値は安定せず,j変数の追加によって大き

第3章 ロシアの地域格差と地域政策 61

表3-1 生産要素の使用率および労働の総所得でのシェアー (単位:%)

	1996	1997	1998	1999	2000	2001	2002	2003	2004
U_E	73	75	75	83	87	87	87	88	88
U_K	47	48	46	51	56	60	62	65	68
α	59	60	57	47	48	51	56	56	55

資料：U_E, U_KはOomes and Dynnikova (2006), pp. 8-10から作成。αはロシア統計局『ロシア統計年鑑』2006年、306ページから作成。

く変動した。件数が少ないため（N=63）、プールしたデータの代わりに、時系列パネルデータを利用する分析は困難であった。

理由として、分析期間が余りにも短すぎるし、1999年には経済成長トレンドが変化したと考えられる。このような状況では、生産関数の計量手法の推計は不可能である。この場合、一連の研究者は非計量手法 (non-econometric) を利用している。De Broeck and Koen (2000) およびDolinskaya (2002a) は、移行経済諸国とロシアを分析するために生産関数を推計しないままで、α=0.7、β=0.3という数値を利用した。Gavrilenkov (2002) は0.7と0.3ないしこれに近い複数の数値として処理した。Oomes and Dynnikova (2006) は、αとβ係数が、総所得のうちの資本と労働の取分であり、この値は各年の国民経済計算統計から取り出すことができると指摘した。その他、Oomes and Dynnikovaの意見では、ロシアで生産関数を評価するには、1990年代の終わりから2000年代の初期にかけて各年の急速な構造変化（地域別の変化より）を考慮することが重要であるという。このことは、生産要素の稼働率 (capacity utilization) と係数αとβに関係する。したがって、コッブ＝ダグラス関数は次の形をとる。

$$Y = A(U_E E)^\alpha (U_K K)^\beta$$

ここで、UEとUKは労働と資本の稼働率 (labor utilization, capital utilization) を表す。ロシアでのこの評価は、若干の研究機関が行っている。αとβ係数は、総所得のうちの資本と労働の取分であり、この値は各年の国民経済計算統計から取り出すことができる（表3-1）。

ここでのU_Eは労働要素の稼働率で、Russian Economic Barometer (REB) で公表されている。U_Kは鉱工業での固定資本稼働率を示しロシア統計で公表されている。αは課税を差し引いた所得源泉別GDP構成の中の労働所得比率を示す。表3-1で分かるように、1996～2004年の労働所得率αは50％の周囲で変

表3-2 ロシア主要経済指標・連邦管区の比重（2004年）　　　　　（単位：%）

	面積	人口(2005年1月1日現在)	雇用	地域総生産(GRP)	固定資本	鉱工業生産	小売販売高	設備投資
中　央	3.8	26.2	27.4	31.5	26.6	21.5	38.6	26.7
北　西	9.8	9.6	10.1	10.1	10.5	12.3	9.0	12.8
南	3.4	15.9	13.2	7.6	9.4	5.8	11.1	9.2
沿ボルガ	6.1	21.4	21.8	16.6	18.5	22.7	16.8	16.6
ウラル	10.5	8.6	9.1	18.0	17.9	21.2	8.7	18.9
シベリア	30.0	13.8	13.3	11.6	11.4	12.3	11.7	9.2
極　東	36.4	4.6	4.9	4.7	5.7	4.2	4.1	6.6

資料：ロシア統計局『ロシアの地域』2005年，28～31ページ。設備投資は872～873ページ。GRPはロシア統計局『ロシア統計年鑑』2006年，349～351ページ。

動している。これは1970～86年の期間，ソ連邦構成共和国の生産関数推計に際してKumo（2003）が得た数字と大体同じである。

Oomes and Dynnikovaによるコッブ＝ダグラス関数の推計手法は，分析期間におけるロシア経済発展の特色を非常によく表現しているため，他の論文でもよく利用されている。

マクロレベルでの全生産要素の貢献度は一定，つまり$\alpha+\beta=1$として計算される。パラメーターU_E, U_K, αは，ロシアでは全体でしか計算されていない。本章では，すべての地域について，このパラメーターを利用している。結局，生産関数のすべてのパラメーターは，非計量経済学的方法で評価することができる。最終的な生産関数は次のようになる。

$$Y=A(U_E E_i)^{\alpha}(U_K K_i)^{1-\alpha}$$

ここで，Yは地域総生産（GRP），Aは労働，資本を除く地域の生産性を反映した係数（技術係数），同時に統計誤差も含む。Eは年平均雇用者数，Kは固定資本額，iはロシア連邦の地域（連邦管区）を意味する。連邦構成主体別の場合には，利用可能なデータは計算上必要な正確性を確保できない。これに加えて，構成主体でなく管区を対象とすることで，生産要素の分布をより鮮明にすることができると考えられる。表3-2に，各管区の特性指標が示されている。

GRP，固定資本，雇用データは，ロシアの公式統計もしくは公式サイト（www.gks.ru）から収録した。分析期間は1996～2004年。GRPと固定資本は2000年価格ベースで（公式統計の）実質指数に換算した。固定資本の地域別実

表3-3　ロシア経済における中央連邦管区・極東連邦管区の比重　　（単位：％）

	1996	1997	1998	1999	2000	2001	2002	2003	2004
中　央									
地域総生産	26.0	27.5	29.4	32.1	33.0	32.3	33.8	34.1	31.5
雇　用	26.6	26.8	27.0	27.3	27.2	27.0	27.0	27.0	27.4
設備投資	24.1	24.8	30.4	29.1	26.1	23.2	24.7	25.8	26.7
極　東									
地域総生産	5.9	6.0	6.0	5.7	5.0	5.1	5.1	5.0	4.7
雇　用	5.2	5.2	5.1	5.0	5.0	5.1	5.0	5.0	4.9
設備投資	5.1	5.0	5.1	6.1	4.6	5.7	6.5	6.2	6.6

資料：ロシア統計局『ロシアの地域』2005年から作成。GRP（実際価格）は349～350ページ，雇用は80～81ページ，設備投資（実際価格）は872～873ページ。

質指数系列に関する資料はない。したがって，ロシア全体の指数を管区にも適用した。この措置は十分妥当なものと思われる。というのは，対象期間の実質成長率はロシア全体で−0.4％から0.9％の範囲に収まり，ロシア全体の固定資本に占める管区別構成比率は変化しなかったからである。

第3節　生産要素の地域別分布

生産要素の地域分布は非常に不均等である。中央連邦管区と極東邦管区の2つを比較しよう（表3-3）。全ロシア経済での比重で見れば，中央は最大，極東は最小の地域である。この意味で，中央と極東はロシアの地域における2つの極を構成している。

1996～2004年に中央管区のGRP比率は26.0％から31.5％，雇用は26.6％から27.4％，設備投資は24.1％から26.7％まで上昇した。極東管区ではGRP比率は5.9％から4.7％になり，雇用の対全国比率は，5.2％から4.9％へ，設備投資は5.1％から6.6％へ変化した。このような労働力・設備投資の移動方向を説明するためには，労働および資本の効率性の分析が必要である。

コッブ＝ダグラス生産関数では，労働・資本に関係しない経済的な要因および統計的な誤差は技術進歩係数（TFP）で現される。ロシア連邦管区のTFP変動の中で，1999年の激減，2000～03年の急成長，2004年の低下が注目される（表3-4）。この結果はロシア全体のTFPに関するOomes and Dynnikova (2006) の結論に一致している。下記の計算でTFPは各連邦管区の経済発展の

表3-4 技術進歩係数 (TFP)

	1996	1997	1998	1999	2000	2001	2002	2003	2004
中　央	16.6	18.2	15.2	8.6	9.6	11.6	15.9	16.7	16.4
北　西	13.7	14.0	11.8	6.8	7.2	8.5	11.8	12.3	12.3
南	9.5	9.4	8.0	4.7	5.1	6.1	8.0	8.1	8.2
沿ボルガ	12.4	13.4	10.9	6.1	6.5	7.7	10.0	10.4	10.2
ウラル	20.5	21.7	17.7	9.2	10.0	12.3	16.7	17.4	17.0
シベリア	13.6	13.5	11.1	6.2	6.4	7.7	10.3	10.7	10.6
極　東	14.1	14.5	11.9	6.6	6.6	7.9	10.6	10.9	10.7

資料：筆者計算。

特色を配慮するために利用されている。TFPの詳しい分析は重要だが，本論文の範囲を超えている。

　要素利用効率は，それらの限界生産性で表現される (MP-marginal productivity)。

$$MPE = \alpha \frac{Y}{E} ; MPK = \beta \frac{Y}{K}$$

　限界生産性は，1996～97年の不安定期，1998年の危機，その後の急速な成長期などにより変動している（表3-5）。このような変動にもかかわらず，労働・資本の限界生産性の管区別順位は，事実上ほとんど変動していない。1999～2004年，雇用はGRPよりゆっくり成長した。したがって労働の限界生産性MPEはすべての管区で上昇した。資本の稼働率と蓄積額は，若干異なる動きを見せている。資本の限界生産性（MPK）のピークは1999～2000年に現れた。2001～02年にはMPKは縮小し，その後再び上昇した。これは生産能力の相対的不足を意味している。

　経済が競争的であるならば，企業は合理的に行動し，結果として生産要素は，より高い生産性をもつ地域に集中するはずである[1]。したがって，労働と資本の地域比重は，地域の労働・資本限界生産性の全国平均からの乖離度と相関をもつに違いない。地域の限界生産性の全国平均からの乖離度（σ-discrepancy）は，Yamano and Ohkawara (2000) で与えられる。

$$\sigma_{F_{i,t}} = \frac{MP_{F_{i,t}} - \sum_{i=1}^{7} \frac{F_{i,t}}{\sum F_t} MP_{F_{i,t}}}{\sum_{i=1}^{7} \frac{F_{i,t}}{\sum F_t} MP_{F_{i,t}}}$$

表 3-5 労働の限界生産性 (MPE) および資本の限界生産性 (MPK) の推移

	1996	1997	1998	1999	2000	2001	2002	2003	2004
労働の限界生産性*									
中　央	79.3	84.3	76.9	58.0	64.6	74.1	83.9	89.7	92.1
北　西	67.1	66.7	61.7	48.1	50.8	56.5	64.7	68.2	72.7
南	42.8	41.2	38.5	29.5	32.0	35.9	39.4	40.5	42.7
沿ボルガ	59.2	61.6	55.2	41.4	43.5	49.2	52.6	55.9	57.9
ウラル	121.6	124.2	112.9	83.3	89.7	102.1	111.5	117.2	122.2
シベリア	65.5	63.2	57.0	43.0	44.7	50.7	55.8	59.0	62.2
極　東	76.4	76.0	68.9	54.2	53.5	59.4	64.8	68.1	71.7
資本の限界生産性									
中　央	0.333	0.340	0.362	0.427	0.437	0.412	0.400	0.413	0.429
北　西	0.268	0.252	0.272	0.324	0.317	0.291	0.285	0.290	0.304
南	0.209	0.192	0.204	0.247	0.245	0.231	0.221	0.219	0.233
沿ボルガ	0.253	0.251	0.260	0.303	0.292	0.273	0.253	0.256	0.262
ウラル	0.305	0.295	0.311	0.355	0.349	0.332	0.312	0.320	0.331
シベリア	0.272	0.248	0.257	0.298	0.285	0.267	0.251	0.255	0.266
極　東	0.239	0.225	0.235	0.277	0.254	0.235	0.220	0.221	0.228

注：＊従業員一人当たり1,000ルーブル。
資料：筆者計算。

ここで，$F=K, E$，i は連邦管区，t は年である。

1996～2004年の雇用者数の管区別分布は，労働の限界生産性とほとんど相関がなかった。筆者の計算による，全雇用に占める管区雇用比重（$U_E E_i / \Sigma U_E E$）と，労働の限界生産性の全国平均からの乖離度（σ_E）との間の相関係数（r）は0.093であり，統計的に有意でなかった。したがって，管区別で計算した労働資源地域分布は非効率であったと考えられる。問題は労働の総量（ストック）であって，移動量（フロー）ではない。労働移動は，地域間の距離，所得水準，インフラの程度，その他の理解可能な諸要素の従属変数である（Kumo, 2007）。労働移動の方向は，合理的であるが，労働力の非効率的地域分布を改善するためには不十分である。

固定資本の分布に関しては，異なった状況がある。固定資本の管区別比重（$U_K K_i / \Sigma U_K K$）と限界生産性の平均からの乖離度（σ_K）との相関係数は0.748であり，1％の水準で統計的に有意であった。それゆえ，固定資本の分布は労働分布より限界生産性基準をよりよく反映しているといえる。投資（固定資本の増大）と限界生産性からの乖離度との相関は，もっと強く0.845である。さらに政府の財政投資との相関係数は0.898で，その他の投資との相関係数0.777を

上回っている。これは正常ではない。というのは、多くの国では、財政投資は、効率性基準ではなく、地域の発展、格差解消、インフラ創設などを目的として実施されるからである。明らかにロシアの場合、財政投資が資金不足の条件下で、行政は通常民間資本が行う機能を果たしているのだ。

第4節　連邦管区別生産要素の分布モデルと結果

1996～2004年の期間、2000年価格ベースでのGRPの総額は5兆6024億ルーブルから8兆1481億ルーブルに拡大した。一人当たりの加重平均 (weighted average) によるGRPは8万7497ルーブルから12万2699ルーブルへ成長した。労働者一人当たりの管区別GRPの加重変動係数 (weighted coefficient of variation) は0.322から0.325の範囲である。このような労働と資本の実際的分布を以下では「基準バアリアント」(base) 分布と呼ぶ (表3-6、Base)。その他の分布の方法を考察しよう。

連邦政府も地方政府も、積極的な投資政策や人口移動政策を通じて要素配分に影響を与えることができる。投資政策では連邦予算と構成主体予算を通じて財政投資の地域配分を調整している。連邦政府はすべての地方予算による財政投資を再配分することは不可能であるが、その他の非常に強力な投資政策の手段をもっている[2]。それゆえ、すべての地方財政投資の再分配は純理論的ではあるが検討可能なものである。

Yamano and Ohkawara (2000) 提案による財政投資の次のバリアントを考察しよう。「刺激誘導バリアント」(retributive) では、雇用者一人当たりGRPが最低の管区に最大の投資を与える[3]。「均等バリアント」(equal) では、管区への投資比重は雇用者比重に等しくする[4]。「効率バリアント」(effective) では、最大の投資を受取るのは、最大の限界生産性をもつ管区とする[5]。「効率バリアント」計算の第1段階では、労働力の地域分配は不変と仮定する。次の段階ではKataoka (2005) の提案に沿って労働力の配分は、所得弾力性に従うとする[6]。弾力性の高い水準と低い水準を定義し、各管区の労働者の新しい人数を決め、この数字を上述の「効率バリアント」に挿入してみよう。これに応じて大きな移動と小さな移動をもつ「効率バリアント」が得られる。

各バリアントによる財政投資・労働力再分配の主な結果を分析しよう。

表3-6 シミュレーションの結果

		Base	Retributive	Equal	Effective	Effective+ Low Migration	Effective+ High Migration
効率性	地域総生産*　合　計　(100万ルーブル)						
	1996	5,602,363					
	2000	6,219,254	6,196,049	6,208,987	6,259,418	6,263,318	6,303,330
	2004	8,148,079	8,078,846	8,118,387	8,244,973	8,271,920	8,370,238
	従業員一人当たり (ルーブル)**						
	1996	87,497					
	2000	96,681	96,321	96,522	97,306	97,403	97,988
	2004	122,699	121,657	122,252	124,158	124,417	126,045
平等性	従業員一人当たり地域総生産 Max/Min						
	1996	2.840					
	2000	2.807	2.713	2.736	2.781	2.701	2.481
	2004	2.861	2.676	2.716	2.939	2.775	2.400
	加重変動係数						
	1996	0.322					
	2000	0.324	0.313	0.313	0.321	0.312	0.282
	2004	0.325	0.304	0.305	0.343	0.333	0.287

注：＊2000年の価格，＊＊加重平均。
資料：筆者計算。

「刺激誘導バリアント」(retributive)の基準によれば最大の財政投資を受取ったのは，一人当たりのGRPが最低の管区（第1に南部管区，ついで沿ボルガ）であった。財政投資が縮小したのは，上位2管区つまりウラルと中央管区だけであった。GRP総額はベース年に比較して低下した。しかし同時にGRPの地域間分布は最大の均等性を達成した。

「均等バリアント」(equal)のバリアントでは財政投資は，投資比重が雇用比重より小さい管区に有利なように再配分される。したがって計算結果では，投資は南部，沿ボルガ，シベリア，北西管区で高く，ウラル，中央，極東で低い。実際のデータと比較してみると，GRPの低下と平等性の高まりが見られる。

「効率バリアント」(effective)のバリアント，つまり限界生産性に対応した配分という条件下では，1996～2000年の投資は中央管区だけが受取っていたし，2001～04年の投資は，中央管区とウラル管区だけが受取っていた。その結果，

GRP総額は2004年にかけて増加したが，成長の中心は中央とウラルに集中していた。残りすべての管区のGRP生産は実際データで見て縮小した。したがって，GRPの成長と分配の不平等性は，他のバリアントに比較して最大であった。

「領域内労働移動を伴う効率バリアント」(effective + low migration; effective + high migration) の計算によれば，弾力性が低い場合（δ_1=0.01）でも，対象期間のウラル管区の総雇用は9.1％から9.6％へ，中央管区のそれは26.6％から27.2％に上昇した。反対に南管区では，12.7％から12.3％へ縮小し，沿ボルガでは22.1％から21.7％に縮小した。労働力の高い移動性（δ_2=0.05）を前提にすると，もっと高い変動が現れる。特にウラル管区では9.1％から11.5％，中央では26.6％から28.4％に上昇した。これら2つの管区を総合した雇用増大は，4.2％（2004年に278万9000人）であった。反対に南管区の比重は12.7％から10.9％へ，沿ボルガでは22.1％から20.7％へ低下した。その他，北西管区とシベリア管区では労働力の若干の流出が見られ，極東だけは全雇用に占める比重は不変に保たれた。GRPは極大になったが，雇用の不平等性は事実の数字と比較してかなり小さい値になった。

上記の理論的に可能な労働移動量は，実際のデータに一致しないことが分かる。1996～2004年にウラル管区と中央管区で，雇用者一人当たりの所得水準は安定的に上昇した。したがって，労働弾力性に基づけば，労働力は雇用者一人当たりGRPの低い地域（特に南部，沿ボルガ，シベリア）から，この両管区へ移転すべきであった。北西や極東では，労働力移動は不変のままとして予測された。実際にはもっと複雑な事態が観測された。原因は，労働力の地域間移動が経済的要因だけでなく，非経済的要因によっても生じるためである。

1996～2004年に中央管区の実際の比重は，26.6％から27.4％へ上昇し，ウラルでは9.1％のレベルで動かず，南部の比重は12.7％から13.2％へ上昇した。こうした変化は，労働の所得弾性を完全には説明していない。このことは，労働資源の地域分布の非効率性を間接的に確認するものである。

生産要素の新分布に基づいて，可能なGRPを決定できる。得られたデータを効率性と平等性の視点から，実際値と比較しよう。表3－6に効率性と平等性に関する評価の計算結果が示されている。

基準バリアント（base）と比較してGRP引上げの視点から最高に効率的なのは，資本の限界生産性に即した財政投資の配分を行う場合に達成される。「効

率バリアント」(effective) では，労働資源の分布を不変とした場合，GRPの増加は1.2％，低移動では1.5％，高移動では2.7％となる。残りのあらゆるケースではGRPは縮小する。なかでも，「刺激誘導バリアント」(retributive) の場合は0.8％，平等分配の場合は0.4％の縮小である。

労働者一人当たりGRPの一層均等な指標は，労働力の高度移動のもとで財政投資の効果的分配のとき観測される (effective + high migration)。この場合，加重変動係数は0.287まで低下する。すなわち基準値 (0.325) より低くなる。地域的不平等の低下は，「刺激誘導バリアント」(retributive)，「均等バリアント」(equal) に即した分配の場合にも同じく起きる。

追加的住民移動がない場合，もしくは，低移動の場合，GRPの成長は原則として地域的不平等の強度とともに増大する。その例外は，1999～2000年の不安定な短期間におそらく起こっている。この期間，大きな構造変化が起きた結果，財政投資の効率的分配の下で，地域的成長の増加と地域間格差の若干の低下が同時に起きることが可能であった。このような状況（格差縮小下での成長）は，産業構造の急速な変動下で可能であり，過去に観測されたものである。たとえば，日本では，1950年代にそれは始まった (Merriman, 1991)。しかし，その他のケースでは，特に現代のロシアに関する本章の計算では，不平等の縮小は，GRPの縮小もしくは労働力の大規模な移動のもとで生起する。地域格差の同時的引下げとGRP成長の促進の条件は，第1に，限界生産性に対応した財政投資配分，そして第2に，高い労働資源の所得弾性である。

第5節　ロシア地域政策の方向性

これまでの分析によれば，連邦管区間の生産要素の地域的分布において，深刻な問題が存在することが示された。労働資源の分布は労働の限界生産性とは事実上関係をもたない。したがって，この視点からいえば労働の配置は効率的ではない。固定生産資本の分配は，特に投資の場合，限界生産性基準により良く反応している。それにもかかわらず，労働と資本要素の総量一定の下で，産出高を高めることを可能にする財政投資の地域分配の効率的方法が存在する。

原則として，労働移動が少ない場合，投資効率の引上げは地域格差の増大を伴う。反対に，地域格差の引下げは効率と産出高の引下げを伴う。したがって，

ロシア政府はその投資政策で，効率性と平等性の二者択一（trade off）という広く認められる問題に遭遇する。1996〜2004年の財政政策でみれば，生産性と格差の妥協点を探すのは非常に困難である。理論的には，完全に効率的な財政政策と労働資源の大きな追加的移動が提案できれば，地域生産高を高め，同時に地域的不平等を引下げることは可能である。この意味で住民の地域的移動は，平等な地域発展の重要な要素である。しかしこの2つの条件を満たすことは，すべての財政投資を中央とウラル管区に集中し，同時に対象期間にわたって約280万人の労働者を追加的に再移動させることを意味する。明らかにこれを実行することは非常に困難である。

　もし，管区に代えて連邦構成主体別統計データが利用でき，生産関数のパラメーターをいっそう綿密化し，民間投資と社会的投資を分離し，それぞれの限界生産性を個別に評価できれば，この研究を根本的に拡大し発展させることが可能である。しかし，こうしたことが実現できたとしても，主要な結論，つまり，労働資源の不合理な地域分布，投資政策における効率性と平等性の二者択一，地域の均衡的発展を保つために労働力を移動させることの重要さなどは変化しないであろう。現状のままでも，投資と人口移動政策における効率性と平等性の関係を数量的に評価することは，一定の関心を引起すと思われる。

　いずれにしても，財政投資を通じて，成長と格差の縮小を達成した日本モデルは，ロシアの地域政策にとってなお有効であると思われる。

おわりに

　本章では，分析の焦点をロシア全国の財政投資政策および地域政策に集中し，北東アジアの一部であるロシア極東地域について具体的な言及を行う余裕がなかった。しかし，本章で行った分析結果から，当地域開発に関しては，すくなくとも以下のような結論を指摘することができる。

　ロシア極東地域の特徴は，天然資源・エネルギー資源が豊富で限界生産性が比較的に高いにもかかわらず，現状ではインフラ整備が遅れているために中央政府の財政支援を受けている。しかし，この地域は，ロシア全国にとって東アジア・太平洋への唯一の「窓口」であり「戦略的な」開発の対象となっている。したがって，ロシア政府がどんな財政投資政策を選択しても（上に述べた「効率

的バリアント」,「刺激誘導バリアント」,「均等バリアント」),極東地域にとってはメリットになる。2008年現在,極東地域では,サハリン大陸棚の石油・天然ガス輸出の拡大,東シベリア油田開発・パイプライン敷設の具体化,ウラジオストク社会インフラ整備の始まりなどが注目を集めている。もちろん,地域開発はロシア全体の経済景気によって左右されるが,極東地域において東アジアとの関係を安定的に拡大するために必要な基盤はできつつある。将来的にも,このような基盤整備は継続するだろうということを,上の計算モデルに基づいて確認できる。

注

（1） 地域別の限界生産性と生産要素との関係,特に労働力の移動については注意すべきである。しかし,実際の統計データで判断すれば,限界生産性の高い地域では労働市場の状況はロシア全体より良い。たとえば,2004年にウラル連邦管区では失業率が7.5％（ロシア全体8.6％),経済活動人口比率は66.7％（65.3％),失業者一人当たりの求人者の数は2.8人（2.7人）であった。2000〜04年の間,ロシア統計によれば,鉱工業,建設業,輸送,商業,財政セクターにおいて雇用が上昇した。したがって,ウラル連邦管区は限界生産性が高いだけでなく,雇用拡大の可能性が存在していたので,労働力は他のロシア地域から移動すべきであった。

（2） ロシア政府は,連邦管区別に地方予算へ財政投資を再分配していないが,連邦と地方との財政投資活動は深い関係をもつ。まず,多数の投資プロジェクトは共同負担の形で連邦財政も地方財政も負担する。たとえば,2000年代,サンクト・ペテルブルグ市においていくつかの大規模な開発プロジェクトが始まった。環状自動車道路の建設費は約95％が連邦予算,5％が市予算で賄われた。地下鉄拡張費においてその比率は80％と20％であり,洪水防止用のダム建設では,建設費用の負担比率は60％と40％であった。港湾道路建設計画では,連邦,市,民間の3者が資金を分担するのだが,その割合は現在のところ未定である。連邦資金の一部は,利用目的と支出期限を特定し,市財政へ移転された。それによって,連邦と市の財政投資を分けるのは事実上困難であった。他の地域についても同様のことが指摘できる。そして,2000年代後半から,連邦予算はすべてのロシア地域で財政投資を大幅に拡大した。したがって,地域別に財政投資の再分配を考える場合,特に1996〜2004年における公式的な連邦財政投資額を上回っている財政資金についてより詳細かつ総合的に検討することが必要である。これに基づいて,以下の計算で財政投資は連邦予算と地方予算による財政投資を含む。連邦と地方と

表A 設備投資

	1996				2000				2004			
	総額 (10億ルーブル)	うち：財政投資の比重 (%)			総額 (100万ルーブル)	うち：財政投資の比重 (%)			総額 (100万ルーブル)	うち：財政投資の比重 (%)		
		統合予算	うち			統合予算	うち：			統合予算	うち	
			連邦予算	連邦構成主体予算			連邦予算	連邦構成主体予算			連邦予算	連邦構成主体予算
中央	90,280	28.7	9.1	19.2	303,920	36.6	7.5	28.2	689,025	24.4	4.2	19.7
北西	30,299	19.2	9.7	9.5	116,664	15.8	5.7	7.6	330,854	13.9	8.0	5.0
南	34,118	22.3	18.2	4.0	134,905	14.6	9.4	4.3	238,467	18.7	10.9	13.1
沿ボルガ	75,296	14.0	5.3	8.7	206,782	18.7	3.6	12.9	429,492	17.4	6.8	9.4
ウラル	77,325	14.2	4.1	10.0	250,732	16.5	2.4	11.2	488,980	13.8	1.3	10.6
シベリア	47,785	19.6	10.0	9.5	98,647	17.7	9.1	7.3	237,433	14.5	5.1	8.3
極東	19,129	24.1	15.2	8.9	53,589	22.0	10.2	11.3	170,047	15.9	5.9	9.6

資料：2000年，2004年はロシア統計局『ロシアの地域』2005年，872～873，882～885ページ，1996年は，同『ロシアの地域』1999年，799～801ページより作成。

の財政投資の比率に関する公式な統計データは表Aに現れている。

（3）「刺激誘導バリアント」（retributive）のバリアントでは，財政投資配分基準は雇用者一人当たりのGRP（Y/E）水準である。投資を受取る順位は，一人当たりGRPがより小さい管区ほどより大きな投資を受取るというようにする。Yamano and Ohkawara（2000）の論文に従い，各管区の投資（IB_i^{Re}）の計算式と分配条件は次のようになる。

$$IB_1^{Re} > IB_2^{Re} > ... > IB_n^{Re}; (Y/E)_1 < (Y/E)_2 < ... < (Y/E)_n$$

$$AIB = \sum_{i=1}^{7} IB_i^{Re}$$

$$IB_i^{Re} = \frac{(1-\lambda_i)}{\sum_{i=1}^{7} E_i} AIB$$

$$\lambda_i = \left[\frac{(Y/E)_i - (Y/E)_{Max}}{(Y/E)_{Max}} \right]$$

（4）「均等バリアント」（equal）のバリアントでは，総財政投資（AIB）に占める管区比率（IB_i^{Eq}）は，総雇用比重に等しい。

$$IB_i^{Eq} = \frac{E_i}{\sum_{i=1}^{7} E_i} AIB$$

（5）「効率バリアント」（effective）のバリアントでは，投資は資本の限界生産性（MPK）に応じて分配される。

$$IB_1^{Ef} > IB_2^{Ef} > ... > IB_n^{Ef}; MPK_1 > MPK_2 > ... > MPK_n$$

管区は資本の限界生産性によって順序付けられる。財政投資は第1に，最高の

表B 「効率バリアント」計算の説明（1996年，100万ルーブル，2000年の価格）

	1	2	3	4	5	6	7
	固定資本（実際）	MPK（再分配前）	財政投資（実際）	固定資本（再分配前）(1-3)	固定資本（再分配後）(4+3…)	MPK（再分配後）	1997年の固定資本（再分配前，実際の変わりに利用）(5*0.996)
中　央	4,372,058	0.333	60,314	4,311,745	4,492,172	0.324	4,474,203
北　西	1,795,006	0.268	17,959	1,777,047	1,777,047	0.271	1,769,939
南	1,800,269	0.209	18,453	1,781,816	1,781,816	0.211	1,774,688
沿ボルガ	3,581,136	0.253	26,579	3,554,557	3,554,557	0.254	3,540,339
ウラル	2,502,901	0.305	26,299	2,476,601	2,476,601	0.308	2,466,695
シベリア	2,317,955	0.272	20,633	2,297,323	2,297,323	0.274	2,288,133
極　東	1,147,748	0.239	10,191	1,137,557	1,137,557	0.241	1,133,007
合　計	17,517,073		180,427		17,517,073		

資料：筆者計算。

生産性をもつ管区が受取る。そこに累積される投資は増大し，その限界生産性は低下する。限界生産性が第2順位の管区の水準にまで低下すると，第2順位の管区は，第1順位の管区とともに投資を受取り始める。上位2者の限界生産性は上位3者の水準にまで落ちない間は，上位2管区が投資を受け続ける。したがって，高い生産性をもつ管区がより多くを受取るために，低い生産性をもつ管区は投資を受取れない可能性がある。

「効率バリアント」計算の説明

a) 1996年に中央管区の実際固定資本は4兆3720億5800万ルーブルである（表B欄1）。資本の限界生産性（以下MPK）は0.333, ロシア全体で最高である（表B欄2）。中央管区の実際財政投資は603億1400万ルーブルで，全ロシア財政投資総額は1804億2700万ルーブルである（表B欄3）。連邦管区の間でMPKの順位で財政投資を再分配してみよう。

b) まず最初に，実際固定資本から財政投資を引き算する。中央管区の場合，4,372,058-60,314=4兆3117億4500万ルーブルになる（表B欄4）。財政投資の引き算によって固定資本は縮小する。したがって，MPK = β^* (GRP/K) であるので，すべての管区でMPKは上昇するが，投資額は小さいため，管区別のMPK順位は変わらない（GRPおよびTFPを固定する）。最高MPKの中央管区の固定資本（4兆3117億4500万ルーブル）へ10億ルーブルの単位で財政投資を入れ（4,311,745+10,000+10,000+…），MPKの変更を見る。投資の追加によって，固定資本は拡大し，中央管区のMPKは減少する。中央のMPKは上位2ウラル管区のレベルまで落ちれば，ウラルも中央とともに財政投資を入れる。しかし，1996年にすべての

財政投資（1804億2700万ルーブル）を中央管区に入れても，中央のMPKは最高に残る（0.324，表B欄6）。再分配後の固定資本（中央は4,311,745+180,427=4兆4921億7200万ルーブル，表B欄5）を利用し，生産関数に基づいて新たなGRPおよび雇用者一人当たりのGRPを計算できる。ただし，1996年は基準投資（Base Year）であるので，この計算は次年から始まる。

 c) 1997年の固定資本Index（99.6）および1996年の再分配後の固定資本（中央は4492172百万ルーブル，表B欄5）に基づき，1997年の再分配前の固定資本を計算する。中央の場合，4492172×0.996=4兆4742億300万ルーブルになる（表B欄7）。欄7を1997年の「出発点」として上記の方法で再分配が続く。

（6）「領域内労働移動を伴う効率バリアント」（effective + low migration; effective + high migration）のバリアントでは，財政投資は限界生産性（MPK）に応じて分配される（「効率バリアント」）。その他，一人当たりの所得に応じて労働力は管区間に再配置されること（つまり，労働の所得力弾力性）が前提となっている。実際の計算は，Kataoka論文（Kataoka, 2005）が提起した算式で行われる。

$$\frac{E_{i,t+1}}{\sum_{i=1}^{7} E_{i,t+1}} = \left(1+\delta_{1,2}\frac{\omega_{i,t}-\omega_t}{\omega_t}\right)\frac{E_{i,t}}{\sum_{i=1}^{7} E_{i,t}}$$

$$\omega_{i,t} = \frac{Y_{i,t}}{E_{i,t}}$$

$$\omega_t = \frac{\sum_{i=1}^{7} Y_{i,t}}{\sum_{i=1}^{7} E_{i,t}}$$

$$\delta_1 = 0.01; \delta_2 = 0.05$$

ここでδは雇用者一人当たり所得（GRP）の労働弾力性係数である。その値δ_1=0.01は，低いと考えられる。この場合，もしi管区t年の労働者一人当たりの所得（ω_{it}）が，全国平均の水準（ω_t）を2倍上回るなら，翌年（t+1年）の雇用比重（E_{it+1}/E_{t+1}）は1％上昇する。弾力性がもっと高くδ_2=0.05なら，その比重は5％上昇する。

参考文献

田畑伸一郎（2006）「ロシア経済構造の変更（1991〜2005年）」『経済研究』第57巻第2号。

Andrienko, Y. and S. Guriev (2003) "Determinants of Interregional Mobility in Russia: Evidence from Panel Data", William Davidson Institute Working Papers Series 551, William Davidson Institute, the University of Michigan.

Ahrend, R. (2002) "Speed of Reform, Initial Conditions, Political Orientation, or

What? Explaining Russian Regions' Economic Performance", DELTA Working Paper Number 2002-10, available at SSRN: http://ssrn.com/abstract=587301 (as of October 25, 2008).

Baranov, S. and T. Skufjina (2005) "Dynamics of Inter-regional Differentiation Among Russian Regions in 1998-2005 (In Russian)", *Federalism*, Number 3.

Belov, A. (2006) "Regional Inequalities and Effectiveness of Investment: Russia and China in the Period 1999-2003", *The Business Review*. Cambridge, Volume 5, Number 2.

Berkowitz, D. and D. N. DeJong (2003) "Policy Reform and Growth in Post-Soviet Russia", *European Economic Review*, Volume 47.

De Broeck, M. and V. Koen (2000) "The Great Contractions in Russia, the Baltics and the Other Countries of the Former Soviet Union: A View from the Supply Side", IMF Working Paper WP/00/32, International Monetary Fund.

Dolinskaya, I. (2002a) "Explaining Russia's Output Collapse", IMF Staff Papers, Volume 49, Number 2, International Monetary Fund.

Dolinskaya, I. (2002b) "Transition and Regional Inequality in Russia: Reorganization or Procrastination?" IMF Working Paper 02/169, International Monetary Fund.

Fedorov, L. (2002) "Regional Inequality and Regional Polarization in Russia, 1990-99", *World Development*, Volume 30, Number 3, March 2002.

Gavrilenkov, E. (2002) "Economic Growth and Crises: Evidence from Russia and Some Other Hysteric Economies", Working Paper Number 5, Carnegie Moscow Center.

Gerber, T. P. (2006) "Regional Economic Performance and Net Migration Rates in Russia, 1993-2002", *International Migration Review*, Volume 40(3).

Hanson, P. and M. Bradshaw (2000) *Regional Economic Change in Russia*, Edward Elgar.

Hanson, P. (1999) "Understanding Regional Patterns of Economic Change in Post-Communist Russia". In *Russian Regions: Economic Growth and Environment*, Edited by T. Murakami, S. Tabata, Proceedings of the July 1999 International Symposium at the SRC (Sapporo: SRC, 2000).

Kataoka, M. (2005) "Effect of Public Investment on the Regional Economies in Postwar Japan", *Review of Urban and Regional Development Studies (RURDS)*, Volume 17, Number 2.

Kolenikov, S. and A. Shorrocks (2003) "A Decomposition Analysis of Regional

Poverty in Russia", WIDER Discussion Paper, Number 2003/74.

Kumo, K. (2007) "Interregional Migration in Russia: Using an Origin-to-Destination Matrix", *Post-Communist Economies*, Volume 19, Number 2, June 2007.

Kumo, K. (2003) *Migration and Regional Development in the Soviet Union and Russia: A Geographical Approach*, Moscow, Beck Publishers.

Lugovoi, O. et al. (2006) "Determinants of Economic Growth of Russian Regions", Paper submitted to the EcoMod International Conference on Regional and Urban Modeling, Brussels, June 2006, available at www.ecomod.org/files/papers/1324.pdf (as of October 25, 2008).

Merriman, D. (1991) "Public Capital and Regional Output: Another Look at Some Japanese and American Data", *Regional Science and Urban Economics*, Volume 20, Issue 4, February 1991.

Oomes, N. and O. Dynnikova (2006) "The Utilization-Adjusted Output Gap: Is the Russian Economy Overheating?" IMF Working Paper WP/06/68, International Monetary Fund.

Popov, V. (2002) "Fiscal Federalism in Russia: Rules versus Electoral Politics", Working Paper, Instituteof European and Russian Studies, Carleton University, Ontario.

Rosefielde, S. and N.Vennikova (2004) "Fiscal Federalism in Russia: a Critique of the OECD Proposals", *CambridgeJournal of Economics*, Volume 28, Issue 2.

Solanko, L. (2003) "An Empirical Note on Growth and Convergence Across Russian Regions", BOFIT Discussion Paper, Number 9, Bank of Finland Institute for Economies in Transition.

World Bank (2005) *Equity and Development. World Development Report*, New York: Oxford University Press.

Yamano, Norihiko and Toru Ohkawara (2000) "The Regional Allocation of Public Investment: Efficiency or Equity?" *Journal of Regional Science*, Volume 40, Number 2.

Yemtsov, R. (2005) "Quo Vadis: Inequality and Poverty Dynamics Across Russian Regions", in *Spatial Inequality and Development*, Edited by Ravi Kanbur and Anthony J. Venables, Oxford University Press.

Yudaeva, K. et al. (2001) "Down and up the Stairs: Paradoxes of Russian Economic Growth", Working Paper, Centre for Economic and Financial Research (CEFIR), Russian Federation, 2001.

Zhuravskaya, E. (2000) "Incentives to Provide Local Public Goods: Fiscal

Federalism, Russian style", *Journal of Public Economics*, Volume 76, Number 3.

UNDP-Russia (2007) *Russian Regions: Aims, Problems, Achievements. Human Capital Development in Russian Federation* (*in Russian*), 2006/2007, Moscow.

第4章
東アジアの成長と地域経済

南保　勝

はじめに

　地域経済の今日的な課題として見過ごすことができない動きの一つに，地域を支える各産業界でのグローバル化の進展があげられる。それは，競争力優位を保持するために労働力確保とローコスト生産を狙って海外に生産拠点を設ける動きや，販路拡大を狙って海外市場を求めようとする動きである。そして，こうした日本企業の海外シフトが，各地域で生産減少，雇用の喪失を招き，延いては地域経済の活力低下につながったとして議論を呼んだことは記憶に新しい。しかし，今日のグローバル化の進展をよくよく考えると，地域企業の海外シフトに伴う産業空洞化といった負の影響は否めないものの，一方では途上国，とりわけ東アジア諸国の成長による各国市場の急激な拡大により，地域の産業，企業にも新たな事業機会を誘発し，その結果，地域経済にとっても今後の可能性を見いだすための一つのチャンスにつながっている事実を認めなければならない。

　こうした現状に焦点を当て，本章では筆者がフィールド・ワークとして取り組んでいる福井地域に的を絞り，発展目覚しい東アジア諸国，とりわけ中国を中心としたこれら諸国との関係を地元企業の海外進出の実態から把握する。次に，今後さらなる地域経済の発展を促すために，地域の産業，企業のグローバル化がいったいどうあるべきか，その戦略を検討したい。そして最後に，これらを踏まえたうえで，地方圏における地域経済がグローバル化をどう受け止め，今後どのような発展を目指すべきかについても若干の示唆を行ってみたい。

第1節　地域経済におけるグローバル化の実態

(1)　地域企業の海外展開

　ところで，一般にいう経済のグローバル化には，第1に商品貿易ならびに商品外貿易があげられ，第2に生産要素の国際移動があげられる。生産要素（土地，資本，労働）のうち，土地は移動性をもたず，労働移動も我が国の場合は資本の国際移動により発生するケースが多い[1]。こうした現状から，経済面でのグローバル化について考察する場合は資本の国際移動が特に重要である[2]。ここではグローバル化の概念として一般にいわれる「ヒト・モノ・カネ・情報等の社会を構成する諸々の要素が国境を越えて交流すること」といった広義の意味ではなく，企業の経済活動を通じて行われるものの中から，特に資本移動を伴う海外事業活動（対外直接投資）＝グローバル化とする狭義の意味にとらえる[3]。したがって，近年，活発化する金融，情報，文化，人的交流等のグローバル化については考慮しない。

　こうした条件のもとに，我が国におけるグローバル化の歴史を振り返ると，日本企業の海外進出は，対外直接投資という形で1951年に再開された。しかし，当初は国際収支上の問題から厳しく制限されており，60年代まではきわめてわずかなものであった。その後，60年代後半から段階的な対外直接投資の規制緩和と73年の変動相場制移行による円高傾向により，日本企業の海外進出がブーム期を迎える。

　一方，80年代後半になると，プラザ合意を契機とした急激な円高を背景に対外直接投資が飛躍的に増加し，バブル景気の影響もあって89年には過去最高の675億ドル（届出ベース）に達した。特に，製造業では，貿易摩擦や貿易障壁の回避を目的とした欧米への投資が活発化したほか，円高による国際競争力の低下やバブル経済による労働需給の逼迫から，ローコスト生産と労働力の確保を狙った東アジアへの進出が急増していく。

　90年代に入ると，日本経済の減速傾向から，91〜92年にかけその勢いに陰りが出始めるが，93年には超円高進行により再び増加に転じた。その後，90年代末にやや減速するが，2000年代に入ると再び増勢に転じるなど，現在まで堅調な投資状況を示している。ちなみに，投資残高は，01年に3008億ドルに達し，

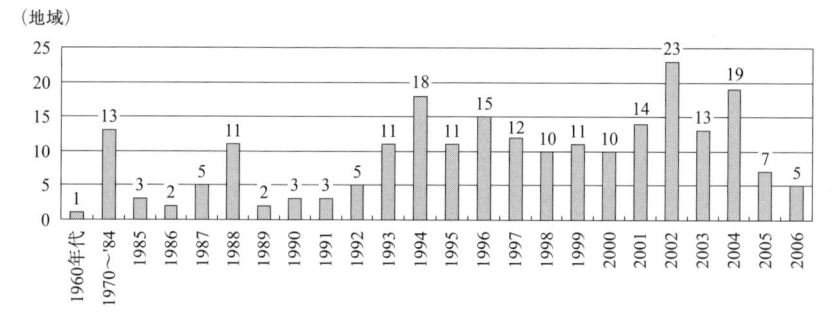

図4-1　福井県企業の進出時期別海外進出状況

資料：福井商工会議所『海外進出企業一覧』2006年（進出時期の不明を除く）。

02年3056億ドル，03年3359億ドル，04年3717億ドル，05年3882億ドル，06年4497億ドル，07年5468億ドルと増加傾向を辿っている(4)。また，この背景には，労働力確保とローコスト生産に比較優位を求めるというかつての進出目的は無論，それ以外の目的として，途上国の経済発展により進出先でのマーケットを狙ったケースが増加しているためであることがうかがえる。

こうした中，福井県企業の海外進出については，福井商工会議所の調べ（『海外進出企業一覧（閉鎖企業を除く）』）によると，06年現在で進出企業数は118社，進出先数は239地域を数えている。ただ，本調査は閉鎖企業を除いた統計であるため，これらを計上すると，実際の進出企業数，進出先数は現状の1.5〜2.0倍程度に膨らむものと思われる(5)。

参考までに，本調査でわかった118社，239地域を基礎に，これら企業の進出時期（図4-1）をみると，プラザ合意以降から徐々に増加し，88年には11地域とピークを迎えた後，バブル景気の影響もあって90年前後は減少に転じた。その後，93年の超円高を契機に再び増加し，95年以降は毎年10地域を超える水準で推移している。2000年代に入ると，02年には過去最高の23地域を記録するが，その後は増減を繰り返し，2005年以降は1ケタ台とやや落ち着いた動きを示している。

次に，進出企業を業種別（表4-1）にみると，繊維工業が進出企業数（35社），進出先数（65地域）ともに最高となっているほか，これに続いて眼鏡工業（進出企業数21社，47地域）や機械・金属工業（進出企業数22社，45地域）での進出が

表4-1 福井県企業の業種別海外進出状況

業　種	地域数（地域）	構成比（％）
繊　維	65	27.2
眼　鏡	47	19.7
機械・金属	45	18.8
化　学	28	11.7
電機機械	23	9.6
その他	21	8.8
プラスチック	4	1.7
食　品	4	1.7
農　業	2	0.8
計	239	100.0

資料：図4-1に同じ。

表4-2 福井県企業の国別海外進出状況

国	地域数（地域）	構成比（％）
中　国	141	59.0
米　国	23	9.6
タ　イ	21	8.8
韓　国	8	3.3
ドイツ	7	2.9
台　湾	5	2.1
イギリス	4	1.7
インドネシア	4	1.7
シンガポール	4	1.7
ブラジル	4	1.7
マレーシア	4	1.7
ベトナム	3	1.3
イタリア	2	0.8
カナダ	2	0.8
フランス	2	0.8
サウジアラビア	1	0.4
バングラディシュ	1	0.4
ベルギー	1	0.4
メキシコ	1	0.4
ロシア	1	0.4
計	239	100.0

資料：図4-1に同じ。

目立っている。その他，化学工業（進出企業数8社，28地域）となっているが，同業種の場合は，繊維工業に関連した染色用薬剤，繊維染料などを製造する化学メーカーが中国，タイ等の東アジア地域へ活発な進出を行ったためである。

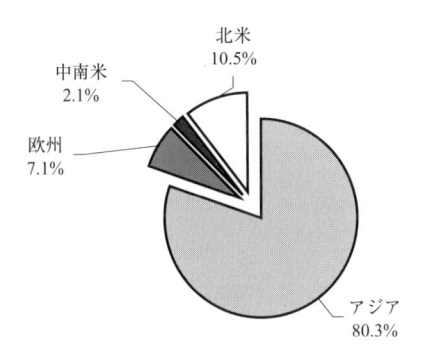

図4-2　福井県企業の地域別海外進出状況

資料：図4-1に同じ。

　一方，進出国別（表4-2）では，中国が239地域中141地域（構成比59.0％）を数え最多となっており，2位の米国（23地域，同9.6％）を大きく引き離している。その結果，中国を含めた東アジア諸国への進出ウエイトは80.3％に達し，全国平均の32.2％[6]を大幅に上回っており，福井県企業の東アジア進出が如何に活発であるかがわかる（図4-2）。その要因として，最も進出例の多い繊維工業についていえば，福井産地が川中に特化しているため，川下のアパレル分野（縫製業）への参入を求めてタイ，中国等に進出するケースが多かったことが指摘できる。また，眼鏡工業については，労働集約型産業であるがゆえに東アジア地域でのローコスト生産へのメリットが大きかったほか，東アジア諸国にとっても余剰労働力を吸収する魅力的な産業であったことが考えられる。

（2）　進出企業の現況

　前項では，福井地域企業の海外進出状況を把握した。それでは，実際に海外展開を行っている福井地域の企業は，日々の事業活動，すなわち生産，販売，収益等の面でいったいどのような状況となっているのか。ここでは，福井県立大学地域経済研究所が2005年に実施した海外進出企業へのアンケート調査[7]から，その現状を整理する。

① 　進出の目的および進出先での機能

　まず，本調査への回答企業に対し海外進出の目的を尋ねたところ（有効回答数53社），「取引先・親会社の進出に同調」した形での進出が28.3％みられたほか，繊維工業（繊維，衣服）では「生産コスト削減（人件費・原材料費）」（ローコ

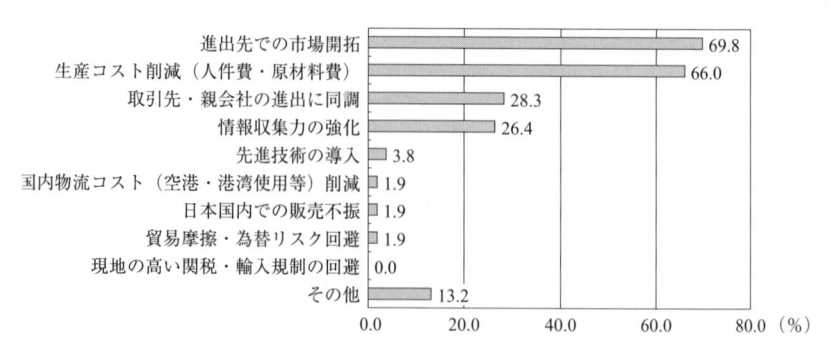

図 4-3　海外進出の理由（n＝53, 複数回答）

理由	％
進出先での市場開拓	69.8
生産コスト削減（人件費・原材料費）	66.0
取引先・親会社の進出に同調	28.3
情報収集力の強化	26.4
先進技術の導入	3.8
国内物流コスト（空港・港湾使用等）削減	1.9
日本国内での販売不振	1.9
貿易摩擦・為替リスク回避	1.9
現地の高い関税・輸入規制の回避	0.0
その他	13.2

資料：福井県立大学地域経済研究所「県内企業の海外進出に関する現況調査」2005年より。

表 4-3　海外進出の理由（複数回答）

(単位：件, %)

進出先	n	進出先での市場開拓		生産コスト削減（人件費・原材料費）		情報収集力の強化		先進技術の導入		現地の高い関税・輸入規制の回避	
		実数	構成比	実数	構成比	実数	構成比	実数	構成比	実数	構成比
中国	46	33	71.7	32	69.6	12	26.1	2	4.3	0	0.0
欧米	12	11	91.7	8	66.7	5	41.7	0	0.0	0	0.0
アジア（中国除く）	14	11	78.6	10	71.4	6	42.9	0	0.0	0	0.0

進出先	貿易摩擦・為替リスク回避		日本国内での販売不振		国内物流コスト（空港・港湾使用等）削減		取引先・親会社の進出に同調		その他	
	実数	構成比	実数	構成比	実数	構成比	実数	構成比	実数	構成比
中国	0	0.0	1	2.2	1	2.2	13	28.3	4	8.7
欧米	1	8.3	0	0.0	0	0.0	4	33.3	1	8.3
アジア（中国除く）	0	0.0	0	0.0	0	0.0	5	35.7	2	14.3

資料：図4-3に同じ。

スト）を進出理由にあげる企業が目立っている。しかし，機械金属工業（金属・非鉄金属，一般機械，電気機械）では「進出先での市場開拓」（市場開拓）が最多となっているほか，眼鏡工業，化学，プラスチックではローコストと市場開拓を目的とする企業で二分されており，この結果，全体では「進出先での市場開拓」が最も多く69.8％を占めた（図4-3）。特に，欧米へ進出した企業では，91.7％が「進出先での市場開拓」を理由としているほか，中国進出企業でも71.7％の企業が，アジア（中国を除く）への進出企業でも78.6％が現地市場開

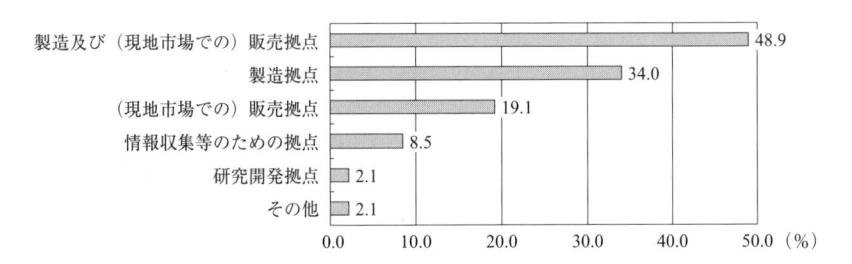

製造及び（現地市場での）販売拠点	48.9
製造拠点	34.0
（現地市場での）販売拠点	19.1
情報収集等のための拠点	8.5
研究開発拠点	2.1
その他	2.1

図4-4　海外進出先（拠点）の機能（n＝47，複数回答）

資料：図4-3に同じ。

拓を主な理由にあげている。つまり，福井地域の企業における海外進出は，業種による格差は残るものの，今やかつての進出理由であった労働力確保とローコスト生産に比較優位を求めた進出から，現地のマーケットを狙ったものへと確実に変化していることがうかがえる（表4-3）。

このように，海外戦略が現地市場の開拓を目的としたものへと変化する中で，進出先（拠点）で保有する機能（有効回答数47社）も，製造拠点に加えて販売拠点としての機能を備えた進出へと変化している。ちなみに，本調査では，「製造及び（現地市場での）販売拠点」の両方を兼ね備えた進出例が繊維工業（繊維，衣服）中心に48.9％に達しているほか，「（現地市場での）販売拠点」機能のみでの進出も機械金属工業（金属・非鉄金属，一般機械，電気機械）を中心に19.1％を占めている（図4-4）。

② 現地販売の現況および成果

次に，販売先の国別状況だが，回答を得た35企業のうち，販売先として「中国」をあげた企業が全体の87.5％を占めた。次に，「アメリカ」(37.5％)，「韓国」(15.6％)，「タイ」(15.6％)と続く。その他，イギリス，フランス，ドイツなどの欧州各国，ベトナム，カンボジア，インドネシア，マレーシアなどの東アジア諸国，さらにエルサルバドル，トルコ，アルジェリアなど世界各国に広がっており，県内企業の販売先が広範囲にわたっていることが確認できた。

また，現地での販売先（有効回答数27社）については，「日系メーカー」と「現地の卸・小売業」への販売が各々37.0％と同率で並んでいる。次いで，「現地メーカー」への販売も比較的多く，29.6％を占めた（図4-5）。こうした結果から読み取れることは，進出先でのビジネスが，もはや日系企業に限ったも

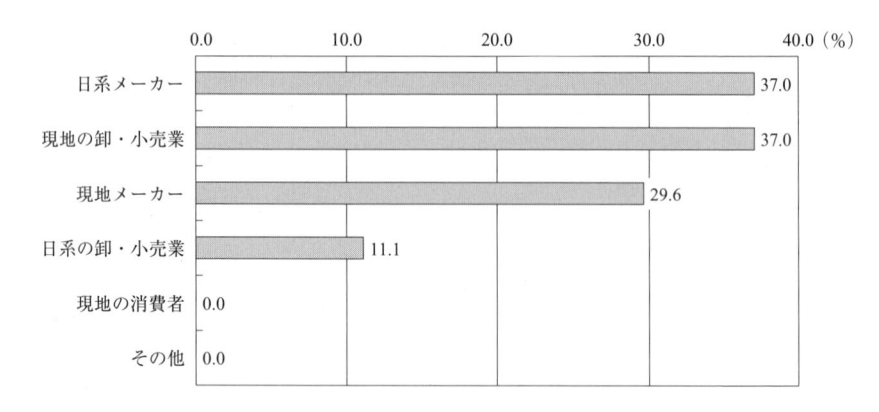

図 4-5 現地での販売先 (n=27, 複数回答)

販売先	%
日系メーカー	37.0
現地の卸・小売業	37.0
現地メーカー	29.6
日系の卸・小売業	11.1
現地の消費者	0.0
その他	0.0

資料：図 4-3 に同じ。

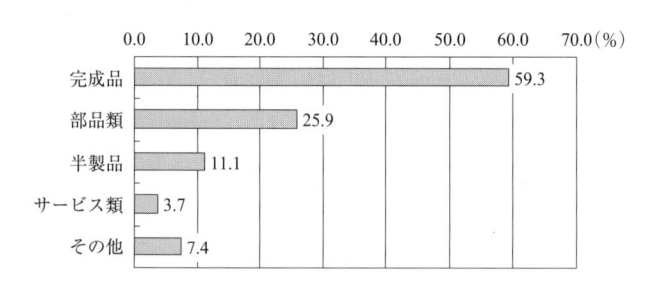

図 4-6 販売品の内訳 (n=27, 複数回答)

区分	%
完成品	59.3
部品類	25.9
半製品	11.1
サービス類	3.7
その他	7.4

資料：図 4-3 に同じ。

のではなく，むしろ現地企業との直接ビジネスへと広がりをみせている事実であろう。ただ，主な販売品目（有効回答数27社）の中身をみると，「完成品」が59.3％で最多となり，これに「部品類」（25.9％），半製品（11.1％）が続いている。つまり，進出企業の扱い品は，おおよそ物財中心であり，サービス品などソフト財でのビジネスは比較的少ない（図 4-6）。

一方，これら製品の供給体制（有効回答数27社）については，「自社の現地工場で製造している」が55.6％と半数以上を占めているが，3社に1社の企業が「日本国内の自社及び関連会社から仕入れている」（33.3％）と答えたほか，わずかながら「現地の（自社とは全く関係のない）企業から仕入れている」（7.4％）例もみられるなど，扱い品の供給体制は多様であることが読み取れる（表 4-

表4-4　現地販売製品の製造あるいは仕入先（n=27）

項　目	構成比（％）
自社の現地工場で製造している	55.6
日本国内の自社及び関連会社から仕入れている	33.3
現地の（自社とは全く関係のない）企業から仕入れている	7.4
日本国内の他社から仕入れている	3.7
その他	0.0

資料：図4-3に同じ。

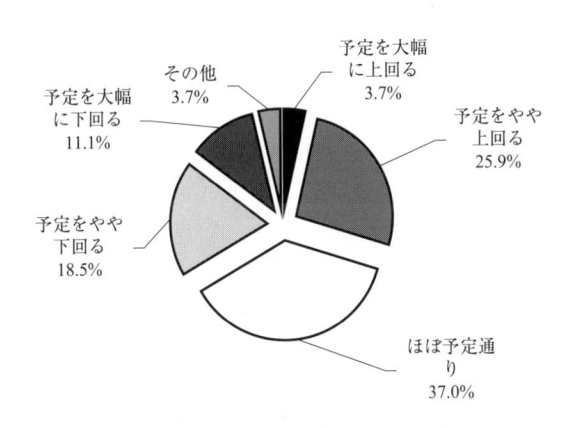

図4-7　現地での販売成果（n=27）

資料：図4-3に同じ

4）。

　こうした状況下，現地販売の成果（有効回答数27社）については，「ほぼ予定通り」が37.0％，「予定をやや上回る」が25.9％，「予定を大幅に上回る」が3.7％みられたものの，「予定をやや下回る」（18.5％），「予定を大幅に下回る」（11.1％）も全体の3割程度みられ，今後，これら企業の動向が海外進出に対する全体の評価を決定するうえで，重要な要素となることが考えられる（図4-7）。

③　現地販売の課題

　これまで，「福井県内企業の海外進出に関する現況調査」から，福井地域企業における海外進出の現況をみてきた。その結果をまとめると，各企業の進出目的は，かつての労働力確保とローコスト生産を目的としたものから，現地での販売を目的とした進出に変化していることが明白となった。そのうえで，各

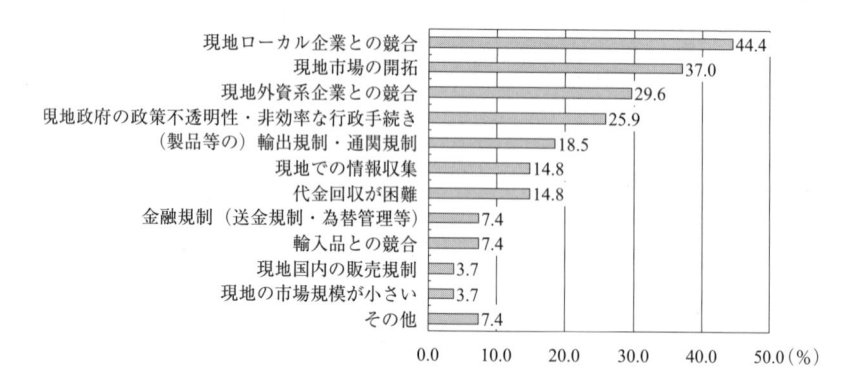

図4-8 現地での販売上の問題点（n=27，複数回答）

項目	%
現地ローカル企業との競合	44.4
現地市場の開拓	37.0
現地外資系企業との競合	29.6
現地政府の政策不透明性・非効率な行政手続き	25.9
（製品等の）輸出規制・通関規制	18.5
現地での情報収集	14.8
代金回収が困難	14.8
金融規制（送金規制・為替管理等）	7.4
輸入品との競合	7.4
現地国内の販売規制	3.7
現地の市場規模が小さい	3.7
その他	7.4

資料：図4-3に同じ。

企業の海外販売活動の状況をみると，進出地域，業種により格差はみられるものの，ある程度の成果を上げていることが読み取れた。しかし，その半面，思うほど実績が上がっていない企業も3割程度存在することも明白となった。

では，現地市場をターゲットとした海外進出における課題は何か。今回の実態調査でも回答企業に対しその疑問を投げかけている。その結果をみると，現地での販売上の問題点として最も多く回答を集めた項目は，「現地ローカル企業との競合」(44.4%)であった。次いで，「現地市場の開拓」(37.0%)，「現地外資系企業との競合」(29.6%)が続いている（図4-8）。

この結果を総括すれば，これまで海外進出の課題といえば「ビジネス慣行の違い」や「現地政府との折衝の困難性」，「現地の政治・経済情勢の変化への対応」，「現地でのパートナー選定の難しさ」などをよく耳にするが，販売を主な目的とした海外進出の場合，これら既存の課題は無論のこと，さらに企業戦略上の基礎的条件，すなわち現地ローカル企業や外資系企業との競合に打ち勝つための販売戦略が重要な鍵を握ることがうかがえる。

第2節　福井地域企業による中国展開の現状

さて，前節では福井地域企業の海外展開を総括したが，その中で特に積極的な進出がみられた地域が中国であった。そのため，以下では中国一国に絞り，

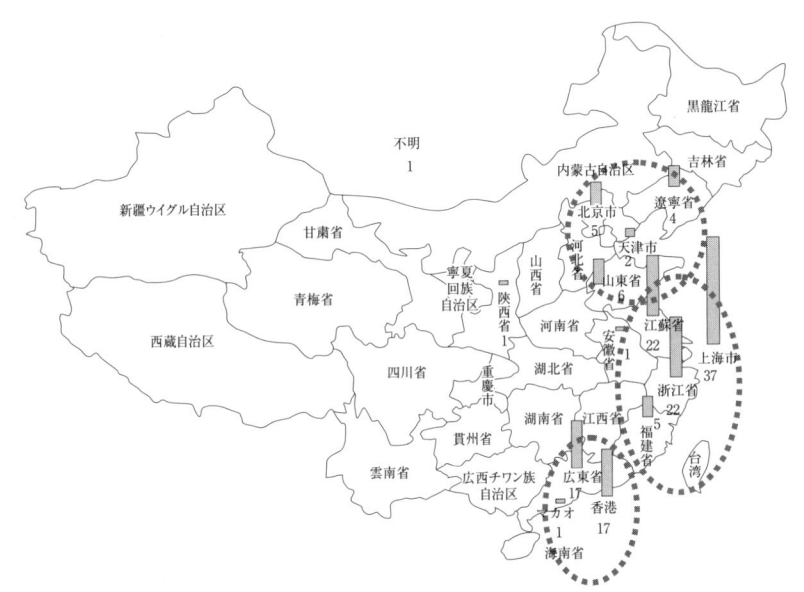

図 4-9 福井県企業の中国進出地域別状況 (2006年)

資料：図4-3に同じ。

福井地域企業の進出の現況を把握するとともに，中国進出企業における今後の課題についても考察したい。

（1） 地域別進出状況

前述のように福井地域の企業では，進出地域数でみて141地域（97社），全体の59.0％が中国内に集中している。参考までに，JETROの資料をみると，日本企業による1951年～2004年までの中国投資件数は累計で5768件を数えており，そのため0.6％経済圏といわれる福井県の経済規模から判断すると，この間，せいぜい35～36件の中国投資があれば妥当な水準といえる。しかし，実際はこれをはるかに上回る投資実績であり，このことは福井地域企業の中国投資がきわめて活発である事実をうかがわせるものである。では，このように活発な中国への進出企業は，いったい中国国内のどの地域に立地しているのか。その現況をみると，約6割が華東地域（上海，浙江省，江蘇省）に，約3割が華南地域（香港，広東省）に集中しているほか，残り1割は北京，天津，山東省あたりへの進出であることがわかる（図4-9）。これを業種別でみると，上海には各種

業種の進出がみられるが,浙江省,江蘇省では繊維,金属・機械を中心に,香港,広東省では眼鏡,金属・機械,繊維を中心に進出例が多い。その結果,中国全体では繊維関連企業の進出が41地域(29.1%),眼鏡が28地域(19.9%),金属・機械が24地域(17.0%)と,これら3業種で全体の65.9%を占めている。

(2) 中国展開の特徴

このように,福井地域企業の中国進出はきわめて活発であるが,前述したアンケート結果をもとにその現況をみると,以下の3つの特徴が見いだせる。

まず,第1の特徴として,進出目的に関しては,前述のように欧米や中国以外のアジア諸国,さらに中国進出企業の場合も,「進出先での市場開拓」を目的とする企業比率が増加し,現地のマーケットを狙ったものへと確実に変化していることが確認できた。しかし,地域別に進出先の機能をみると,欧米への進出企業では「(現地市場での)販売拠点」のみの進出が41.7%に達しているのに対して,中国進出企業の場合,「製造及び(現地市場での)販売拠点」が53.7%を占めているほか,「製造拠点」のみの進出も39.0%みられ,「(現地市場での)販売拠点」のみの進出は14.6%と少ない。この現実からうかがえることは,中国進出の目的が製造から販売へと変化しているとはいえ,欧米と比較すればやはり製造拠点としての地位がいまだ高いことがうかがえる(表4-5)。

第2の特徴として,中国進出企業の販売先をみると,現地メーカーや卸・小売を取引相手とするケースもみられるものの,欧米や中国以外の東アジア諸国へ進出した企業に比べ,日系メーカーや日系の卸・小売業との取引ウエイトが高く,このことから市場狙いといっても,いまだ主流は日系企業との取引が中心であることが指摘できる。

第3の特徴として,現地販売の成果をみると,欧米や中国以外の東アジア諸国への進出企業に比べ十分な成果が上がっていないことが指摘される。表4-6からも分かるように,中国進出企業の場合,その販売成果が「予定を大幅に上回る」(4.2%),「予定をやや上回る」(25.0%)ケースもみられるが,そのウエイトは欧米や中国以外の東アジア諸国への進出企業に比べ小さく,その結果,DI(ディフュージョン・インデックス)[8]値でみると,予定を上回る企業と予定を下回る企業がほぼ拮抗していることがわかる。

ちなみに,その要因としては「現地政府の政策不透明性・非効率な行政手続

第 4 章　東アジアの成長と地域経済　91

表4-5　進出先の機能（複数回答）

(単位：件，%)

	n	製造拠点		製造および(現地市場での)販売拠点		(現地市場での)販売拠点		情報収集等のための拠点		研究開発拠点		その他	
		実数	構成比	実数	構成比	実数	構成比	実数	構成比	実数	構成比	実数	構成比
中国	41	16	39.0	22	53.7	6	14.6	3	7.3	1	2.4	1	2.4
欧米	12	3	25.0	5	41.7	5	41.7	2	16.7	0	0.0	1	8.3
アジア(中国除く)	13	4	30.8	6	46.2	3	23.1	1	7.7	0	0.0	1	7.7

資料：図4-3に同じ。

表4-6　進出地域別でみた現地での販売の成果

(単位：%)

	n	予定を大幅に上回る	予定をやや上回る	ほぼ予定通り	予定をやや下回る	予定を大幅に下回る	その他	計	DI値
		構成比	構成比	構成比	構成比	構成比	構成比	構成比	
中国	24	4.2	25.0	37.5	20.8	8.3	4.2	100.0	0.0
欧米	7	14.3	42.9	28.6	14.3	0.0	0.0	100.0	42.9
アジア(中国除く)	8	12.5	37.5	25.0	12.5	12.5	0.0	100.0	25.0

資料：図4-3に同じ。

表4-7　進出地域別でみた現地での販売上の問題点（複数回答）

(単位：件，%)

	n	現地の市場規模が小さい		現地ローカル企業との競合		現地外資系企業との競合		輸入品との競合		現地国内の販売規制		(製品等の)輸出規制・通関規制		金融規制(送金規制・為替管理等)		現地政府の政策不透明性・非効率な行政手続き		代金回収困難		現地市場の開拓		現地での情報収集		その他	
		実数	構成比	実数	構成比	実数	構成比	実数	構成比	実数	構成比	実数	構成比	実数	構成比	実数	構成比	実数	構成比	実数	構成比	実数	構成比	実数	構成比
中国	24	0	0.0	12	50.0	7	29.2	2	8.3	0	0.0	4	16.7	2	8.3	7	29.2	4	16.7	10	41.7	4	16.7	2	8.3
欧米	7	0	0.0	5	71.4	0	0.0	1	14.3	0	0.0	2	28.6	0	0.0	1	14.3	0	0.0	4	57.1	2	28.6	0	0.0
アジア(中国除く)	8	1	12.5	4	50.0	2	25.0	1	12.5	0	0.0	1	12.5	0	0.0	0	0.0	1	12.5	4	50.0	3	37.5	0	0.0

資料：図4-3に同じ。

き」（29.2％）や「（製品等の）輸出規制・通関規制」（16.7％）への指摘もみられたが，それを上回る課題として「現地ローカル企業との競合」（50.0％）があげられており，「現地外資系企業との競合」への指摘も29.2％の回答を集めている（表4-7）。

（3）　進出企業の今後の課題

　これまで，福井地域企業の中国進出における現況を考察したが，そこから分かったことは，中国進出企業の場合も他の地域への進出企業と同様，現地市場を狙ったものへと変化しているが，取引相手はいまだ日系企業が主流でその成

果も低く，その結果，他の地域への進出に比べ機能面でいまだ生産拠点としての位置づけで進出する企業が多いという事実であった。つまり，販売目的での中国進出企業が増えているとはいえ，主眼はいまだ労働力確保とローコスト生産を狙った進出であるという事実が浮かび上がる。

　ただ，最近の中国情勢を考慮すると，こうした日本企業の中国進出もここにきて大きなターニングポイントに差し掛かったように思われる。つまり，これまでの労働力確保とローコスト生産を狙った中国進出では立ち行かない時代を迎えつつあるという現実である。その理由は，中国でこれまで外資導入のために行ってきた優遇政策が撤廃されつつあることと，最低賃金制の導入や労働契約法の施行など労働者保護政策が打ち出されているため，などである。参考までに中国の税制面でいえば，これまで外資系企業に適用していた優遇税率が段階的に撤廃されつつある。具体的には，中国国内企業で実質33％，優遇策を受けていた外資系企業で15～24％と異なっていた企業所得税率（法人税）を一本化し，内外の企業を問わず一律25％に統一された。さらに，2免3減半（黒字化後2年間は企業所得税を全額免除，その後3年間は半減）の優遇措置も撤廃されたほか輸出増値税還付率の引き下げなど，これまで外資系企業に与えられていた税制面での優遇政策の多くが撤廃された。ただし，ハイテク関連や省エネ関連など特定の外資系企業に対しては，逆に優遇措置を拡大している。

　こうした中国の外資に対する優遇政策撤廃の動きから読み取れることは，第1に，前述した特定分野の外資には優遇政策が続けられることからも分かるように，中国がすでに誘導した産業分野に代わって，今後必要度が増す分野，足りない分野を誘導しようとする選別政策の段階に入ったこと。第2に，中央政府と地方政府の外資導入政策に対する温度差を利用し，いまだ経済的に遅れをとる内陸部へ外資誘導を図っていること等がうかがえる。

　中国は，1978年の改革・開放以来，これまで積極的な外資導入策を展開し，日本企業もこれに乗り中国への進出を進めた。しかし，今回の政策転換により，これまで日本企業が目指した労働力確保とローコスト生産のための中国進出というメリットは近い将来薄らいでいくことは間違いない。こうした状況から，日本企業が今後も中国進出を進めるとすれば，それはいうまでもなく現地での生産拠点を残しつつも現地市場にどう対峙していくかが重要な課題となろう。

第3節　今後の東アジア進出戦略

　これまで，福井県企業の海外進出の現況について既存の調査結果をもとに整理した。そこで分かったことは，中国を中心とする東アジア諸国との関係が確実に深まっていることである。そして，東アジア地域での企業活動も製造目的から販売目的へと変化している。しかし，特に現地での市場参入を目的とする場合，とりわけ中国に関していえば，欧米への進出企業に比べその成果は低い水準にとどまっている。また，先に述べた「福井県内企業の海外進出に関する現況調査」によれば，海外進出に際しての総合的な留意点として，以下の3点があげられている。第1に，回答企業の中には，現地パートナーの是非によって海外進出そのものの成否が分かれるとの見解が多くみられたこと。第2に，人材の確保の問題。回答企業の中には，管理者の育成・指導面での問題や従業員とのコミュニケーションギャップ，雇用慣行の違い等労務に関する問題を指摘する回答が多くみられた。そして，これをクリアするには，派遣社員も含めて経営センス，技術力，販売力などを兼ね備えた質の高い人材の確保が求められていること。第3は，進出先での現地化の問題である。これに関しては，特に現地市場を目的としたケースで重要となろう。進出先でのローカル企業，外資系企業との競合に打ち勝つには，現地市場の動向をすばやくキャッチすることが重要であり，これには現地企業，住民等との共生を目的とした企業活動を重視するなど現地化優先の経営戦略が重要であることはいうまでもない。

　では，今後，中国を含めた東アジア諸国への進出をどのような戦略により果たすべきか。以下では2005年に財団法人北陸産業活性化センターが実施した『北陸における海外展開企業の戦略と戦術——グローバル化に対応した地域産業の発展に関する調査』委員会報告書を参考としながら整理したい[9]。

　本報告書は，まず地域別の市場傾向（表4-8）を述べたうえで，北陸地域企業の機会と脅威，強みと弱みを整理し，北陸地域企業の方向性を示唆している（表4-9）。ただ，東アジア諸国への進出を決定する際の理由には，ⓐ海外を市場と考えるのではなく，国内での生き残りのためのコスト削減の一貫として低価格な調達先，あるいは一部生産委託先としてとらえるケース，ⓑ海外を市場とみなして展開するケースに分けられ，ⓐの場合は，さらに主要取引先からの

表4-8 地域別市場特性の概要

	欧 州	北 米	中国・アジア
産業・流通市場	・機械系を中心に欧州伝統産業では，保守的・排他的市場 ・IT系や欧州に無い製品では，質の違いを評価できる市場 ・国の違い大きい	・日本に無い産業がある ・品質を求めない ・価格優先志向	・コピー防止と市場ニーズの両面から，低機能・低価格製品市場
コンシューマー市場	・比較的高価でも，価格が判る市場 ・階級社会のため，層により思考が異なる	・一部を除き，ブランドに関心が低く，価格勝負の市場	・made in japanへの信頼が厚い
生産環境	・西欧は，制度的に経営環境が厳しく，日本人による労務管理は困難 ・東欧は，失業率が高いため，コストが安く労務管理も可能	（特段の指摘無し）	・インフラは，自助努力を含めてなんとか構築されている状況 ・なお残る主なリスクは，深刻な電力不足，精度の急変，税率の不透明性，収益回収の障害etc.

資料：財団法人北陸産業活性化センター『北陸における海外展開企業の戦略と戦術』2005年，14ページ。

要請で海外市場に進出するケースと，それ以外のケースに分けられている。以下では，これらケースにおける戦略を整理したい。

（1） コスト面からの進出

① 主要取引先からの要請による東アジア進出の場合

　主要取引先からの要請によるケースの場合は必然的に生産拠点の進出を前提とすることになるが，完成品に近い半製品をアッセンブル（組み立て・調整）する形態か，全工程を完全に展開する形態か，あるいは両者の中間の形態かを，製品特性・要請内容・現地の状況（素材・部品の調達など）から判断することが必要である。本報告書では樹脂成型企業の進出を例にとり，一般的な成型行程からの進出ではなく，最も重要な金型行程から進出し，先行企業に対して川上行程の供給を狙うなど，先発・後発の利益を考慮した柔軟な戦略を構築することの重要性を述べている。またこの場合，市場開拓の必要性は薄いが，激変する産業状況を考慮すると，主要取引先の方針変更に伴う突然のリスクが存在することを指摘し，これを最小限に食い止めるために，主要取引先以外の取引先

表 4-9　北陸地域の製造業の方向性
[北陸地域企業の機会・脅威，強み・弱み]

機　　会	強　　み
ボーダレスによる市場の融合	組織に技術が蓄積し持続的に進歩
アジア圏市場の急成長	地道な組織的技術向上
日系企業の広範な海外進出	高度な生産・品質管理技術
脅　　威	弱　　み
日本市場の縮小	個人が活躍するシステム思考に疎い
海外資本の日本市場進出	迅速な意思決定・展開に不慣れ
海外資本の成長市場への大資本迅速投下	リスクマネジメントに不慣れ

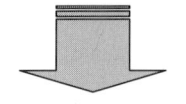

[北陸地域企業の方向性]

・着実な技術力と持続的なその向上力を背景に
・ボーダレスの波による地球規模での市場の融合化・特に成長著しいアジア圏の市場に対して
・日系企業の進出による高品質市場の誕生を参入機会と捉え，
・迅速な展開に不慣れであることを逆手に取った持続可能で進出地域に末永く根をおろす経営感覚を持って，
・グローバルに生き残っていく

資料：表 4-8 に同じ。14～15ページ。

をできるだけ速やかに自立的に開拓すべきであると述べている。

　我が国中小企業の下請比率が1982年の65.5％から近年では50.0％を割り込む水準にあることを考慮すれば，主要取引先の要請による進出とはいえ，海外においても国内同様，常に自立化・自活化に向けた努力が必要であることを示唆するものである。

② 　主要取引先の要請がない（自主的・自社戦略としての）東アジア進出の場合

　次に，主要取引先から要請のない海外進出，つまり自社独自の戦略としての東アジア進出について検討する。本報告書では，「企業規模と市場規模の関係から国内市場での生き残りに掛ける場合や，主要取引先からの進出要請が考えられない場合は，あえて生産拠点を海外に移す必然性が無い」としながらも，一方で，「国内市場がボーダレスの波を受けて国際競争にさらされつつある場合は，国内市場での競争力を維持・向上させるために，素材・部品などの低廉な調達先，標準品や低価格品の低価格な委託生産先としての海外取引を企検討すべきである」と述べている。

　こうしたパターンの東アジア進出は，前述した繊維，眼鏡枠，化学などすで

に福井地域企業において行われているが，その際，最も重要な点は，本報告書の指摘を参考とすれば，海外生産拠点での生産・品質管理の徹底による既存取引先（納入先）への品質保証であり，こうした取り組みがユーザーニーズの満足を高めることになろう。同時に，技術面でのグローバル効果を引き出すためにも，自社内ではより高度な製品開発・生産に集中するなど，技術力を向上させるための取り組みも重要といえる。

（2）　市場開拓としての進出

最後に，東アジア市場での販路開拓を目的とした進出ケースについて，その方策を述べることにする。本報告書では，この場合の戦略として，市場立地型で生産拠点を進出させる場合と，市場規模や製品特性・技術防衛などの観点から生産拠点は進出させず，販売・アフター網のみを展開する場合について述べている。

前者の場合，現地の市況や市場開拓の進捗状況に応じた生産拠点の進出となるが，生産拠点の構築に際しては，半製品組立から全工程までのどのレベルかを見極めることが重要である。また，製品の模倣が行われる可能性の高い地域への進出に際しては，生産拠点の進出の有無を問わず，模倣されることを前提とした，いわば当該地域仕様ともいうべき標準的な生産設備や製品供給のみに限定するという方策を講じている企業が多いことにも留意すべきとしている。これらの地域では総じて人件費が低廉であるため，最新の整備に投資するよりも，労働集約的な分野を重視した生産方式採用がコスト的に有利であることも指摘している。

その他，本報告書では，進出の留意点として「市場開拓戦略では，今回調査した海外展開企業は，積極果敢な売り込み・展示会での市場調査・代理店開拓などにより，自立的に販路・取引先を開拓している。その際，重要なポイントは，"海外に進出することが夢で是が非でも海外に進出したい"というトップの強い意志力・ビジョン構想力であることも，異口同音に聞かれた」と述べている。そのうえで，「進出先の人々とのコミュニケーションの重視や，市場立地型進出での現地販売など，進出先地域に定着していく経営姿勢を基本に据えることは，持続可能性を最重視する我が国の企業経営の特徴を生かしたアプローチであるともいえる」と締めくくっている。つまり，海外進出で成果をあ

げるには，進出先での現地化あるいは共生を重視する企業姿勢が最も重要であることを指摘しているものと思われる。

　P.ディッケンによれば，グローバル化の類似語としてよく使用される国際化という言葉に着目し，これら両者の意味の違いを次のように述べている[10]。それを要約すると，国際化のプロセスとは「国境を越えた経済活動の単純な拡大を意味し，基本的には量的なプロセスであり，経済活動の地理的パターンの外延的拡大がもたらされること」と定義している。一方，グローバル化のプロセスとは「質的に異なるものであって，こちらは，経済活動の国境を越えた地理的拡大だけでなく，より重要な点として，国際的に分散した活動の機能統合を意味する」と述べている。つまり，今後の東アジア戦略において重要となるのは，P.ディッケンのいう真の意味でのグローバル化，つまり，現地との共生，日本国内市場と同じ目線による戦略が重要ということであろう。

お わ り に

　今，地域経済を取り巻く環境が大きく変化している。関はその著書『地域産業の未来』の中で，1985年のプラザ合意を日本のターニングポイントと位置づけ，それ以降，日本の経済社会が構造的に大きく変化したと述べている[11]。関がいう構造変化の一つは「国際的な枠組みが変化」したこと，つまり，80年代以降のグローバル化進展の中で，日本の背中にある東アジア諸国が巨大な存在として登場してきたことである。それまでの日本の産業，企業は，戦後の復興期を経て高度成長を成し遂げ今日に至るまで，対外的には対米依存，米国の傘の下で，ベクトルは常に米国に向けられていた。

　つまり，敗戦国，小国の理論を前提に米国をターゲットとしてひたすら輸出志向工業化を推し進め，導入技術の消化と改善に勤しんできたのである。しかし，1980年代に入ると，アジアNIEs，ASEANに加え，あの中国が「社会主義市場経済」化の進展に伴って巨大な存在として浮上してきた。改革・開放路線の展開から30年あまりを経た中国は，今や近代的な工業国家として大きく様変わりしている。こうした中で，これら東アジア諸国と今後どう付き合えばよいのか。それは，これまでの"ローコスト生産基地"といった日本と東アジアの関係だけでは到底解決できない。米国との関係を保持しながらも，一方では東

アジアの一員である日本が東アジア諸国と対等な目線で付き合える新たな関係を構築することが求められている。つまり，対米依存から東アジアといった新たな枠組みの中で，地域の産業，企業は自らのあり方を模索していかなければならないという新たな課題に直面している。

いずれにせよ，前述した地域の産業，企業のグローバル化が進む中で地域経済はどのような発展を目指すべきか。この問題に関しては，多くの研究者によりさまざまな議論がなされているが，いまだ決定的な決め手は存在しない。ただ，今後の方向性については若干の指摘はできるであろう。その視点は，地域産業，企業の発展基盤としての地域経済の意義，および産業，企業と地域経済のWin-Winの関係を如何に構築するかを検討することであろう。

まず，検討しなければならないことは，経済のグローバル化が進む中での地域の産業，企業の一貫生産体制のフラグメンテーション化の問題があげられる[12]。これまで地域内でまとまった経済活動を行ってきた産業集積や地域企業の一貫生産体制のフラグメンテーション化を地域経済の発展とみるのか，それとも衰退とみるのかきわめて難しい問題である。ここでその答えを断定的に述べることは難しいが，新たに構築された世界規模でのネットワーク内で地域企業のポジションはどこに求められるのか，という視点から検討すべきであろう。

これとあわせて，グローバル化時代の地域産業，企業が存在する意義を考える必要もある。すでに一貫した生産基地あるいは販売拠点としてその意義を地域に求めることは困難であるかも知れない。しかし，だからといって地域に産業，企業が存在する意義がなくなってしまったわけではない。この件に関して，近年注目を集めている「学習地域論」や，マイケル・E.ポーターの産業クラスター論は，地域経済の動態的な発展を考えるうえで重要な視点を与えてくれるであろう[13]。

地域経済の発展を考えるうえで近道は存在しない。このグローバルな世界の中で地域がどう生きるべきか。地域経済の現状を見つめたうえで，その課題を一つひとつ解決しつつ，新たな方向性を見つけていかなければならない。そして，あえて一つの方向性をあげるとすれば，それは東アジア諸国を日本市場の延長線上にとらえ，東アジア諸国とどのように共生を図るかという視点でとらえることであろう。そして，こうした思いをもつ地域企業が数多く出現することにより東アジア諸国との新たな関係が芽生え，結果として地域経済の発展に

繋がっていくものと考える。いまや地域の産業，企業においてグローバル化を無視した生き方などありえない。特に中国に代表される東アジア諸国との関係は日々進化し，その中で，地域の産業，企業は東アジア諸国とのインタラクティブな関係を如何に構築すべきかが問われている。

注

（1） 藤田敬三・藤井茂編『経済の国際化と中小企業』有斐閣，1976年，34ページ，参照。
（2） 北陸電力株式会社地域総合研究所編『国際化と北陸』1994年，1ページ，参照。
（3） ここでの海外事業活動とは，企業の生産拠点や販売拠点設置を目的とした"海外進出"活動をいう。
（4） 本稿では，JETROが毎年取りまとめる「日本の国・地域別対外直接投資残高（届出ベース）」を参考とした。
（5） 1998年に福井経済経営研究所が調査したデータによると，福井県企業の海外進出は，企業数で137社，313地域を数えている。
（6） JETROによると，日本企業における1985～2004年の対外直接投資件数は6万5244件で，うちアジアへの投資件数は2万1007件，全体の32.2％を占めている。
（7） 本調査（「福井県内企業の海外進出に関する現況調査」：実施時期2005年11～12月）は，福井県企業の海外展開を現地市場における販売活動面からとらえ，その現況を把握するために実施したもので，海外進出企業101社を対象に56社（回答率54.4％）から回答を得た。調査結果の詳細は，福井県立大学地域経済研究所編『福井県産業界におけるグローバル化の実態と今後の方向性に関する調査研究』2006年，25～34ページ，参照。
（8） ここでいうDI値とは，販売成果が（「予定を大幅に上回る」＋「予定をやや上回る」）－（「予定をやや下回る」＋「予定を大幅に下回る」）の値。
（9） 本委員会は，平成17年度の1年間をかけ北陸地域企業のグローバル化の対応策を検討するために，富山大学経済学部教授柳井雅也氏（現：東北学院大学教養学部教授）を座長として財団法人北陸産業活性化センターが実施したもので，筆者も委員として参加している。報告書は「北陸における海外展開企業の戦略と戦術──グローバル化に対応した地域産業の発展に関する調査報告書」として取りまとめられている。
（10） Peter, Dicken, *Global Shift : Transforming the World Economy*, English Language edition published by Paul Chapman Publishing Ltd., 1998（宮町良広監訳『グローバル・シフト』古今書院，2004年，7ページ），参照。

(11) 関満博『地域産業の未来――21世紀型中小企業の戦略』新評論，2001年，2～6ページ，参照。
(12) フラグメンテーション化の問題については，榊原雄一郎・南保勝「経済のグローバル化と鯖江産地の変化」『関西大学ワーキングペーパー』J18，関西大学経済学会，2007年，参照。
(13) 「学習地域論」および「産業クラスター論」については，南保勝『地場産業と地域経済』晃洋書房，2008年，第1章，を参照。

第5章
東アジアの成長と生産ネットワーク変容の力学
──エレクトロニクス部門を中心に──

尹　春　志

はじめに

　今日，東アジア経済を論じるときに避けて通ることができないのが，「生産ネットワーク」という分析視角であり，同様の意味でグローバル商品連鎖（GCC）や価値連鎖（GVC）という用語が使われることもある。ここでGVC論者の代表であるJ．ヘンダーソンらに依拠すれば，生産ネットワークとは，特定の財やサービスの生産，流通，消費にかかわる価値連鎖の諸機能と諸活動が空間的に再配置・相互結合することで形成される多層的な組織構造と定義される。それが組織である以上，オーガナイザーとしての中核企業がいて，その特性と競争戦略によってネットワークのガバナンス構造も規定される。東アジアの生産構造も，オーガナイザーとガバナンスを異にする複数のネットワークが競合し同調するなかで形作られている。だがこの点は看過されることが多い。そのため生産ネットワークは，往々にして工程間国際分業と大差ないものに貶められ，その内部の変化やそれを生み出す力学が理解できなくなるのである。

　東アジア経済の現実は，域内構成国とその企業が相互依存を深化させつつ互いに熾烈な競争を展開していることにある。そのなかで日本企業の支配的地位がNIEs企業の成長で大きく後退し，さらに中国企業の参入によって競争が加速している。東アジアの重層的産業発展の起点を日本の産業構造の高度化に求め，日本企業の製品開発サイクルに則して生産が順次NIEsからASEAN4そして中国に移転すると見た，かつての支配的パラダイム＝雁行形態的発展論にとって，これは想定外の事態であった。しかし，それを「雁行型発展秩序の崩壊と生産ネットワーク型発展への転換」と論じても，何も語ったことにならない。なぜこの状況が生じたのか，この変容をもたらした力とは一体何なのか。

本章では，そうした力の源泉を日本企業に対抗する米国企業の戦略転換と，それが引き起こしたネットワークのガバナンス構造の変化に求めたい。そしてこの変化を可能にした技術革新が，ネットワーク内部の競争ルールをも一変させてきた過程を描くことにしよう。
　第1節では，まず地域的生産構造の基本的特徴を確認し，エレクトロニクス部門を中心にその形成の力学を分析する。続く第2節では，「モデュール化」という同部門の技術革新が，ネットワークの性格をどのように変容させたのかを明らかにする。最後に，そうして構築された東アジアの成長メカニズムに内在する問題が，現下の米国発の世界金融危機によって表出しつつある点を指摘する。

第1節　東アジア生産ネットワークの構造と形成力

（1）　地域的投入連関・市場構造と機能分化

　東アジアの地域的生産構造は，主に域内で相互融通される中間財を加工・組み立て，完成品は域外に輸出する域内後方連関と域外市場連関を特徴とする。まず経済産業研究所（RIETI）の加工度別貿易データを用いて，このことを確認しておこう。[3]

　1989年から2006年にかけて，東アジアの製品輸出は6107億ドルから3兆172億ドルにまで増大したが，それを牽引したのは，中間財，特にその域内取引であった（図5-1）。この時期，中間財輸出は年平均11.5％の速度で拡大し，その内の55～60％前後が一貫して域内向けに輸出されてきた。いまや総輸出の48.4％にも及ぶ域内輸出の実に65.4％を中間財取引が占めるに至っている（89年の域内輸出比率は42.3％で，その54.6％が中間財）。実際，この地域には中間財の相互融通網が存在し，中国を除けば域内構成国・経済間取引の60～80％が中間財でそのほぼ半分が機械関連である（表5-1）。

　これに対して域外輸出では，完成品の割合が60.4％ときわめて高い。域内で調達した中間財で作られる完成品の大半が，域外に輸出されているのである。完成品の域外輸出比率は，この間70.3％から67.7％（73.7％）に若干低下したものの，繊維66.3％，雑貨・玩具類75.2％（76.4％），一般機械63.4％（78.6％），電機62.4％，家電73.4％（72.8％）と，労働集約財からハイテク財まで幅広い

第5章　東アジアの成長と生産ネットワーク変容の力学　103

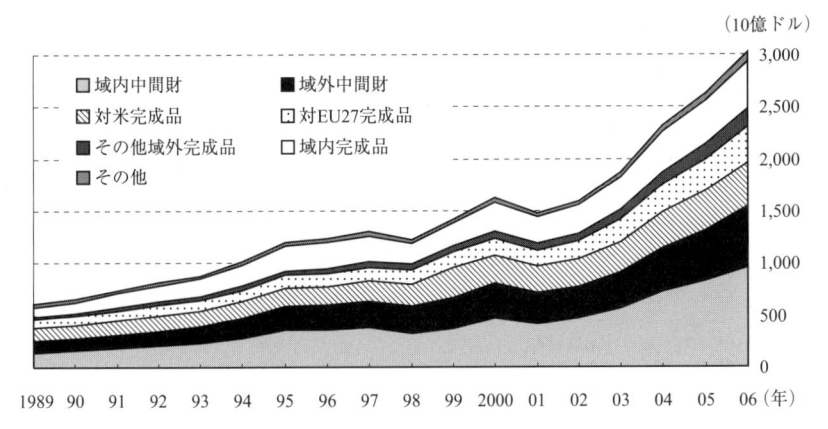

(10億ドル)

- 域内中間財
- 域外中間財
- 対米完成品
- 対EU27完成品
- その他域外完成品
- 域内完成品
- その他

図5-1　東アジアの輸出成長の内実

資料：経済産業研究所データベース（RIETI-TID 2007）より作成。

表5-1　東アジアの中間財貿易マトリクス（2006年）

(単位：%)

		輸入国地域					域内構成
		東アジア	日本	NIEs	ASEAN4	中国	
輸出国地域	東アジア	65.4	48.8	64.7	72.3	73.3	100.0
		(54.7)	(46.0)	(58.2)	(49.8)	(55.8)	100.0
	日本	70.1		68.5	74.7	70.0	23.8
		(53.2)		(50.3)	(55.8)	(55.6)	(23.1)
	NIEs	78.1	69.1	81.9	81.3	76.3	35.6
		(54.3)	(52.0)	(65.0)	(44.7)	(51.1)	(35.5)
	ASEAN4	66.3	57.9	69.6	61.1	71.3	20.2
		(54.0)	(32.3)	(56.7)	(48.3)	(68.4)	(19.9)
	中国	47.6	35.1	51.0	62.6		20.4
		(57.6)	(53.0)	(59.7)	(54.1)		(21.5)

注：上段は総輸出に占める中間財の比率。下段は中間財に占める機械の比率。
資料：図5-1に同じ。

部門で高い比率を示し，とりわけ消費財では際立っている（括弧内は各部門の消費財の域外輸出比率）。注目すべきは，この域外完成品輸出の80％以上が米国とEU向けという点である。なかでも米国は，依然としてこの地域の消費財輸出の35.7％，資本財（非産業用輸送機械を除く）輸出の24.7％を吸収する最大の市場である。たしかに域内比率の上昇によって，米国の市場としての重要度は20％前後にまで低下した。だが，完成品にかぎれば，伝統的な対米依存という

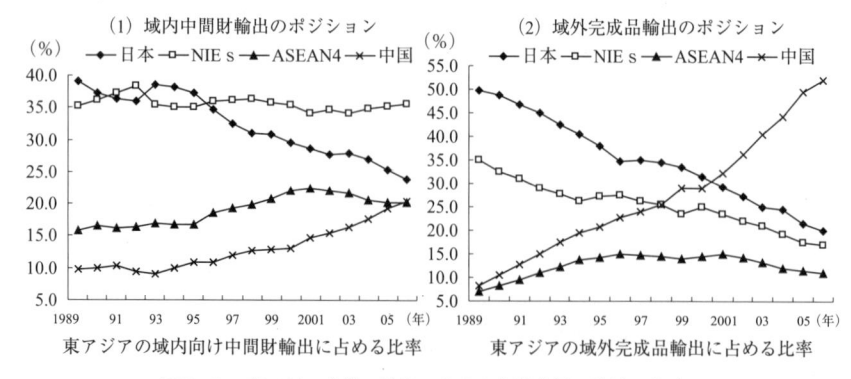

図5-2　東アジア全体の輸出に占める各構成国・地域の比重

(1) 域内中間財輸出のポジション／東アジアの域内向け中間財輸出に占める比率

(2) 域外完成品輸出のポジション／東アジアの域外完成品輸出に占める比率

凡例：日本、NIEs、ASEAN4、中国

資料：図5-1に同じ。

状況が持続しているのである。

　一方，こうした構造の内部では，構成国・地域がそのポジションを変えながら，一定の機能分化を進行させている。図5-2から，まず域内中間財取引における日本のシェアが39.1％から23.8％へと急激に低下し，NIEsが最大の調達拠点となったことがわかる。(4) とはいえ，日本が完全に重要性を失ったわけではない。日本は，依然として他の構成国が世界から調達する中間財の17.9％，資本財（非産業用輸送機器を除く）の21.2％を単独で供給している。日本のハイテク部材や工作機械，製造装置がなければ，地域的生産連関は完結しえず，それゆえこの地域は対日貿易赤字を構造化させてきたのである。

　また日本とNIEsに代わり，域外完成品輸出拠点として台頭してきたのが中国である。そのシェアは，この時期8.3％から51.9％へと上昇し，衣類や雑貨・玩具等，労働集約財では70〜80％，電機・家電といったハイテク財でも50〜60％がいまや中国一国によって担われている。これに対して雁行形態論に従えば，NIEsに続く成長を遂げるはずのASEAN4は停滞している。雁行型秩序の崩壊として語られる事態とは，この「完成品輸出拠点」としての中国の蛙飛び型発展（leapfrogging）を主に指している。

　かつて東アジア経済論は，域内貿易の増大を日本とNIEsが「内需」主導型成長に転換した結果と錯覚し，この地域に域外から相対的に自立した経済圏の形成を見ようとした（「アジア化するアジア」）。だが現実には，欧米の完成品需

要が域内中間財取引を後方連関的に増幅させる従来の輸出成長のメカニズムはいまなお機能し続けている。変化したのは，その内部構成であり競争状態である。この連続性と変化の要因を解明する一つの手がかりは，欧米，とりわけ米国への完成品輸出依存の持続という点に隠されている。

（2） オーガナイザーの特性とネットワークの構造

① バイヤー主導型ネットワークと同質財の販路問題の克服

製品の市場・販路問題は，オーガナイザーの特性と密接な関係にある。この点で最も示唆に富むのが，GCC論の嚆矢G.ジェレフィの類型論である。それによれば，GCCは，R&Dや製造能力にコア・コンピテンス（core competence）をもつ多国籍企業が子会社を再配置して組織する垂直統合型ネットワーク＝生産者主導型（producer-driven, PDCC）と，巨大小売業者や商社，ブランド企業等，設計やマーケティングに競争優位をもつ商業資本の組織する調達・販売ネットワーク＝バイヤー主導型（buyer-driven, BDCC）に分類される（表5-2）。

この間の産業高度化によって比重を低下させたとはいえ，2006年時点でも衣類や雑貨類は，日本を除く東アジアの総輸出の12.4％，完成品輸出では26.5％を占める重要な製品である。この労働集約財の持続的な輸出成長を可能にしたのが，欧米系バイヤー，特にWalmartやGAP，NIKE，Limited等，米系バイヤーが組織するBDCCであった。

1960年代以来，米国国内で製造業と対立関係にあった大規模小売業，専門店ならびにブランド企業は，自己の設計や仕様に基づき生産され自社ブランドで販売される製品の低コスト調達先を東アジアに求めてきた。その拠点は，各々の要素条件の変化（また多角的繊維取極（MFA）の数量割当の変化）に則して，まず日本から韓国，台湾，香港，そして東南アジア，中国へと移っていった。この米系バイヤーの動きに欧州系バイヤーも加わり，現在も機能する労働集約財の成長メカニズムが形成されたのである。

この調達ネットワークの域内連関と市場構造は，前述の地域全般の特徴とほぼ一致する。たとえば日本を除く東アジア域内の繊維部門取引の52.2％が中間財であり，その46.9％をNIEsが供給している。これは東南アジアや中国に調達拠点が移転するにつれて，韓国や台湾が繊維・原材料の供給者へと後方連関的に高度化し，香港が衣類・繊維取引の地域的な仲介・デザイン・センターに

表5-2 グローバル商品連鎖（GCC）論の類型化

	生産者主導型（PDCC）	バイヤー主導型（BDCC）
オーガナイザー	産業資本	商業資本
コア・コンピテンス	生産，R&D	設計，マーケティング
製品	耐久消費財，中間財，資本財	非耐久消費財
典型的部門	自動車，コンピュータ関連，航空機	アパレル，靴，玩具
生産者	多国籍企業	圧倒的に現地企業
ネットワークの型	投資主導	貿易主導
特徴	垂直的	水平的

資料：Gereffi, G. (1998) "More than Market, More than the State: Global Commodity Chains and Industrial Upgrading in East Asia," in Timothy M. Show (ed.) *Beyond The Developmental State: East Asia's Political Economies Reconsidered*, Macmillan Press.

発展したことによる。そして完成品である衣類の55.7％が欧米市場に出荷され，その71％を中国が担っている。なかでも米国では，近隣諸国を尻目に，輸入調達の47.6％を東アジアが占め，中国のシェアはその61.8％に達するのである。

後発工業国とその企業が世界市場に参入する際の障碍は，製造能力自体よりも価値連鎖の両端の能力，つまりR&Dや設計とマーケティングやそれを支えるブランド力にある。わけても製品差別化の困難な同質財の場合，安定的な販路を確保することは至上課題である。その意味で大規模な販路を有する米系，そして欧州系のバイヤーが組織するBDCCに組み込まれることは，後発国・企業が市場問題を克服する最重要の経路となる。欧米市場への依存は，こうして生み出された。

② 日米の角逐とIT関連財生産ネットワークの形成

東アジアの主要部門は，いまや労働集約財からエレクトロニクス，とりわけ情報技術（IT）関連財に移行している。それは対世界輸出の33％，域内輸出の38.9％を占め，その動向が地域的生産構造を規定しているといってよい。表5-3からもこの部門が，域内部品輸出と域外完成品輸出，完成品市場としての欧米の重要性，部品調達拠点としてのNIEsと完成品輸出拠点としての中国等，前述の地域的構造と同一の特徴を備えていることがわかる。

ここで表5-2の分類に従うなら，IT関連財部門は多国籍企業が組織するPDCCの典型ということになる。だがこの部門のネットワークの形成には，むしろ労働集約財部門のBDCCと類似の力が作用してきた。それを導いたのが，日本企業に対抗する米国企業の戦略転換である。

1980年代半ばまでに日本企業は，加工・製造能力の技術革新によって民生用

表5-3 東アジアのIT関連財貿易の構造（輸出ベース，2006年） （単位：％）

		総輸出に占める比重				市場別部品・完成品比率				輸出の地理的構成			域内構成	域外構成
		世界	域内	対米	対EU27	世界	域内	対米	対EU27	域内	対米	対EU27		
日本	計	21.4	26.1	18.1	26.0	100.0	100.0	100.0	100.0	55.8	19.0	17.7	12.8	13.6
	完成品	6.9	5.3	9.3	11.2	32.3	20.4	51.6	43.0	35.3	30.4	23.6	10.8	10.9
	部品	14.5	20.8	8.7	14.8	67.7	79.6	48.4	57.0	65.5	13.6	14.9	13.5	17.4
中国	計	32.6	38.8	36.2	34.9	100.0	100.0	100.0	100.0	45.9	23.3	20.9	24.1	38.0
	完成品	19.7	17.1	28.1	25.1	60.4	44.0	77.6	71.8	33.4	29.9	24.9	43.6	48.1
	部品	12.9	21.7	8.1	9.8	39.6	56.0	22.4	28.2	64.9	13.2	14.9	17.8	23.7
NIEs	計	40.2	47.1	38.1	38.0	100.0	100.0	100.0	100.0	66.7	12.5	12.6	50.4	33.8
	完成品	10.6	7.5	17.5	18.0	26.4	16.0	46.0	47.3	40.3	21.7	22.5	33.2	27.2
	部品	29.6	39.6	20.6	20.0	73.6	84.0	54.0	52.7	76.1	9.2	9.0	56.0	43.0
ASEAN4	計	32.3	32.7	47.5	40.5	100.0	100.0	100.0	100.0	53.6	23.3	16.9	12.6	14.6
	完成品	12.4	7.8	29.5	17.6	38.4	23.9	62.1	43.5	33.3	37.7	19.2	12.4	13.7
	部品	19.9	24.9	18.0	22.9	61.6	76.1	37.9	56.5	66.2	14.3	15.5	12.7	15.9
東アジア	計	33.0	38.9	33.4	34.8	100.0	100.0	100.0	100.0	57.2	18.0	16.3	100.0	100.0
	完成品	12.9	9.5	20.7	19.4	39.0	24.3	61.8	55.6	35.6	28.6	23.3	100.0	100.0
	部品	20.1	29.5	12.8	15.5	61.0	75.7	38.2	44.4	71.0	11.3	11.9	100.0	100.0

資料：国際貿易投資研究所「国際比較統計」より筆者作成。

電子部門で世界市場を席巻し，ディスプレイ，精密機械等のコンポーネント技術でも支配的な地位を確立した。それとともに米国企業はこの部門からの撤退を余儀なくされ，GEやRCAですら日本企業からのOEM調達に依存するようになる。さらに日本企業の躍進は，半導体や同原材料ならびに同製造装置にまで及び，米国企業はコンピューター，事務用機器，情報通信機器部門でも後塵を拝しつつあった。[6]

ところが1990年代半ばになると，この構図は大きく変化し，NIEsの成長に中国の台頭が続き，日本の地位は徐々に後退していく。エレクトロニクス生産額で見た東アジアの世界シェアは，2001年から2006年に43.4％から54.3％に上昇したが，日本の地位は16.7％から13％にまで後退し，2004年に中国，2005年にはNIEsに凌駕されてしまう。[7]特筆すべきは，この過程でNIEs企業ばかりか，失墜したはずの米国企業も特定の製品で技術力と市場支配力を回復させたことである。メモリーチップやPC・周辺機器，携帯電話等で韓国や台湾企業が大躍進する一方，[8]Intelは世界最大の半導体生産者となり，PCではDellとHPが市場リーダーとしての地位を確保しているのである。

米国企業復活の鍵は，その組織構造の変革にある。かつて米国寡占企業体の

特徴は，関連部門の内部化を通じた価値連鎖の垂直統合（vertical integration）にあった。1990年代半ば以後，米国の主要企業はそれを，自己の活動を価値連鎖の両端（R&D，新製品の設計・定義とマーケティン）や中核部品の生産に特化し製造工程の大部分を外部調達に委ねる垂直分業（vertical disintegration）体制に転換した。そして外部調達で節約された設備投資資金をR&Dに集中し，新製品を次々に市場に投入することで製品のライフ・サイクルを支配するとともに，自己の製品基本設計を事実上の標準として普及させる戦略に出たのである[9]。これは，米系中核企業が，ある種のバイヤーに転身したことを意味する[10]。

米系中核企業の低コスト調達先として選ばれたのが，NIEs企業である。台湾や韓国企業には，米国に留学した人材の頭脳還流（brain circulation）によって創業されたものや，台湾工業技術研究院（ITRI）からスピンオフしたUMCやTSMC等の企業もあるが，その多くが，草創期に日本企業との合弁やライセンス協定を通じて，1980年代以降はOEM契約で基礎的な製造技術を習得した[11]。M.ボラスの言を借りれば，米国企業は，日本が育てた「東アジアを日本を打ち負かすために」活用したのである[12]。

その後，米国企業のOEM/ODMサプライヤーとなったNIEs企業も，自国の要素条件の変化とともに海外生産を始め，基幹部品や資本財を日本企業や本国から調達しつつ，ASEAN4そして何よりも中国で低コスト部品生産・完成品組立てを行う生産者主導型ネットワークを構築していく[13]。SamsungやLG，ACER等は例外的にOBM企業にまで成長したが，NIEs企業のこうした生産ネットワークも基本的にその価値連鎖の両端で米国企業と結びついている。

（3） 自己完結的な日系エレクトロニクス・ネットワーク

1980年代半ば以降，日本企業も本格的な海外生産を東アジアで開始し，独自のネットワークを構築している。その主要部門が輸送機器とエレクトロニクス関連で，両者だけで在東アジア製造業子会社の総売上の66％と総調達額の68％を占めている。だがこのうち前者は，現地市場参入型で投入連関も現地と日本でほぼ完結する。したがって日系ネットワークで真に地域的と呼べるのは，製造業子会社の総輸出の50％以上，対日調達の45％，域内調達の67.8％を占める後者の部門である（表5-4）。実はこのネットワークの存在によって，日本企業の地位は，日本の生産地としての地位ほどに低下してはいないのである。

第5章 東アジアの成長と生産ネットワーク変容の力学

表5-4 在東アジア日系多国籍企業の販売・調達活動（2006年度実績）

販売先・調達先別で見た製造業部門全体に占めるエレクトロニクス関連部門の比重

(単位：％)

	販 売				調 達			
	現地	日本	アジア	北米	欧州			
東アジア	23.9				27.3	45.2	67.8	46.3	11.3

※上段は販売、下段は調達、最右は欧州列。

製造業

販売先別比率	現地	日本	アジア	北米	欧州
東アジア	51.3	22.8	17.3	4.1	2.8
中国	56.4	26.0	11.8	3.7	1.7
香港	34.8	38.4	14.7	9.0	3.0
NIEs3	59.8	10.1	21.9	4.2	2.5
ASEAN4	45.9	24.2	19.6	3.3	3.8

調達先別比率	現地	日本	アジア	北米	欧州
東アジア	55.3	29.8	13.5	0.8	0.4
中国	59.3	31.9	7.9	0.3	0.5
香港	34.1	38.3	27.3	0.1	0.1
NIEs3	47.8	32.7	16.9	1.9	0.6
ASEAN4	60.8	24.8	13.0	0.7	0.3

エレクトロニクス関連

販売先別比率	現地	日本	アジア	北米	欧州
東アジア	33.2	32.0	22.6	6.6	4.0
中国	41.1	33.4	18.5	4.0	2.4
香港	28.7	38.2	17.2	12.2	3.5
NIEs3	36.3	11.3	36.3	8.9	4.7
ASEAN4	24.4	43.1	19.3	4.9	5.6

調達先別比率	現地	日本	アジア	北米	欧州
東アジア	39.6	35.3	24.0	1.0	0.1
中国	50.4	35.1	13.7	0.4	0.1
香港	23.4	44.5	32.0	0.1	0.0
NIEs3	25.8	40.1	30.5	3.4	0.1
ASEAN4	47.2	26.7	25.6	0.2	0.2

注：エレクトロニクス関連部門は、電気機械、情報通信機器、精密機械の合計。
資料：経済産業省『第37回海外事業活動基本調査』2008年より筆者作成。

2003年の時点で，生産地としての東アジアの世界シェア（台数ベース）は，CRT-TV（64.7%），DVDプレイヤー（99.7%），ステレオセット（92.2%），VTR（94.6%），カーオーディオ（64.1%），インクジェットプリンター（97%），コピー機（67.1%），ファクシミリ（80.7%），ページプリンター（82.5%），コンボ・ドライブ（86%）と圧倒的である。だが，そのうち前4つの製品で30〜50%，残りの製品では80%以上が，日系進出企業によって生産されている。特にASEAN4における日本企業の地位は支配的で，中国でもVTRや事務用機器類できわめて高い。他方，ハイエンド製品のLCD-TV（50.5%）やVTRカメラ（72.6%），DVDレコーダー（56.7%），デジカメ（64.5%），中小型カラーLCD（60.4%）等では，日本における生産比率が高い[14]。これまで日本企業は製品のライフ・サイクルに則して，また国内生産拠点の高度化の速度に合わせて，ローエンド化した製品の生産を順次東アジアに移転し，日本との間で製品差別化分業を展開してきた。日本の生産シェア低下は，その帰結でもある。

　重要なのは，日系ネットワークの投入・市場構造が，東アジアの全般的特徴と必ずしも一致しないという点である。その市場は，日本と現地，そしてアジア域内で80%を占め，NIEs3を除けば域外輸出よりも日本への逆輸入拠点としての性格が強く，何よりも中国からの欧米への輸出比率が最も低い。またエレクトロニクス関連では現地調達率が相対的に低く，域内工程間分業の進展が見られるものの，域内最大の中間財供給地であるNIEsでは現地調達率が最低で日本への依存度が突出している。逆に中国やASEAN4では現地調達率の高さが際立ち，日本からの調達と合わせれば70〜80%になるのである（表5-4）。

　日系ネットワークも地域的生産の構成要素ではある。だが，投入連関・市場の双方で，このように日本を中心に域内でほぼ完結するのを見ると，それが前述の全体的な構造を生み出す主要因だとは決していえない。実際，携帯電話やPC・周辺機器では，生産地としての日本，生産者としての日本企業の地位はともに低く，米国企業とそれに連なるNIEs企業のIT関連財ネットワークとは，明確な棲み分けが存在している。

　さらに日系ネットワークは典型的な生産者主導型であり，その投入連関は日系企業間で充足する傾向がある。日系機械関連子会社の企業内取引比率は，日本からの調達で約70%，域内調達でも約45%になる[15]。加えて，日系多国籍企業は，国内のアセンブラー・サプライヤー間の階層構造＝（擬似）系列的関係を

大部分進出先にも移植しており，同一企業以外の日系企業からの調達比率が高い。したがってたとえ現地調達比率が高くその企業内取引比率が低くても，投入連関が現地企業に開かれているとはかぎらないのである。こうした日系企業間のかなり排他的な構造が維持されるかぎり，現地企業や現地経済への技術的な波及効果も限定的なものとなる。

これに対してバイヤー的な要素を強める米国企業の東アジア現地企業の活用度は，いうまでもなく高い。それがOEM/ODM契約ならば，自社ブランドで販売される製品の質を確保するために，製造技術に加え品質管理や工場管理を含む種々の技術が移転される。それは日本企業のOEMでも変わらなかった。だが子会社との関係ですら製品差別化という分業形態をとる以上，NIEs企業を活用するときでも，日本企業の移転する技術が最新のものでなかったことは想像に難くない。それゆえ，そこから特定分野で日本企業を凌駕する現地企業が育つことはほぼありえないのである。一方，米国企業が製造委託する製品は，米国をはじめ先進国市場向けに開発された製品であり，そのため移転される技術も先進的なものであった。NIEs企業の製造能力の著しい向上は，こうした米国企業との相互作用を抜きには考えられなかったであろう。

第2節　東アジア生産ネットワークの変容

(1)　モジュラー化と価値獲得 (value capture) 能力

生産組織の構造と生産する製品の特性やそれを支える技術は密接に関連している。たとえば伝統的にサプライヤーとの長期的かつ緊密な関係を重視する日本企業は，構成部品と機能の対応関係が錯綜し部品相互の微妙な調整を通じて製品全体の性能が確立される，いわゆる「擦り合せ型」製品に優位性をもち，この種の財の典型である自動車や家電，そして製造装置等で高い技術革新能力を示してきた。そしてこれが，翻って海外生産でも日系企業からなる調達ネットワークを活用する理由でもあった。

一方，IT関連財部門における米国企業主導の垂直分業を可能にし，後に東アジアの競争ルールを一変させる技術革新が，製品アーキテクチャの「モジュラー型」への転換＝「モジュラー化」である。ここでモジュラー型製品とは，かなり自己完結的な機能をもつ基本部品（モジュール）を標準化された連結部

表 5-5 グローバル価値連鎖 (GVC) 論の類型化

	hierarchy	captive	relational	modular
取引の複雑さ	高	高	高	高
取引のコード化能力	低	高	低	高
供給拠点の能力	低	低	高	高
調整の程度と権力の非対称性	高←――――――――――――――→低			

資料：Gereffi, G., J. Henderson and T. Sturgeon (2005) "The Governance of Global Value Chains," *Review of International Political Economy*, Vol. 12, No. 1.

を通じて組み合わせるだけで生産可能な財である[19]。PCや携帯電話等のIT関連財では，アーキテクチャがモデュラー型に転換すると，製品の性能は各モデュールを管理・制御する中核部品であるCPUやMPUのみに依存することから，それに各モデュールを労働集約的な作業で単純に接続するだけでよくなる。つまりモデュラー型製品では，サプライヤー間の調整の必要がなく，中核部品，各モデュール，組み立て工程を独立の主体が担う生産組織構造が可能なのである。

モデュラー化による生産組織の変化は，まず中核企業の仕様に基づいて部材調達・組立てサービスを一括して提供するSCM SystemsやSolectron等のEMS（電子機器受託製造サービス）企業を米国国内に出現させ，主要モデュールの調達先として，またOEM/ODM委託先として台湾企業を筆頭にNIEs企業の活用へと導いていった。そして労働集約化された最終工程が，EMSやOEM/ODM企業の手で中国に移転される。こうしてモデュラー型アーキテクチャを反映した分業構造が，東アジア全体へと空間的に再配置されていった[20]。

これを受けて，ジェレフィ達は新たな類型化を行い，中核企業・サプライヤー間の取引の複雑さとコード化の程度，力関係，そしてサプラヤーの活用度に応じて，GVCのガバナンス構造をhierarchy, captive, relational, modularの4つに分類している（表5-5）。これに従うならば，日系ネットワークは典型的なhierarchy型であり，米系ネットワークは文字通りmodular型である。しかしこの類型化は，現実を覆い隠している。というのも米系モデュラー・ネットワークの特徴は，対称的な権力関係ではなく，むしろ中核企業に支配力と付加価値が集中することにあるからである。

その典型を，CPUとそれを組み込んだチップセットを自ら製造・販売するIntelのプラットフォーム（自社の中核的製品とその周辺製品の組み合わせ）戦略に

見ることができる。それによってIntelは，チップセットを再設計することなく最新のCPUを順次投入するとともに，需要次第でその供給を調整し価格を安定させることができるようになった。さらにCPU内部は完全にブラックボックス化したうえで，外部連結部の標準化とチップセットへのモジュール機能の統合を図り，モジュールがCPUに従属する構造を作り出した。その結果，各モジュール生産者もIntelに従属するようになり，PC価格が低下してもIntelには付加価値が残る状況が生まれたのである[21]。そしてこのチップセットを内蔵したマザーボードの量産体制は，台湾企業とのOEM/ODM提携によって構築されている。

またモジュラー・ネットワークの中核企業の価値獲得能力はきわめて高い。CPU（米国企業），他の主要モジュール（日本と韓国企業），そして実装・検査・組立て（台湾企業）の各々が独立の企業によって担われる典型的なモジュラー型製品であるAppleの30GB第3世代iPodを例にとれば，高機能モジュールであるHDD（東芝）やディスプレイ（東芝・松下），同ドライバー（ルネサス）等，日本企業は部材コストにして67％を供給しながら，価値獲得は13.7％でしかない。これに対して中核企業のAppleは42.1％（米国流通小売業者は39.5％）もの付加価値を得ているのである[22]。

ここに見て取れるのは，高い製造能力と技術を有する日本企業が製造工程を放棄した米国企業の後塵を拝さざるをえないという構図であろう。米国のモデュラー・ネットワークは，エレクトロニクス部門の競争ルールを一変させたのである。

（2） モジュラー化の波及とコモディティ化の進展

いまやモジュラー化は，PCや携帯電話等のIT関連財に限定される現象ではない。これまで擦り合せ型とされ日本企業が優位性を保持してきた液晶テレビや光ディスクドライブ等のデジタル家電にも，急速にその波が押し寄せている[23]。日本企業によるデジタル技術の発展は，部品相互の調整ノウハウをファームウエアにカプセル化し，MCUとこのファームウエアを内蔵したLSIチップによって製品全体の性能を制御することを可能にした。その結果，本来，擦り合せが必要な多層的・複合的なデジタル家電の内部構造が単純なモジュラー構造に転換しているのである[24]。ところが米国企業の場合とは異なり，モジュラー化の波

及は，韓国や台湾企業からの猛追と中国企業の台頭によって，中核的技術を握るはずの日本企業の地位が後退する状況を生み出している[25]。それはなぜなのか。

まず確認すべきは，日本企業の技術革新能力や製造能力が衰退しているわけではないという点である。2005年でも情報家電産業の素材・原材料で66％，製造設備で49％，部品でも32％と，日本企業の世界シェアは依然高い。IT関連財部門ですら，シリコンウエハー（74％），リードフレーム（81％）等の半導体材料（73.1％）や同製造装置（約40％），液晶主要部材（61.8％）等で同じことがいえる[26]。日本企業の供給する部資材がなければ，現代のエレクトロニクス産業は成立しえないのである。

原因の一端は，むしろ日本企業が競合企業を自ら育てているところにある。部材企業はもとより，自社で内製化する部品の外販は，巨額の開発資金回収の必要と国内の過当競争から日系エレクトロニクス企業の重要な収益源であった。製品が擦り合せ型の時代は，それも日本企業への技術従属をもたらすだけで，後発企業が日本企業の開発サイクルに追いつくことはなかった。しかしモジュール化が進行し諸機能がLSIに統合されると，それを調達しさえすれば，技能や技術の蓄積の少ない企業でも，他のモジュールと組み合わせることで最新の製品を作ることが可能になる[27]。

しかも中核部品を供給するのは，もはや日本企業だけではない。韓国や台湾企業もIT関連財生産で蓄積した設計・製造能力を活かして液晶用駆動IC生産にも参入し，2006年には各々世界シェアの22％と21.3％を占め，両者を合わせればすでに日本企業の34.1％を凌駕している[28]。また台湾ファンドリーと分業体制を作る米国のファブレス企業も液晶テレビの画像処理LSI生産を開始する等，デジタル家電の中核部品の市場化が拡大しているのである[29]。

さらにかつての技術・知識集約的モジュールにも，「資本集約財化」と呼べる変化が生じている。メモリーチップ同様，液晶やプラズマ・パネル等のモジュールでは，付加価値の大半が前工程で創出されそこに技術や技能が集約されている。今日，それらは超微細加工を可能にする日米企業が開発した製造装置に組み込まれ，市場支配力はそれを購入する投資能力に左右されるようになった。多くの事業部門を抱え部品から完成品，製造装置までを内製化するフルセット型の日本企業が特定モジュール生産に投資する力には限界がある。他方，同じ垂直統合型の組織でもグループ企業の資源を少数の部門に集中投下で

きる韓国の財閥企業や，ファウンドリーに見られる専業化を特徴とする台湾企業の投資能力は高い。これら企業は，供給過剰による価格低下から日本企業が生産調整に入っても，需要回復を先取りした大規模投資を継続し，最新鋭設備で効率性を高め，日本企業のシェアを奪ってきた。

　中核部品の市場化とNIEs企業による主要モジュールの量産体制が確立すると，ほぼすべての部材の調達が域内で可能となる。(30)それによって，ほとんど技術蓄積のない中国企業でも，DVDプレイヤー，液晶およびプラズマ・テレビ等のハイテク家電が生産できるのである。ここに至って，東アジア生産ネットワークは，米国企業の組織するモジュラー生産ネットワークがIT関連財部門で日本企業を駆逐するという局面から，地域全体が水平的な部材調達を可能にするモジュラー・クラスターと化し，それを活用するNIEs企業や中国企業が，日本企業が優位性をもつ領域を侵食するという局面に移行した。

　そこには一つの不安定要因が内在している。NIEs企業による量産が始まると，価格が一気に低下するとともに過剰生産傾向が生まれ，当該モジュールは市場の需給に敏感に価格が反応する一次産品と類似の「コモディティ」と化してしまうのである。またモジュラー化は性能による差別化の余地を狭めることから，中国の低コスト生産者が大挙参入すると，同様の事態が完成品レベルでも進展する。かつてPCや携帯電話で見られた現象が，モジュラー化の波及とともに，主要エレクトロニクス製品で再現しているのである。

　かくして東アジアの生産ネットワークは，エレクトロニクス部門全体で，モジュラー化→NIEs企業による量産化→モジュラー・クラスターの形成→中国企業参入によるさらなる量産化というサイクルを描きつつ急拡大を遂げ，そのなかで後発企業が先発企業にキャッチアップし，さらには飛び越す可能性を広げてきた。その一方で，生産される財のコモディティ化が進行し，そうした財への特化傾向を強める東アジア経済全体が主要市場の需要動向に大きく左右されるという状況を生んでいる。その市場とは，域外，特に欧米市場にほかならない。世界経済の好景気のなかで潜在化していたこの問題が，いまや世界金融危機の到来とともに表出しようとしている。

（3）　米国の過剰金融化の終焉とデ・カップリングの神話

　1990年代後半以降，米国は，いわゆるIT，住宅と立て続けにバブル状態を

国内に創出し，巨額の経常収支赤字を計上しつつ過剰消費と過剰投資による未曾有の好景気を謳歌してきた。それと同時に，規制撤廃と金融工学を駆使した金融商品の開発を通じて，グロスでは経常収支赤字をはるかに上回る資金を世界中から集め，それを再び世界に投資するという世界のマネーセンターと化していった。2007年夏に始まる世界金融危機の真因であるこの米国経済の金融資本主義化に，東アジア生産ネットワークは二重の意味でビルトインされていた。

　第1に，東アジアは，このグローバル不均衡と呼ばれた米国中心の国際資金循環で最重要の環をなしていた。米国の消費需要の多くを満たし巨額の経常収支黒字を稼いできたのは，いうまでもなく，この地域である。米国の経常収支赤字は2006年に7881億ドルに達したが，そのうちの46.4%を日本，NIEs，そして中国の対米黒字が占めている。そしてこれら諸国はその黒字を，外貨準備の蓄積や証券投資の形で再び米国に還流し，グロスで見たその額は3548億ドルに達していた。これは，米国への資本流入総額2兆6011億ドルの17.2%に相当する。またネットで見れば8094億ドルもの米国の資本収支黒字の34.3%を，これら東アジア主要経済だけでファイナンスしたことになる。[31]

　第2に，米国の金融資本主義化，特にその非金融部門の金融化（financialization）と東アジア生産ネットワークの形成は，表裏一体の関係にあった。バイヤー的要素を強める米系中核企業は，外部委託によって節約された設備投資資金を，R&Dやマーケティングだけでなく金融資産の取得に振り向け，2000年までに非金融部門の資産の50%以上が金融資産の形態で保有されるようになっていた。また東アジアからの製品や投入財の低コスト輸入調達によって稼ぎ出した収益の多くを，これら中核企業は自社株買いに用いて株価上昇を演出していた。2006年時点で，Cisco，HP，Dell，Intel等，主要IT関連財企業の純所得に対する配当ならびに自社株買いの比率は，実に120%から170%近くに達している。[32]

　こうして加速する米国の金融資本主義化と過剰金融によって創出された旺盛な消費需要が，本章で分析した東アジア生産ネットワークを機能させる需要面での前提条件であったことは言を俟たない。2007年のサブプライム・ショックに始まる米国発の世界金融危機は，この条件を消失させつつある。米国の住宅バブルの崩壊はGDPの70%にもなる個人消費を減退させ，増幅する信用不安は企業の設備投資と雇用状況を悪化させている。さらに折からのユーロ高と好

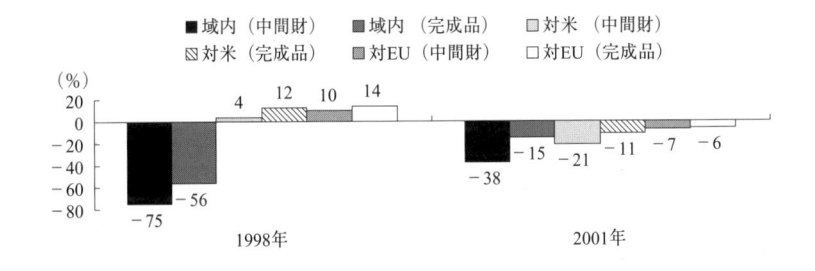

第5章 東アジアの成長と生産ネットワーク変容の力学　117

■ 域内（中間財）　■ 域内（完成品）　□ 対米（中間財）
▨ 対米（完成品）　■ 対EU（中間財）　□ 対EU（完成品）

図5-3 1998年と2001年の東アジアの輸出減退の市場別・製品別貢献度

資料：図5-1に同じ。

景気で東アジアの輸出市場としての地位を高めてきたEUにも，信用危機の波及によって不況の波が押し寄せている。

　過去，この地域は，アジア危機（1998年）と米国ITバブルの崩壊（2001年）に直面し，それぞれ－6％と－9％という輸出減退を経験している。前者は，危機による域内景気の後退と域内信用メカニズムの機能不全によって，域内貿易が縮小したことに原因がある。他方，後者では，米国という域外市場における最終需要の縮小が域内中間財需要を増幅的に減少させるという，逆転現象によってもたらされた（図5-3）。後者の輸出減退の相対的な大きさを見れば，域外需要の縮小がどれほどの影響を与えるのかがわかるだろう。

　これに対して，危機勃発当初，世界銀行やIMFは，BIRCsを代表とする新興国との相互依存の高まりによって，東アジアは米国景気との連動性を弱めており，危機の影響は比較的軽微なものにとどまるとする「デ・カップリング」（de-coupling）論に傾斜していた。たしかに東アジアの対中輸出は増大し，中国の市場としての重要度は高い。だがその中国の成長を牽引する完成品輸出の約6割が欧米市場に吸収されている。そして東アジアの対中輸出の70％以上は，その完成品を作るための中間財なのである。デ・カップリングは神話にすぎない。

　過去2度にわたる輸出減退からの脱却は，ITバブル，そしてその崩壊後の住宅バブルと金融資本主義化という，いずれも米国の需要拡大＝対米輸出の増大によって可能となった。いま生じているのは，その米国だけでなく欧州，さらには世界経済の全般的な需要の縮小である。しかも東アジアの輸出の大部分

がコモディティ化した製品で占められている。こうした商品は価格の需要感応度が高く，需要減少は即座に価格低下となって現れる。それは必然，企業の収益を悪化させ，投資減退と消費減少という悪循環へと導くだろう。米国発の世界金融危機は，従来の東アジアの成長メカニズムをも終焉させつつある。

お わ り に

　振り返れば，戦後の東アジアの輸出志向工業化は，一貫して米国を中心に形成された世界経済に深く埋め込まれていた。たしかに1980年代半ばから90年代末に，この地域は日本という中心国を得て成長を遂げた時期もあった。対米貿易摩擦を原因とする円高によって日本企業が大挙してこの地域に進出し，90年代初頭にバブルが崩壊すると行き場を失った日本の過剰流動性が域内諸国の旺盛な投資資金需要を満たした。雁行形態的発展とは，この一時期を表現する幻影にすぎない。それもアジア危機によって霧消し，この地域は過剰金融化とともに出現した米国主導の世界経済循環のなかに再び組み込まれていった。

　本章で明らかにしたように，生産ネットワーク型として語られる成長メカニズムも，実のところ，成長の理由を日本企業だけに帰すような議論が支配的であった時期に，その日本企業に対抗すべく米国企業が作り上げた産業モデルの産物であった。それがいま米国の金融資本主義の崩壊とともに終焉の時を迎えようとしている。世界同時不況が進行するなか，東アジアには，もはや従来のように外需，特に域外市場に依存する成長経路を歩み続けることはできない。ただ嵐が過ぎ去るのを待つのでなければ，構造転換が必要である。そこでは，これまで等閑に付されてきた内需を拡大し，それを適度に域内で相互提供する本当の意味で「アジア化された」経済圏の内実を構築しなければならないだろう。外延的な拡張ではなく，内に向かう眼差しが求められている。果たして，それは可能であろうか。今後，検討していかねばならない。

　＊　本章は，山口大学経済学部Endowed Professor制度による山口トヨタ自動車株式会社・代表取締役社長，齋藤宗房氏からの研究助成の成果の一部である。

注

(1) 本章では,東アジアを,日本,NIEs（韓国,台湾,香港,シンガポール），ASEAN4（タイ,マレーシア,インドネシア,フィリピン）そして中国からなる地域とする。

(2) Henderson, J., et al., "Global Production Networks and the Analysis of Economic Development," *Review of International Political Economy*, Vol. 9, No. 3, 2002.

(3) データと集計方法等については，http://www.rieti.go.jp/jpを参照。

(4) 香港やシンガポールの中継貿易港としての機能を考慮すれば，中間財供給拠点としてのNIEsの地位は過大評価されている。後に見るIT関連財の場合，両者は域内部門取引の36％を占め，その84％が再輸出である。香港にとって最大の部品再輸出先が中国（67.6％）であり，シンガポールの場合のそれは，中国（31.6％）とASEAN4（26.9％）である（国際貿易投資研究所「国際比較統計」より試算）。

(5) Gereffi, G., "More than Market, More than the State: Global Commodity Chains and Industrial Upgrading in East Asia," in T. M. Show (ed.), *Beyond the Developmental State: East Asia's Political Economies Reconsidered*, Macmillan Press, 1998とFeenstra, R. C. and G. Hamilton, *Emergent Economies, Divergent Paths: Economic Organization and International Trade in South Korea and Taiwan*, Cambridge U. P., 2006を参照。

(6) Borrus, M., "Exploiting Asia to Beat Japan: Production Networks and the Comeback of U.S. Electronics," in D. J. Encarnation (ed.), *Japanese Multinationals in Asia: Regional Operations in Comparative Perspective*, Oxford U. P., 1999.

(7) NIEsが14.4％，ASEAN4が6.9％，そして中国が20％となる。2005年の製品構成では，中国以外ではコンポーネントの比率が約45％を占め，日本とNIEsだけで世界生産の45.2％を占める。他方，中国では電子データ処理システムが47.9％と最も多く，その世界シェアは32.4％に達する（Reed Electronics Research, *Yearbook of World Electronics Data*各号）。

(8) フラッシュ・メモリーでは，2006年でも東芝が27.5％のシェアを保持しているが，サムソン電子（45.9％）とハイニックス半導体（14.6％）が大半を占め，ノートPC，モニター，マザーボードといったPC・周辺機器では台湾企業の2005年のシェアが83，90，70％と他を圧倒している。

(9) Borrus, M., "The Resurgence of US Electronics: Asian Production Networks and the Rise of Wintelism," in M. Borrus et al. (eds.), *International*

Production Networks in Asia: Rivalry or Riches?, Routledge, 2000.

(10) もちろん米国企業が完全に製造工程から撤退したわけではない。後述する米系EMS企業も東アジアに生産子会社を配置したネットワークを築いており，米系ネットワークには，バイヤー主導型と生産者主導型の2種類が存在している。US Bureau of Economic Analysis (BEA)によれば，2004年実績でコンピューター＆電子機器部門は，日本を除く在東アジア米系製造業子会社の総付加価値の41.2％，総売上の52％を占める最大の部門であり，それは同部門に属する全世界の子会社による付加価値の35.8％，売上の42.4％に相当する。また在東アジア子会社の対米輸出比率は43％と高く，その約85％が企業内取引である。

(11) Hayter, R. and D. W. Edgington, "Flying Geese in Asia: The Impacts of Japanese MNCs as a Source of Industrial Learning," *Tijdschrift voor Economische en Sociale Geografie*, Vol. 95, No. 1, 2004.

(12) Borrus (1999), *op. cit.*

(13) 在アジア韓国現地法人の2006年の調達では本国からが40.1％と最も高く（現地と第三国ともに29.9％），そのうち95％が系列企業からのものである（韓国輸出入銀行『2006会計年度海外直接投資経営分析』2007年）。他方，台湾企業のノートPC，モニター，マザーボードのOEM/ODM比率は91，86，51％，中国での海外生産比率は93，89，92％に達する（Kawakami, M., "Competing for Complementarity: Growth of Taiwanese Notebook PC Manufacturers as ODM Suppliers," in Y. Sato and M. Kawakami (eds.), *Competition and Cooperation among Asian Enterprises in China*, Institute of Developing Economies, JETRO, 2007)。

(14) 富士キメラ総研『2004 ワールドワイド・エレクトロニクス市場総調査』より試算。

(15) 安藤光代／スヴェン・W.アーント／木村福成「東アジアにおける生産ネットワーク――日本企業と米国企業の戦略的行動」深尾京司・日本経済研究センター編『日本企業の東アジア戦略』日本経済新聞出版社，2008年。

(16) 2001年末の調査によれば，電機・電子部品関連日系企業のうち，51％以上を進出先で日本企業から調達していると回答した企業数は，セットーメーカーで，フィリピン（30％）以外のASEAN4で50％から65％に達し，部品メーカーでは4カ国で60％を超える。一方，中国のその比率は29.7％と46.8％となりASEAN4に比べると低いが，これは台湾企業などからの調達が多いためと考えられている（ジェトロ『アジアの投資環境比較』ジェトロ2002年）。

(17) Sturgeon, T., "Modular Production Networks: A New American Model of Industrial Organization," *Industrial and Corporate Change*, Vol. 11, No. 3, 2002.

(18) 1990年代，米国で飛躍的に向上した電子設計自動化（EDA）技術によって，シリコンバレーを中心に半導体設計に特化するファブレス企業が出現する。これら企業は台湾企業に技術移転を行い，製造に特化するファウンドリー・ビジネスを生み出した。特定用途向けIC（ASIC）分野での米国半導体産業の復活は，台湾企業との垂直分業によるところが大きい（Brown, C. and G. Linden, "Offshoring in the Semiconductor Industry: Historical Perspectives," Institute for Research on Labor and Employment Working Paper, University of California, Berkeley, No. 120-05, 2005）。
(19) 藤本隆宏「製品アーキテクチャの概念・測定・戦略に関するノート」RIETI Discussion Paper Series 02-J-008, 2002年。
(20) Sturgeon, *op. cit.*
(21) 多量のCPUパワーを要するUSB規格の導入は，PC周辺機器のCPUへの依存度を著しく高めるものであった（立本博文「PCのバス・アーキテクチャーの変遷と競争優位——なぜIntelは，プラットフォーム・リーダシップを獲得できたか」MMRC Discussion Paper, No. 171, 2007年）。また携帯電話では，CDMAチップの世界シェア90％以上を占めるQualcomとDSPのシェア60％をもつTexas InstrumentがIntelと同様のポジションにある。
(22) Linden, G., K. Kraemer, and J. Dedrick, "Who Captures Value in a Global Innovation System: The Case of Apple's iPod," Personal Computing Industry Center Papers, 2007.
(23) すべての製品でモジュラー化が進行しているわけではない。デジカメやデジタルVTRカメラの内部構造は依然「擦り合せ型」で日本企業の市場シェアも高い。
(24) 小川紘一「我が国エレクトロニクス産業にみるモジュラー化の進化メカニズム」MMRC Discussion Paper, No. 145, 2007年。
(25) 特に韓国企業の躍進が著しい。2006年の液晶テレビの世界シェアで，ソニーとシャープが上位にあるが，サムソン電子が15％と２位につけている。またプラズマ・テレビでも松下電器（パナソニック）が29.5％と首位だが，LG電子（15.8％）とサムソン電子（14.1％）が猛追している。中国企業の場合，国内市場でのシェアが高く，液晶テレビで約50％，プラズマ・テレビでも40％以上になる（『エコノミスト』2007年３月６日号）。
(26) 経済産業省『2007年度版　通商白書』ならびに『製造業基盤白書　2007』。
(27) 延岡健太郎ほか「コモディティ化による価値獲得の失敗——デジタル家電の事例」榊原清則・香山晋編『イノベーションと競争優位』NTT出版，2006年。
(28) 新宅純二郎ほか「液晶テレビのアーキテクチャと中国企業の実態」MMRC Discussion Paper, No. 164, 2007年。光ディスクドライブの中核モジュールであ

る光ピックアップ（OPU）の日本企業のシェアは90％以上と圧倒的である。ただ三洋電機等は，台湾のファブレス企業Media Tekのチップセットと組み合せて外販しており，それが中国企業のDVDプレイヤー生産への参入を加速させた（小川，前掲論文，2007年）。

(29)　中国企業の液晶テレビ生産では，駆動ICは日本に依存していても，画像処理ICではMicronasやTrident，Zoran等の米系ファブレス企業とMstarやMedia Tek等の台湾系企業から調達している（新宅ほか，前掲論文，2007年）。

(30)　小川紘一「我が国エレクトロニクス産業にみるプラットフォームの形成メカニズム」MMRC Discussion Paper, No. 146, 2007年。

(31)　U. S. Bureau of Economic Analysis.

(32)　Milberg, W., "Shifting Sources and Uses of Profits: Sustaining U. S. Financialization with Global Value Chain," Scwartz Centerfor Economic Policy Analysis (SCEPA), The New School, Working Paper, 2007-9, 2007.

第6章
転換点に直面する中国の改革・開放路線

鄭　海　東

はじめに

　30年前の1978年12月，中国共産党11期3中全会が北京で開かれた。この会議では，中国共産党の今後の中心的任務を経済建設に置く方針が定められた。以後，中国は，従来の中央集権型の計画経済から市場経済志向型の改革・開放の時代に入った。

　70年代末期からの農村改革，80年代前半からの国有企業改革に加え，80年代からの外資受入政策を主軸とした開放政策は，中国経済を大きく変容させた。改革期の高成長は，中国の所得水準を大きく引き上げ，世界における中国の存在感を大いに高めた。

　中国の経済改革は成功したのか，という設問に対して，経済成長率という指標でいうならば，「成功した」と答えられよう。しかし，もしより長期的な視野で見るならば，恐らく結論を先送りすべきだろう。近年，中国政府の一連の政策転換を見れば，70年代末以降の改革路線が大きく修正されつつあることは，まず疑問の余地があるまい。

　2004年10月に開かれた中国共産党第16期中央委員会第6次全体会議で，中国は初めて明確に「調和的社会」の構築を目指す方針を定めた。ほぼ同じ時期に，中国は医療保険制度，年金制度といった社会的セイフティーネットの再整備の必要性を強く提起し始め，あわせて「労働契約法」，「独占禁止法」の制定，企業所得税の統一および農業税の廃止など，経済成長の速度よりも社会の安定と国家として経済安全保障を重視する姿勢が鮮明に打ち出された。

　このような社会政策，経済政策の転換は，如何なる背景で行われたか。また，この政策の転換は，中国にとって如何なる意味をもつのか。本章では，中国の

表6-1　中国の国民総生産（GDP）の内訳

(単位：億元，％)

年次	国内総生産	最終消費	資本形成	純輸出	資本形成率 (投資率)	消費率
1978	3,605.6	2,239.1	1,377.9	-11.4	38.2	62.1
1983	6,216.2	4,126.4	2,039.0	50.8	32.8	66.4
1988	15,388.6	9,839.5	5,700.2	-151.1	37.0	63.9
1990	19,347.8	12,090.5	6,747.0	510.3	34.9	62.5
1991	22,577.4	14,091.9	7,868.0	617.5	34.8	62.4
1992	27,565.2	17,203.3	10,086.3	275.6	36.6	62.4
1993	36,938.1	21,899.9	15,717.7	-679.5	42.6	59.3
1994	50,217.4	29,242.2	20,341.1	634.1	40.5	58.2
1995	63,216.9	36,748.2	25,470.1	998.6	40.3	58.1
1996	74,163.6	43,919.5	28,784.9	1,459.2	38.8	59.2
1997	81,658.5	48,140.6	29,968.0	3,549.9	36.7	59.0
1998	86,531.6	51,588.2	31,314.2	3,629.2	36.2	59.6
1999	91,125.0	55,636.9	32,951.5	2,536.6	36.2	61.1
2000	98,749.0	61,516.0	34,842.8	2,390.2	35.3	62.3
2001	108,972.4	66,878.3	39,769.4	2,324.7	36.5	61.4
2002	120,350.3	71,691.2	45,565.0	3,094.1	37.9	59.6
2003	136,398.8	77,449.5	55,963.0	2,986.3	41.0	56.8
2004	160,280.4	87,032.9	69,168.4	4,079.1	43.2	54.3
2005	188,692.1	97,822.7	80,646.3	10,223.1	42.7	51.8
2006	221,651.3	110,595.3	94,402.0	16,654.0	42.6	49.9
2007	263,242.5	128,444.6	111,417.4	23,380.5	42.3	48.8

資料：中華人民共和国国家統計局『中国統計年鑑』2008年，54ページ。

農業政策の大転換，さらに加工貿易・外資政策の転換を中心に，経済改革以来の中国の問題点を整理し，近年の政策転換の背景を明らかにしたい。

第1節　内需不足と経済格差の拡大

(1)　家計消費需要の不振

　1979年から07年までの29年間，中国のGDP（国内総生産）実質成長率は，9.9％に達している。これによって，所得水準は全体的に大きく引き上げられ，一人当たり実質所得水準は1978年の369元（1元＝14.5円）から06年の1万5562元へと42倍に増えた。しかし，所得水準の急上昇がそれに見合った消費需要の上昇をもたらしていないことは，中国経済が現在直面している最大のジレンマの一つである。

表 6-2 消費支出の構成

(単位:%)

年次	最終消費支出		家計最終消費支出	
	家計部門	政府部門	農村部門	都市部門
1978	78.6	21.4	62.1	37.9
1983	78.3	21.7	62.2	37.8
1988	80.0	20.0	53.0	47.0
1993	74.9	25.1	41.8	58.2
1998	76.0	24.0	36.9	63.1
1999	75.3	24.7	34.8	65.2
2000	74.5	25.5	33.0	67.0
2001	73.6	26.4	32.1	67.9
2002	73.3	26.7	31.0	69.0
2003	73.4	26.6	28.7	71.3
2004	73.3	26.7	27.5	72.5
2005	72.8	27.2	27.0	73.0
2006	72.8	27.2	26.2	73.8
2007	72.7	27.3	25.6	74.4

資料:表 6-1 に同じ、55ページ。

消費が中国のGDPに占める割合である最終消費率は、表 6-1 に示されるように、1993年頃から低下の傾向が現れた。特に03年からは、消費率の低下が加速し始め、06年にはついに50%の大台を切るまで下落した。また、消費支出の内訳を見ると、表 6-2 から分かるように、改革以降、家計部門の割合が90年代から徐々に減少したのに対して、政府部門の割合が上昇した。さらに、家計消費における農村と都市の割合の変化を見ると、78年から07年までの間、農村は62.1%から25.6%に減少したのに対して、都市は37.9%から74.4%に上昇した。この間、農村人口の割合が82.1%から55.1%に減少したことを差し引いても、農村消費の減少はあまりにも急激だったといえる。

中国湖南大学の陳楽一は、改革期における中国の家計消費率の国際比較を行った結果から、次の2点を指摘した。第1に、一国の一人当たりGDPは100ドルから1000ドルに上昇した段階で、家計消費率は72.0%から61.7%へ低下するといわれているが、中国の場合は、最高が88年の51.1%で、最低が07年の35.4%だったので、国際的に見て消費率が低すぎる。実際、中国とほぼ同じ所得水準をもつボリビア、エクアドル、ルーマニアなどの家計消費率はすべて60%を超えている。第2に、家計消費が消費全体に占める割合は、国際的には80%を下回らないのが一般的であるが、中国の場合は、88年の80%を除いて、

すべて下回っている。
(1)

（２） 消費率低下の原因

　持続的高成長によって中国の所得水準が急上昇したにもかかわらず，その消費率はなぜ妥当な水準よりも低く推移し続け，近年一層低下する傾向を強めつつあるのか。この問題を見るには，全体の所得水準だけでなく，所得分配のあり方を見る必要がある。

　『中国統計年鑑』の数値によれば，中国の家計所得（＝都市住民の可処分所得＋農村住民の純収入）がGDPに占める割合は，1980年代は平均57％，90年代は平均49％，07年は43％であった。また，全国の実質賃金上昇率は，1980年代と90年代はそれぞれ3.1％と5.4％で，同時期の経済成長率を大きく下回っているが，2000〜07年は急反発して13％に達した。一方，農民の所得を見ると，1978年から04年までの27年間の実質の純収入上昇率は7.1％で，これも経済成長率に大きく及ばない。しかも，約1.5億人に上る"出稼ぎ労働者"（農民工）の実質的な賃金水準は，これまでの10数年間ほとんど上昇していないことも大きな留意点である。
(2)

　したがって，消費率低下の原因としてまず考えられるのは，改革期の労働分配率が大きく経済成長率を下回っていたことである。しかし，それにもかかわらず，この時期の貯蓄率が逆に上昇していることは大きな注目点である。表６−１から分かるように，資本形成率すなわち総貯蓄率は一貫して３割以上の水準を保ち，03年から07年の５年間は４割を超えている。総貯蓄率は，家計，政府と企業の貯蓄の合計であるが，世界銀行の上席エコノミストであるルイス（Louis Kuijs）によれば，03年の場合，この３部門の貯蓄率はそれぞれ16.6％，7.0％と18.9％であった。
(3)

　東アジアは伝統的に高貯蓄率の地域であるが，近年の中国の総貯蓄率はこの地域の中で最も高い。しかし，部門別で見ると，３部門がすべて高いというわけではなかった。ルイスの研究では，中国の家計貯蓄の貯蓄全体に占める割合は近年下がっているのに対して，逆に政府と企業の割合は上がっている。この原因について，社会科学院の張明は，中国の賃金上昇率の低さと所得税制度の不備のため，国民所得が政府と企業の２部門に偏ったからであると指摘している。
(5)

しかし，前述したように，賃金上昇率は2000年から急上昇を見せ，07年までの8年間は平均13％で，同時期の経済成長率を上回っている。にもかかわらず，消費率が大きく下がったのは，社会保障制度の不備と住宅バブルが最も重要な原因であると見られている。中国人民銀行が04年に，また社会科学院が05年にそれぞれ行った家計貯蓄の使途についての調査では，3位までの順位は，いずれも子供の教育，養老，住宅購入であった(6)。

90年代後半から，「教育の産業化」という市場経済型改革のあおりで，高等教育を中心に教育費が急速に高騰した。それからの10年間，大学の学費と宿泊費は年間で約1万元以上に上昇し，中国の所得水準からすれば世界の最も高い学費の3倍に相当するとも指摘される(7)。9年制義務教育を実施している中国では，つい最近まで教育経費の大半が依然として個人負担であったため，特に農村家庭にとっては重圧となっていた。

医療保険制度については，従来，都市の勤労者であれば，比較的手厚い医療保険制度が適用され，農村では人民公社制度の下で，不十分ではあったが効果的な医療を受けられた。改革後，都市では国有企業改革によって従来の医療保険制度が破綻し，農村では人民公社の解体によって医療制度が完全に崩壊した。医療保険制度を享受できる人が急減しただけでなく，薬価の高騰などによって病気になっても診療を受けられない人が急増した。93年から05年にかけて，都市と農村の医療保険支出の伸び率は，それぞれ21.7％と16.4％で，同時期の所得水準の伸び率を大きく上回っている。

住宅制度については，90年代末から従来の公的住宅制度が廃止され，住宅は完全に商品化された。これに伴って，住宅価格は一気に高騰し，大都会を中心に住宅バブルが発生した。住宅売上高が都市住民の可処分所得に占める割合は，05年に25.4％に上り，98年より16.5ポイントも上昇した(8)。

中国社会科学院の尹中立は，総貯蓄率が上昇している中で，家計貯蓄の割合が縮小した最大の原因は住宅バブルにあると指摘した。彼によれば，98年から本格的に始まった住宅制度改革をきっかけに，企業は住宅手当の負担が大きく軽減しただけでなく，もっていた国有地を不動産開発に回したため，多くの利益を得た。同時に，政府は大量の土地使用権をデベロッパーへ譲渡することで財政収入を急増させたが，社会福祉政策への支出の比率を拡大せずに投資に投入していた。加えて，土地・住宅価格が急上昇したことによって，企業と政府

はさらに多くの収入を得た。この結果，貯蓄全体に占める家計貯蓄の割合は，企業貯蓄と政府貯蓄に比べて縮小せざるを得なかった。(9)

（3） 所得格差の拡大

経済成長率から大きく乖離する低い労働分配率と社会的セイフティーネットの欠如に加え，いまひとつ看過できない問題は，所得格差の拡大である。

ジニ係数は所得分配の平等さを表す指標であるが，値が0に近付くほど平等の度合いが高い。国際的な経験則として，ジニ係数は0.4を超えると，不平等の度合いが大きい。世界銀行の計算によれば，中国のジニ係数は，1978年に都市は0.16，農村は0.13，全国は0.33であった（これは，改革以前は，社会主義の平等化政策で都市と農村はきわめて平等であったことを意味する。他方，都市と農村の格差が大きいという従来の二元構造をもつ中国は，都市と農村を区別せずに見ると，ジニ係数は0.33と不平等の度合いが大きく現れる）。しかし，中国統計局の推計では，98年の中国全体のジニ係数は0.46となっている。(10)

中国のジニ係数の計算と解釈をめぐっては，中国でも見解が大きく分かれていたが，07年8月に発表されたアジア開発銀行の年度統計報告書は，中国の実態に厳しい見方を示した。この『アジアの不平等』（*Inequality in Asia*）と題する報告書は，2つの指標を用いて中国の所得格差を示した。まず，所得の上位20％と所得の下位20％の比較では，前者は後者の11倍で，他国を大きく上回っている。もう一つはジニ係数によるもので，04年の中国の値は0.4725で，分析対象22カ国・地域の中で，最高値であるネパールの0.4730よりわずかに低いが，インド，韓国などよりはるかに高い。さらに同報告書は，中国のジニ係数が93年の0.407から04年の0.47に拡大したため，不平等の度合いは，ラテンアメリカの平均水準に達していると指摘した。(11)

家計所得が国民所得に占める割合が縮小しつつある中で，これほどの富の一極集中が起きていれば，家計の消費需要の冷え込みはむしろ自明のことである。

第2節　改革政策の大転換を迎える農村

（1） 農業税廃止の意味

中国では，いわゆる二元構造の存在で，都市と農村との所得格差は以前から

大きかった。1978年の都市・農村の所得格差は2.6倍だったが、農村改革による農民所得の急増で、84年の同格差は1.9倍にまで縮小した。しかし、86年から格差は再び拡大し始め、94年にはついに改革直前の78年の2.6倍を上回り、07年には過去最大の3.3倍に達した。注意すべきは、中国の所得統計において、都市と農村とは所得概念がかなり異なるため、実際の数字より格差がはるかに大きいと見られることである。[12]

この結果、すでに見たように、家計消費における農村と都市の割合では、78～07年の間、農村は62.1％から25.6％に減少した。また、消費水準を見ても、都市と農村との格差は、78年の2.9倍から07年の3.6倍に拡大した。

70年代末の農村改革によって、農民の所得は一時急上昇を見せた。「豊かになった農村」が、経済改革の必要性と正しさを象徴する最も単純明瞭な論拠となり、改革路線へのいかなる懐疑も「豊かになった食卓」という素朴な事実には勝てなかった。しかし、80年代の半ばから農民所得の増加が失速し始め、90年代に入ってからは、農業が主産業となる地域を中心にその凋落振りが表面化するようになった。

04年2月、「04年一号文件」と呼ばれる新しい農業政策が発表された。一号文件とは、共産党指導部が新年度に出す第1号通達の通称で、その年の最重要課題が示されるのが慣例である。「04年一号文件」は、中国の農業が危機に直面していることを率直に認め、強力な農民増収策を講じることで危機を乗り切ろうと全党に呼びかけた。これまで農村改革に賛辞を惜しまなかった中国政府にしては、突然の立場の改変といえよう。

しかし、農民増収の必要性を力説する政府にとって、それを確実に実現させる選択肢は、結局農業税を調整する以外になかった。04年3月、「04年一号文件」の趣旨を受けた国務院が農民負担の軽減策を発表した。それは、①税率8.4％である農業税（税率7％の農業税と農業税の20％に当たる農業付加税の合計）を04年から5年をかけて完全に廃止すること、②煙草を除く農業特産税を完全に廃止すること、③食糧生産者へ直接に生産補助を行うこと、であった。

中央の号令を受けた地方政府にとっては、農民の増収を確保するには、農業税を国務院決定以上に削減しなければならなかった。05年12月中国全人代が農業税の完全廃止を決定するまで、全国34の省・直轄市・自治区のうちの28がすでに農業税の徴収を自主的に中止していた。この既成事実が、農業税の完全廃

止を3年早める結果に繋がったのである。

　しかし，この農政大転換をもたらした最大の原因は，農民の所得事情の悪化ではなかった。中国政府がこの政策転換を余儀なくさせられた直接的な原因は，1999年からの食糧の大幅な減産であった。

（2）　静かなる食糧危機

　98年，中国の食糧生産量（穀物・イモ類・豆類の合計）は5.123億トンという記録的な水準に達した。しかし，表6-3に示すように，翌年の99年の食糧生産量が5.085億トンに減ったのに続き，2000年はさらに4.622億トンへと前年より9.1ポイントも減少し，78年以来最大の落ち込みを記録した。その後も04年までは食糧生産が好転せず，99年から03年までの5年間は改革以来の持続的な大減産となった[13]。

　食糧生産量と食糧需要量（うち約3割は飼料需要）との需給バランスを見ると，99年までは年間生産量が年間需要量を上回っているが，2000年から05年までは下回っている。特に03年の食糧生産量4.31億トンは90年代初頭の生産水準でしかなく，一人当たりでも334キログラムにまで下がった。一人当たり食糧生産量は，改革開始の78年が319キログラムなので，農村改革は25年経って，食糧生産の面では振り出しに戻ったということを意味する。

　表6-3から分かるように，2000年から03年までの4年間，食糧供給の不足分は1億2470万トンであった。この4年間の食糧（穀物・大豆）の純輸入は760万トンだったので，不足分は主に備蓄によって補填されたと考えられる。ところが，03年に入って，食糧備蓄は当年消費量4.86億トンの30％に当たる1.5億トンしか残っていないことが明らかとなった[14]。

　この1.5億トンの食糧備蓄は，あと2年しかもたないという見方が有力であった[15]。実際，もし政府が何らかの行動を起こさなければ，03年以降の食糧生産のさらなる悪化は必至であった。食糧危機の到来をようやく意識した中国政府が採った対策が，「04年一号文件」の発表であり，農政の大転換であった。

（3）　減産はなぜ起きたのか

　食糧供給の急減は，主に播種面積の減少によるものであった。中国の食糧播種面積の急減は99年から始まった。99年の1億1316万ヘクタールから，03年の

表6-3 中国における食糧生産の推移

年次	総生産量 (億トン)	前年比 (％)	1人当たり生産量 (キログラム)	総需要量 (億トン)
1977	2.827	-1.25	297.66	—
1982	3.545	9.07	348.95	—
1987	4.030	2.92	371.74	—
1992	4.427	1.69	397.97	—
1993	4.565	3.21	387.37	—
1994	4.451	-2.50	373.46	—
1995	4.666	4.83	387.28	4.528
1996	5.045	8.13	414.39	4.579
1997	4.942	-2.06	401.74	4.641
1998	5.123	3.66	412.42	4.695
1999	5.085	-0.74	405.55	4.732
2000	4.622	-9.11	366.04	4.770
2001	4.526	-2.08	355.89	4.805
2002	4.571	0.99	356.97	4.835
2003	4.307	-5.78	334.29	4.863
2004	4.695	9.01	362.22	4.902
2005	4.840	3.09	371.26	4.944
2006	4.980	2.89	378.88	—
2007	5.016	0.72	379.63	—

注：食糧は，穀物・イモ類・豆類の合計。食糧総需要量は，飼料需要を含む。
資料：中華人民共和国国家統計局『中国統計年鑑』各年版，王明華「『十一五』時期我国糧食需求総量予測」『調研世界』2006年4月号，16ページ。

9941万ヘクタールに減少した。12.2％の減少幅は，同時期の食糧減産幅である15.3％に近いことから，99年からの食糧減産は，まず播種面積の急減によって生じたといえよう。

では，播種面積の急減は何によって起こったのか。03年の総耕地面積が99年に比べて4.5％も減っていることから，物理的な耕地面積の減少がまず原因として考えられる。しかし，耕地の減少によって実際に5年間で失われた食糧生産能力は，多く見積もっても897.5万トンにすぎない。したがって，同期間の食糧生産の減少幅8160万トンの主要な原因が，耕地の減少にあるとは言い難い。播種面積が急減したのは，主に食糧価格の低迷のためであった。

中国の食糧価格は，85年まで完全に国家の管理下にあった。食糧をはじめ，農産物に対する政府の買付価格は，改革開始時に大きく引き上げられた。農産物価格の急上昇は，ただちに農家の生産意欲を刺激し，改革初期の食糧増産の主因となった。また，所得の農業依存度が高かった当時は，増産による増収の

効果も大きく，改革初期の都市・農村間の所得格差の縮小に繋がった。

しかし，90年代の後半に入ってから，食糧の供給過剰の問題が次第に深刻化し始め，特に96年から99年までの4年連続の大豊作が生産過剰を顕在化させた。政府の価格支持があったにもかかわらず，97年から始まった食糧価格の大幅な下落は，03年10月まで続いた。コメ（中・晩稲），小麦の市場価格は，2000年に入って一段と崩れ，96年に比べそれぞれ37.4％，42.5％値下がりした。これだけの値崩れが，食糧の減産を惹き起こさない方が不自然であった。

このため，生産規模すなわち播種面積の縮小が余儀なくされた。二期作から単作に減らすのが通常の方法だが，"抛荒"（耕作放棄）という形の生産調整も多く見られた。このような耕作放棄による播種面積の減少は，正式の統計数字にはほとんど反映されないが，2000年前後から伝統的な穀倉地帯で無視できない規模に達していた。湖北省監利県の黄歇口鎮では，2000年2月時点で，農業を休止した農家は全体の30.9％，耕作が放棄された耕地は全体の37.1％に達していた。(17)

上述したように，03年の状況からして，思い切った対策が採られなければ，食糧のさらなる減産は避けられなかった。このままでは，食糧の備蓄が底をつき，深刻な食糧不安に襲われる可能性が大きい。03年の場合，1人当たりの食糧生産量が改革開始の78年に肉薄したため，これ以上の減産は，経済格差などですでに大きく揺らいだ改革への信認に決定的なダメージを与えることになる。このように，農民所得の停滞ではなく，食糧の連続減産が，04年に始まった農政大転換の直接的原因であった。

第3節　見直される外向型経済

（1）　加工貿易の隆盛

第1節で見たように，内需不足は中国経済の構造的な問題である。消費率の低下による貯蓄率の上昇によって，膨大な投資によって形成された巨大な生産能力は，内需不足を補うべく，海外に製品の需要先を求めざるを得ない。

事実，中国の対外貿易は90年代以降，飛躍的な成長を成し遂げ，表6-4に示すように，2000年から07年までの8年間の輸出入総額の平均伸び率は25.5％に達している。また，輸出伸び率が輸入伸び率を上回っている結果，貿易黒字

第 6 章 転換点に直面する中国の改革・開放路線　133

表 6-4　中国の輸出入の推移（1991～2007年）

(単位：億ドル，%)

年次	輸出入総額 (伸び率)	輸出 (伸び率)	輸入 (伸び率)	貿易収支	加工貿易の比率		
					全体	輸出	輸入
1991	1,357.0(17.5)	719.1(15.8)	637.9(19.6)	81.2	42.3	45.1	39.2
1992	1,655.3(22.0)	849.4(18.1)	805.9(26.3)	43.5	42.9	46.6	39.1
1993	1,957.0(18.2)	917.4(8.0)	1,039.6(29.0)	-122.2	41.2	48.2	35.0
1994	2,366.2(20.9)	1,210.1(31.9)	1,156.1(11.2)	54.0	44.2	47.1	41.1
1995	2,808.6(18.7)	1,487.8(22.9)	1,320.8(14.2)	167.0	47.0	49.5	44.2
1996	2,898.8(3.2)	1,510.5(1.5)	1,388.3(5.1)	122.2	50.6	55.8	44.9
1997	3,251.6(12.1)	1,827.9(21.0)	1,423.7(2.5)	404.2	52.2	54.5	49.3
1998	3,239.5(-0.4)	1,837.1(0.5)	1,402.4(-1.5)	434.7	53.4	56.9	48.9
1999	3,606.3(11.3)	1,949.3(6.1)	1,657.0(18.2)	292.3	51.1	56.9	44.4
2000	4,742.9(31.5)	2,492.0(27.8)	2,250.9(35.8)	241.1	48.5	55.2	41.1
2001	5,096.5(7.5)	2,661.0(6.8)	2,435.5(8.2)	225.5	47.4	45.3	38.6
2002	6,207.7(21.8)	3,256.0(22.4)	2,951.7(21.2)	304.3	51.5	55.3	41.4
2003	8,509.9(37.1)	4,382.3(34.6)	4,127.6(39.8)	254.7	47.6	55.2	39.5
2004	11,545.5(35.7)	5,933.2(35.4)	5,612.3(36.0)	320.9	47.6	55.3	39.5
2005	14,219.1(23.2)	7,619.5(28.4)	6,599.5(17.6)	1,020.0	48.6	54.7	41.5
2006	17,604.0(23.8)	9,689.4(27.2)	7,914.6(19.9)	1,774.8	47.3	52.7	40.6
2007	21,737.3(23.5)	12,177.8(25.6)	9,559.5(20.8)	2,618.3	45.4	50.7	38.5

資料：表 6-1 に同じ，708～709ページ。

額は大幅な増加が続き，05年に1000億ドル台を突破し，07年には驚異的な2618億ドルに達した。

　この中で特筆すべきは，貿易額全体の5割近くを占めている加工貿易の存在である。加工貿易額において，輸出が輸入をはるかに上回っているため，1991～2007年の17年間，加工貿易から得た貿易黒字は，貿易黒字全体の1.33倍であった。換言すれば，加工貿易を除けば，この17年間の貿易収支は赤字であったことを意味する。

　加工黒字の急増に伴って，外貨準備高は96年に1000億ドルの大台に乗り，03年からほぼ毎年2000億ドルずつ増加し続け，06年には1兆ドルの大台を突破し，日本に取って代わり世界一の外貨準備保有国に踊り出た。08年9月末現在，外貨準備高は1兆9056億ドルに達している。

　対外貿易の躍進をもたらした加工貿易を支えているのが，大量の海外からの直接投資である。80年代から始まった外資導入政策の下で，中国は90年代の半ばから最大の外資受入れ発展途上国となり，02年には直接投資受入れ額は実行

ベースで初めて500億ドル台に上り，07年には過去最高の747.7億ドルに達している。これまでの対中直接投資は，7割以上が製造業に向けられ，そのほとんどは加工貿易的性格をもつものであった。

このように，貿易の急拡大およびそれに伴う巨額の貿易黒字の存在，また海外直接投資に支えられた加工貿易が輸出急増の立役者となっていることが，中国対外貿易の基本的構図である。しかし，このようないわゆる外向型経済のあり方に対して，近年かつてないほど懐疑や批判の論調が高まっている。

加工貿易に対しては，付加価値が低いこと，技術水準向上への寄与度が小さいことなど，以前から中国には懐疑的・批判的観点が存在していたが，長い間主流にはならなかった。しかし，猛烈な対外輸出は経済摩擦の熾烈化を招来する一方，膨れ上がる外貨準備は，国内ではインフレを引き起こす大きな要因となり，海外では元高圧力の根拠となっている。加えて，巨額の外貨準備を如何にして安全かつ有効に利用するかも深刻な問題となっている。このような中国経済を取り巻く環境の急変は，外向型経済の発展戦略を再考する契機となったのである。

（2） **外資政策見直し論の台頭**
① 加工貿易見直し論

加工貿易を中心に据えた対外貿易のあり方，さらにその貿易構造の根幹をなす外資導入政策への見直し論は，主に次の2つの視点から展開されている。第1に，加工貿易方式は付加価値が少ないうえ，労働力だけでなく，自然資源や環境の安売りを招く。第2に，大量の海外直接投資は産業構造の高度化を阻害する。

付加価値の低さは，中国の加工貿易の構造的問題である。中核部品を国産化・内製化できず，組み立て・加工のみを行うような生産方式では，利益率が非常に低いことは以前から問題視されていた。主な輸出産業であった繊維産業を例に見ると，アパレル製品輸出の利益率は4％にすぎない[20]。いわゆるハイテク製品も同じである。輸出額に占めるハイテク製品の比率は，中国海関統計によれば06年には29％に上り，OECD（経済協力開発機構）加盟国の平均水準28％を上回っていることになる。しかしこれは中国の海関統計が伝統的な分類で統計されている結果にすぎない。その95％以上は組立てが中心となる加工貿易の

製品であることを見れば,中国が製造過程の低利潤・低付加価値の部分を請け負っている事実ははっきりしている。なお,05年の輸出額のうち,外資系企業が92.5％を占めており,いわゆる独資企業が約80％を占めていることも付け加えておこう。

中国のハイテク製品輸出額は98年から05年まで30％の成長を実現し,05年の全輸出額に占める比率が29％に達している。これは,よく中国の技術進歩の論拠とされるが,事実はかなり違う。WTOの原産地原則などのため,ハイテク産業の中で組立作業のような比較的労働集約的な工程が集中する発展途上国の輸出において,ハイテク製品の輸出比率が大きく統計される仕組みになっている。たとえば,06年のフィリピンのハイテク製品輸出比率は63.2％に達しているのに対して,アメリカは25.8％,ドイツは14.2％,日本は20.6％にとどまっている。

一方,交易条件の趨勢を見ても,対外貿易の急成長が中国にいわれるほどのメリットをもたらしているか疑問である。許士春らによれば,95年から06年の間,中国の純交易条件は悪化したが,所得交易条件は大幅に改善した。しかし,後者の改善は,輸出の伸び率が輸出利益率の下げ幅を大幅に上回った結果であり,必ずしも輸出品全体の付加価値が上がったからではないという。

加工貿易が中国に多くの雇用機会を創出したことは,加工貿易または外資導入擁護論の一つの論拠であった。07年現在,直接加工貿易に従事する雇用者数は3000万人で,対外貿易全体にかかわる雇用者数は1億人に上るという。しかし,問題を見る目が,局地的か全国的か,短期的か長期的かによって,結論がかなり違ってくる。中国で行われた労働集約型の加工貿易は,沿海部を中心に多くの労働力を吸収していることは事実である。しかし,全国的かつ長期的に見れば,このような加工貿易は産業としての裾野が地場産業に比べて非常に小さいことに加え,これらの加工貿易型外資系企業の進出につれて既存地場産業の消滅と新規起業の困難化といった問題が発生するため,それが,雇用問題に及ぼす影響を慎重に検討すべきである。

② 国家経済安全論の台頭

外向型経済を目指した結果,貿易依存度が大きく上昇しつつある。このため,中国経済の海外市場と国際政治の動向への対応力を著しく弱めているというのが,従来からの懸念である。中国の貿易依存度の計算に関しては,為替レート

表6-5 工業総生産額に占める外資系企業のシェア

(単位:%)

産業・業種別	外資シェア(99年)	外資シェア(07年)
農産物・副食品加工	23.0	27.9
食品	36.5	38.6
飲料水	27.8	36.2
繊維	21.3	23.8
アパレル・他の繊維製品	48.4	45.1
皮革・羽毛製品	57.2	50.2
家具	42.0	46.9
製紙	27.8	34.8
文化教育・スポーツ用品	60.8	61.2
化学原料・製品	18.3	28.1
医薬品	22.6	25.6
化学繊維	33.4	29.8
ゴム製品	32.9	35.4
プラスチック製品	41.7	39.4
金属製品	34.2	34.8
汎用設備	19.6	27.5
専用設備	13.6	26.9
交通輸送設備	29.3	45.5
電気機械・機材	31.5	37.3
計器・事務機器	56.3	62.8
通信設備・コンピュータ・他の電子設備	69.1	84.0

資料:中華人民共和国国家統計局『中国統計年鑑』各年版より作成。

かそれとも購買力平価を用いるかによって結果がかなり異なるうえ,中国のGDP規模の計算に当たって,サービス産業の過小評価の可能性が重要な留意点である。しかし,国家発展・改革委員会の専門家張燕生は,中国の実際の貿易依存度は控えめに評価すべきだとしても,名目の貿易依存度が03年の60.2%から04年の70%に上昇したのはやはり警戒する必要があると指摘している。[27]

しかし,もっと重要な問題提起がある。すなわち,加工貿易を中心に据えた外向型経済を目指した結果,中国の産業構造ないし経済構造そのものが根本から変えさせられつつあるということである。

90年代末から,工業全体の総生産額と総利潤額に占める外資のシェアは,ほぼ30%で推移している。分野別で見た場合,外資系企業の存在がさらに目立つ。表6-5に示すように,外資系企業の主な産業でのシェアはかなり高い。近年,

海外からの対中直接投資は,中国の中核的な機械設備メーカーを買収するケースが急に増えた。また,外資による技術移転の効果が疑問視される中,中国企業として最も技術水準の高い部分が逆に次々と買収の対象となったことが,外資による産業支配への警戒感が一気に現実味をもつ契機となった。[28]

金融自由化のあり方への不安も国家経済安全意識が台頭した理由であった。96年,中国はIMF8条国への移行によって人民元の経常項目での交換性を実現し,07年末をもってWTO加盟後の金融分野における5年間の猶予期間も終了した。これらの国内金融市場の一層の自由化が中国経済に今後どう影響を及ぼすかは,大量の得体の知れない資金が海外から流入している中で,大きく注目されている。[29]中国の株式・不動産市場でのバブルが海外のホットマネーとの関係を指摘されている中,07年9月22日,胡錦濤共産党総書記は,共産党政治局での国家経済安全をテーマとする勉強会で,「金融は国家の第2国防」であるとの認識を示し,ようやく中国指導部の意識の変化を窺わせた。[30]

(3) 「市場」・技術交換論の破綻

外資見直し論の台頭の底流には,外資による技術移転への幻滅がある。中国の外資政策は改革当初,日本とりわけアジアNIEsの貿易立国,輸出志向型工業化の影響を強く受けていた。その中で,最も期待されたのは,中国の技術進歩への促進効果である。その後,加工貿易がもたらす輸出拡大は,外資系企業の技術移転の成果として解釈され,90年代に入ってから,「市場でもって技術と交換する」という考えが急速に広がった。この言説の影響で,自ら研究開発を行うよりも国内市場を譲ることを交換条件に,対中進出する多国籍企業に技術移転してもらう方が効果的であるという認識が限りなく増幅され,外資導入政策に対する批判をかわす強力な武器にもなった。

ところが,凄まじい外資の対中進出にもかかわらず,中国の技術水準の向上に顕著な貢献が認められず,逆に自動車産業のように自主的研究開発能力を奪われる実態が明らかになるにつれ,「市場でもって技術と交換する」との考え方は近年痛烈な批判を受けることになった。

中央の科学技術政策を統括する中国科学技術部の梅永紅弁公室副主任の指摘は最も代表的である。「20数年の対外開放は技術革新という核心課題で満足できる結果を残していない。自動車などの重要産業分野で我々はほとんど世界で

も最大級の市場開放を行った結果，逆にもとの技術革新力をすべて喪失してしまった」(31)。

　技術の対外依存は，外資導入のあり方が不安視される大きな原因である。ある自動車業界の専門家によると，自動車産業の大規模な外資導入が，外資にきわめて強い依存性をもたらし，中核技術が依然として外資側に握られているため，「市場でもって技術と交換する」はあくまでも幻想にすぎないという(32)。李斌らも，産業技術の対外依存という陥穽，また見えない技術的"ブラック・ホール"が，中国を含む発展途上国を先進国の技術体系に吸い込ませようとしているとして警鐘を鳴らしている(33)。

　スピルオーバー効果は，従来から，直接投資の技術移転効果を評価する際に使われる主な論拠である。しかし，中国ではこれに否定的な研究報告がむしろ主流となっている。鄭秀君は，①多国籍企業の中核技術の多くは親会社や海外から得ているうえ，独資会社の存在もあって技術移転は主に多国籍企業の内部で行われる，②中国系企業は多国籍企業のこのような技術体系に入れないためスピルオーバー効果が制約される，③外資系企業で技術を握るスタッフは親会社からの派遣で中国企業への流出はほとんどない，としてスピルオーバー効果を否定した(34)。北京市の多国籍企業に関する近年の実証研究でも，スピルオーバー効果はほとんど確認できないという結果が報告されている(35)。

　科学技術部副部長劉燕華は，「市場でもって技術と交換する」に対して，「この考え方はまったく通用しない。自己欺瞞だ」と厳しく批判した(36)。また，同じ科学技術部の徐冠華部長は，06年6月に「真の中核技術は買えるはずがない」と発言した(37)。

第4節　「努力代替型工業化」の行方

（1）　内需拡大と市場主義の修正

　07年10月，胡錦濤総書記は，第17期共産党代表大会の報告の中で，経済発展モデルの転換と産業構造高度化の必要性を訴え，従来の投資・輸出依存型の成長方式から，消費・投資・輸出の協調による成長方式への転換をはかるべきだと強調した。また，対外経済政策については，これまでの対外貿易の成長方式を改め，加工貿易の構造転換をはかる方針を明らかにした。

要するに，成長の手段を投資・輸出偏重から消費重視に転換すること，産業構造転換のため，加工貿易のための外資政策の見直しが必要なことを指摘したのである。中国の経済構造から見れば，正鵠を射た指摘である。

問題の鍵は，如何にして家計消費を促進できるかである。前述のように，それは，改革以降の分配・所得構造および産業の低賃金構造の変革なくしては達成できない。つまり，拡大しすぎた所得格差を是正するため，如何なる平等化政策を講じるかである。この問題の重要性が次第に認識されたため，近年政策当局は，労働政策，社会福祉政策，農業政策などの平等化対策を打ち出した。

04年3月，中国労働・社会保障部（現在の人力資源・社会保障部）が「最低賃金規程」を公布し，地方に最低2年に1回の賃金調整を行うことを求めた。これにより，04～06年の約3年間，中国各地の賃金率は平均1.9回の調整が行われ，最低賃金水準の30％以上の引き上げが見られた。[38]

07年6月，中国では「労働契約法」が批准され，08年1月から実施された。労働側と雇用側との労働契約を結ばせることで労働者の立場を強化することを目的とするこの法律は，労働側の権利を大きく強化しただけでなく，海外資本の対中進出にも大きな影響を及ぼしている。

農業政策の転換については，既述の農業税廃止の他，農村義務教育の授業料の完全免除，農村の行政職員・学校教員の給与の財源保証，といった強力な農民・農業支援政策を打ち出している。また，03年7月から一部の農村で行われていた「新型農村合作医療制度」も徐々に本格化し，07年6月末に，全農村人口の83％に相当する7.2億人が農村の新しい医療制度を受けることになった。[39]

都市の医療保険制度の再整備は，06年から本格化し，現在「医療改革方案」について広く意見を集めている段階にある。中国政府は，2010年に人口の9割に適用できる医療保険制度の整備を視野に改革案を検討しているという。[40]

これらの政策は，実質的に国民所得の再分配のため，消費需要を促進する効果が期待できる。また，この一連の政策の多くが，06年10月に「調和的社会」を目指す方針が打ち出された後，本格的に動き出したのも大きな特徴である。すなわち，近年の中国の平等化政策は，家計消費を促進すると同時に，社会の融和を求めていることは明らかである。

これらの平等化政策は，政策目標と現実との間にまだかなりの乖離があることから，消費促進策として奏功するか否かは，現段階では断定できない。しか

し，一連の社会セイフティーネット構築の方向性からして，80年代，90年代の市場主義を大きく修正したという点で，大きな進歩であったと評価できよう。

他方，胡錦濤報告にみられるように，対外貿易の成長方式を改め，加工貿易の構造転換をはかるという表現は，実質的には加工貿易を中心とした外資政策の転換を意味するものである。第3節で述べたように，外貨準備の急増と貿易摩擦の圧力で，従来のような加工貿易方式に対する見直し論が中国で急速に台頭してきた。これを受けて，中国政府はここ数年，対中直接投資を選別する効果をもつ一連の政策を打ち出した。その中で，上述の「労働契約法」以外に，以下のものが重要である。

1．「企業所得税法」とその細則の「企業所得税法実施条例」（08年1月に実施）。外資系企業に対する優遇税制を一部の例外を除き基本的になくして，中国系企業と同じ25％の法人税率を適用する。技術水準が高くない外資系企業の税的優遇をなくすことで，中国系企業の競争力を強化する他，これによって，外資系企業と中国資本企業の租税回避・脱税問題の防止にも繋がる。[41]

2．輸出増値税還付率の変更。輸出拡大を促進するための輸出税還付制度だが，近年，貿易摩擦の回避と省エネを目指して，資源・エネルギーを大量に消耗する多くの輸出製品に対して，税還付の取消しと還付率の引き下げを行った。

3．加工貿易禁止品目リストの変更。99年から，政府は加工貿易品目を「禁止類」，「制限類」および「許可類」に区別した商品分類管理を始め，製品が「禁止類」と指定された場合は，加工貿易としての税制優遇が受けられなくなった。06年と07年に，政府は数回にわたって，大量の畜産物・鉱産物などの一次産品・加工品を載せた「加工貿易禁止類商品目録」を発表して，資源浪費型・環境破壊型の加工貿易企業の規制をはかった。

4．「外国投資者による国内企業M＆Aに関する規定」（06年9月に実施）および「独占禁止法」（08年8月に実施）。近年，中国の主要企業への外資による大型買収案件が急増したため，「国家経済安全」と「独占禁止」という概念を導入することで，海外資本による産業支配を防ぐ。

このように，中国がわずか2，3年の間に，加工貿易型の対中投資を抑えると同時に，外資による産業支配を防止するための法・規程を矢継ぎ早に制定したことによって，中国の外資政策は新しい段階に入ったといえよう。

（2） 産業構造の転換は可能か

　しかし，これらの外資政策の転換は，遅きに失したのではないかと思われる。問題の核心は，外資系企業の存在が大きくなりすぎたことにある。低賃金労働を求める外資系企業によって，「世界の工場」となった中国は，その産業構造を低賃金すなわち低付加価値的なものに変えさせられたのである。

　中国のカラーテレビ産業を例に見よう。現在，世界の半数以上のカラーテレビを生産している中国のテレビメーカーは，経営がかなり苦しい。96年に，中国系企業は外国・外資系企業の製品を抑えて国内市場でのシェアを大きく伸ばしたが，2000年にはほとんど赤字経営に転じた。LCD（液晶テレビ），PDP（プラズマテレビ）といった薄型テレビの時代に入ってからも，状況はほとんど変わらない。中国で薄型テレビが普及し始めた05年には，中国系企業の主力の液晶テレビの純利益率は，すべてマイナスとなったのである。[43]

　利益が出ない主な原因は，生産コストの60％を占める液晶パネル・プラズマディスプレーパネルおよびその駆動回路の内製化・国産化ができていないからである。これらは主に日本，韓国および台湾から輸入している。また，輸入品に頼っているCPU（Central Processing Unit）も約20％のコストを占める。中国企業は，事実上組み立てを行うだけで，残り20％の部分で利益を出さなければならない。[44]

　しかし，利益率が低いにもかかわらず，中国系企業は揃って価格競争に走る。赤字を覚悟して低価格で市場シェアを広げてから損を取り戻すのが，最も現実的な選択だからである。もともと中核技術のなさが問題だが，低価格でしか製品が売れなければ，当然研究開発のための投資はなおさらできなくなる。

　すなわち，「低価格の構造化」という現象が生まれているのである。米国の経済学者ヌクセ（Ragnar Nurkse）がかつて唱えた「貧困の悪循環」[45]にちなんでいえば，中国の現状は，低技術→低価格→低利潤→低研究開発力→低技術，という「低価格の悪循環」によって説明できよう。しかし，中国が直面している最大の問題はむしろ，たとえ問題の在り処がはっきりしていたとしても，「低価格の悪循環」を打ち切るための有効な対策がないということである。その理由は，以下の3点である。

　第1，大量の海外投資と外国製品の流入によって，中国の国内市場が過度に「国際市場化」した。このため，消費者が成熟度の高い外資系企業製品か輸入

品を選好する傾向が非常に強い。

　第2，外資系企業との賃金格差によって，国内企業は新卒の人材だけでなく，すでにいる人材をも引き止めることが困難な状況に置かれている(46)。

　第3，中国企業そのものの消失である。大量の外資系企業の存在は，徐々に中国の同業者を市場から淘汰する結果を生み出し，たとえ中国が自主技術の開発を重要視する政策を今後採ろうとしても，すでにそれを行えるような母体が存在しないという問題が起きている(47)。

　市場での認知度が低いため，製品は開発されても売れない。開発投資が回収されないため，商品の改良も新製品の開発もできない。すなわち，自社よりもはるかに知名度や実力が高い外資系企業が競争相手として大量に国内に存在していれば，発展途上国の本国企業による商品の付加価値を上げる努力は報われにくく，低価格で低所得層にしか販売できない。「低価格の悪循環」は，まさにこのように植え付けられ，強化されているのである。「低価格の悪循環」は，いうまでもなく「低賃金の悪循環」または「低所得の悪循環」を意味するもので，この循環が続く限り，消費需要の拡大も空論にすぎない。

　企業の場合，未熟な商品でも買い手があれば育っていく。このため，日本も韓国もそうであったように，国内市場を多国籍企業から遮断して国内企業に「失敗を許す空間」を残しておく必要がある。この空間がなければ，自由競争だけでは後進国の産業は育成できない。

（3）「努力代替型工業化」の代償

　これまで述べてきたことを整理しよう。

　近年，中国政府は，2つの大きな方針転換によって，いわゆる「改革」に対する改革の姿勢を鮮明にしている。一つは，経済格差の是正を主眼とする「調和的社会」の構築である。いま一つは，成長戦略を輸出依存から内需依存へ切り替える「内需拡大」である。前者と後者は，政治と経済との力点の違いがあるものの，相互に大きく影響しあうものである。

　改革路線の転換がなぜ必要なのか。これについては，誰が経済成長を牽引しているのか，誰が経済成長の果実を享受しているのか，というこれまでの議論を見れば，むしろ自明のことである。しかし，より重要なのは，これほど問題の多い改革路線を受け入れた社会的エートスとは何だったかである。なぜ，

「市場で以って技術と交換する」のような,当時から見てもきわめて短絡的,場当たり主義の論法が軽々と提起され,軽々と受け入れられたのであろうか。

ここで,中国の外資政策を例に検討しよう。

外資導入の目的はそもそも非常に明瞭で,技術水準の向上,企業経営管理の改善および資本不足の解消であった。少量の直接投資の受け入れによって,国内で国内資本企業の手本を作り,その技術と経営管理ノウハウの波及効果を期待していたのである。しかし外資導入は,いつの間にか対外開放の代名詞に変わり,また直接投資の誘致は外資導入の中心内容へと変わった。

この開放政策の変質をもたらした背景には,80年代の改革の不調がある。耐乏生活への大衆の不満が中国経済改革の出発点である。その意味では,海外の物的消費水準に駆り立てられた大衆の消費欲望をいかに短期間に満たせるかは,改革の成否を握る鍵となる。だが,改革を始めたからといって,中国は先進国並みの消費欲望と後進国的生産力との格差を短期間で解消できるわけではない。

外国直接投資は,まさに大衆の不満を吸収するための即効薬となった。外資系企業が生産した消費財は大衆の消費欲望の渇きを潤し,加工貿易は大量の外貨準備と雇用を創出し,外資進出による沿海都市の急速な近代化は人々に自信を呼び戻した。ある意味では,中国の外資導入政策は,徐々に最初の目的から遊離して,先進国との消費競争における大衆の政府への不満を和らげるための政治体制の安定化装置に変わった。

外資導入の肯定論者は,アジアNIEsの外資導入による「輸出志向工業化」を成功例として好んで取り上げていた。奇怪なことに,このNIEs経験に絶大な信頼を見せた中国で,それが手本となる可能性に関する地道な研究分析を行った形跡は皆無であった。肯定論者たちにしてみれば,アジアNIEsの成功は頗る単純な問題で,つまりテキストが示した国際分業理論に沿って自由貿易を行った結果,テキスト通りの成功を収めただけである。

一方,興味深いことに,肯定論者たちは日本の経験への言及を注意深く避けているのである。第二次大戦後,日本は資本自由化の圧力にもかかわらず,外資による経済支配への警戒から,受け入れた直接投資はわずか3.3億ドルにすぎない[48]。外国直接投資に頼らず,政策当局と民間の創意と工夫でもって近代化が達成できるというのは,日本の経験が最も強く示唆することであろう。

なぜ日本の経験を敬遠しアジアNIEsの経験に飛びついたのか。2つの経験

を比べれば，日本の経験の方が政策立案者の技量や国民への教育などの面でははるかに難度が高いことは明らかである。中国にNIEsの道を選ばせたのは，改革とともに蔓延した自由放任主義のイデオロギーである。つまり市場原理という見えざる手さえ導入すれば，一切の計画や政策が不要なものとなり，何もかも自動的にうまくいくと考えられたのである。同じように，直接投資が入れば，技術から資金まで，生産管理から販路確保まで，外資系企業が全部賄ってくれるので，自力で模索するよりはるかに楽である。中国でNIEsの経験がもてはやされた理由は，この即効性のある外資導入政策をより堂々と進められることにある。これは，他力本願の心理を市場原理の大義名分で粉飾することと一脈相通ずるのである。

外資導入を経済開発に利用すること自身は，特別に問題のある選択ではない。問題は，外資を受け入れると同時に，自力で行える技術革新力を蓄積し，先進技術の伝播・波及が効率的に機能するメカニズムの構築を急がなければならないことである。その基本的な努力を怠って，ただ大量の外資導入によって問題を糊塗するのは，手段と目的との本末転倒になる。中国の外資導入運動は，本質的には一種の「努力代替型工業化」であるといえよう。

量の変化が質の変化をもたらす。「努力代替型工業化」の下で隆盛をきわめた加工貿易は，中国経済の対外依存度を急激に押し上げたと同時に，中国の産業構造高度化の可能性まで喪失させようとしているのである。

おわりに

08年9月30日，胡錦濤総書記は農村改革30年を記念するため，安徽省鳳陽県にある小崗村を視察した。小崗村は，78年に農村で請負責任制を最初に試みたとして知られるところである。しかし，小崗村も大半の中国農村と同様，改革直後を除き，04年の農政大転換までは経済成長の恩恵に浴することはなかったのである。

「04年一号文件」以降，中国政府は農業税廃止以外にも，農業・農民への移転支出を年々増額して，農村・農業の安定化に全力を挙げている。

第2節で見たように，市場経済志向の農村改革は地域格差を広げ，食糧の大減産を招来した。04年以降は，新農政の発動で，食糧生産は順調に回復し，一

連の農民増収策もある程度奏功したため,農村は一時に比べ落ち着きをとり戻しつつある。

　一方,中国経済の将来を決定するのは,やはり製造業である。この場合,先述の「努力代替型工業化」がもたらす影響は,おそらく今後長きにわたって中国経済のあり方を性格づけるであろう。これを打破して産業構造の高度化をはかるには,企業は技術革新ができる力をもつことが先決である。しかし,ある程度閉鎖的な空間の中で製品を磨くという「失敗を許す空間」を,外資系企業の大量存在で事実上喪失した中国企業にとっては,どのようにして効果的な研究開発を進められるかが,やはり大変な難題である。この意味で,自由放任主義のツケは非常に重いといわざるを得ない。

注

(1) 『中国経済時報』2007年3月12日。
(2) 袁富華「消費圧抑,増長失衡及対策」『中国国情国力』2008年第8期,33ページ。
(3) 「中国経済網」2007年12月10日 (http://finance.ce.cn/bank/scroll/200712/10/t20071210_12742830.shtml)。
(4) 同上。
(5) 同上。
(6) 『南方日報』2006年3月29日。
(7) 劉強「誰擠占了消費需求──教育医療住房三大支出負担過重」『中国国情国力』2006年第10期,16ページ。
(8) 同上,18ページ。
(9) 『中国経済時報』2008年1月3日。
(10) 鄭海東「自由放任主義は何をもたらしたか」『世界』2001年3月号,95〜96ページ。
(11) 『南方週末』2007年9月27日 (http://news.sohu.com/20070927/n252384342.shtml)。
(12) 鄭海東「食糧事情の急変と中国農業政策の大転換」『世界経済評論』2008年12月号,39ページ。
(13) 2002年の数値については,『中国統計年鑑』では微増となっているが,他の多くの文献では減産となっている。また,99年は98年に比べ減産となっているが,生産量は需要量を上回る高い水準を維持していたことから,あまり「減産」と見

られず，今回の食糧減産の期間を2000年から03年までの4年間と見るのが一般的である。
(14) 『中国工商時報』2004年12月22日。
(15) 『中国青年報』2003年10月8日。
(16) 鄭海東，前掲論文（注12），41～42ページ。
(17) 『経済学消息報』2000年5月19日。
(18) 加工貿易とは，中国における"三来一補"（来料加工，来件装配，来様加工および中小型補償貿易）のうち，来様加工を除く貿易方式を指す。来料加工は無償供与された原材料を加工して輸出する方式で，事業者は加工賃だけを受け取る委託加工方式。
(19) ただ，中国の外貨準備のうち，海外からのホットマネーおよび加工貿易関連企業の不正操作による水増しが多く含まれていることは大方の見方である。スタンダードチャーターバンクのアナリストによれば，06年の中国貿易黒字1775億ドルのうち，貿易と関係のないものが65％にも上っているという（『光明観察』2007年8月23日，電子版）。
(20) 『証券日報』2007年12月12日。
(21) 課題組「我国高新技術産業発展現状」『中国国情国力』2007年第4期，35ページ。
(22) 郭峰濂・盛水源「我国高新技術対外貿易発展特点・問題点及び対策」『国際貿易』2006年第11期，17ページ。
(23) 馮雷・李玉挙「2万億美元大関的期待——盤点我国外貿増長的顕著変化」『国際貿易』2007年第9期，20ページ。
(24) 所得交易条件とは，純交易条件に輸出数量指数をかけた積である。
(25) 許士春・何正霞「我国的経済効率分析」『国際貿易問題』2008年第6期，33ページ。
(26) 張松濤「前面提高開放型経済水準的若干問題」『国際貿易』2008年第1期，6ページ。
(27) 『瞭望新聞週刊』2005年7月18日（第29期），17～18ページ。
(28) 鄭海東「中国経済の新局面——変化する外資政策と投資環境」『年報 東アジアと地域経済』福井県立大学，2008年，41ページ。
(29) たとえば，06年上半期の中国の外貨準備2662億ドルのうちの1192億ドルは身元が不明だという。『中国経済時報』2007年10月30日。
(30) 同上。
(31) http://news.xinhuanet.com/fortune/2005-11/29/content_3851213.htm
(32) 『中国経済時報』2005年11月23日。

(33) 李斌・王文韜「我国産業的自主研発能力幾乎已経全軍覆滅」『中国社会導刊』2003年1月号（http://tech.sina.com.cn/it/2004-12-27/1018485409.shtml）。

(34) 鄭秀君「外商在華直接投資（FDI）技術溢出渠道的実証研究──対上海浦東地区外商投資企業的問巻調査」『世界経済研究』2006年第5期，56〜57ページ。

(35) 謝光亜ほか『跨国公司在中国的投資分析──以北京為例的実証研究』経済管理出版社，2000年，226〜227ページ。

(36) 『北京青年報』2006年3月15日。

(37) 『中国青年報』2006年6月10日。

(38) 『中国経営報』2007年7月9日。

(39) 『人民日報』2007年9月6日。

(40) 『南方日報』2008年10月21日。

(41) 鄭海東，前掲論文（注28），38ページ。

(42) 鄭海東「中国経済　好調の死角」『世界』2001年12月号，239ページ。

(43) 『中国経営報』2006年11月13日。

(44) http://qq.cheaa.com/public/info_selinfo.asp?info_id=7617&bar_id=55

(45) Ragnar Nurkse, *Problems of Capital Formation in Underdeveloped Countries*, Oxford Basil Blackwell, 1955, p. 58.

(46) 鄭海東，前掲論文（注42），240ページ。

(47) 同上論文。

(48) 日本関税協会『貿易年鑑1974年版』日本関税協会，1975年，191ページ，科学技術庁『外国技術導入年次報告1984年版』51ページ。

第7章
中国の成長と金融制度改革

吉田真広

はじめに

　中国の金融システムは，1978年の改革・開放政策以降に至るまで，間接金融，直接金融，国際金融の何れの分野・機能においてきわめて限定的であった。しかし，1978年の改革・開放政策を契機とした市場経済の積極的かつ急速な導入による実体経済の構造変化に伴って，金融システムも急速な変化を遂げてきた。

　中国の金融改革は，大勢において市場化・資本主義化の方向であることは確かであるが，現在のところ，中国独自の政治・経済体制を反映している側面もある。すなわち，中国における金融改革は，たとえば90年代に急成長を経験した他のアジア諸国とは明らかに一線を画している。また，日本におけるバブルの形成と崩壊による深刻な経済不況やアジア経済・金融危機も，市場経済と資本主義経済の不可避的摩擦として，市場化をさらに押し進めようとしている中国に強く印象付け，いくつかの軌道修正をもたらした面もある。もちろん，近年の金融にかかわる諸問題の発生から制度改革が再考されたのは中国だけではない。何より当の日本がバブル崩壊後，制度改革を促進したのであるが，その方向は市場原理に一層依存した金融制度の構築であった。他方で，マレーシアのように外資導入に関して一定の規制を導入したケースもみられた。また，韓国も金融の国際面において規制が少なくない。一般に，金融危機の発生局面や金融システム不全の恐れがある場合，金融市場と金融機関の失敗を調整または他の経済主体に転嫁することは，経済政策として当然であろう。ここでの規制とは，そのような局面ではなく，景気と金融の拡大局面においても存在する，いわば事前的な規制と裁量性の問題である。

　中国の場合，将来の経済計画と方向性が示されているものの，この後市場化

を限りなく追求し，最終的に全面的な規制緩和に行き着くのか，または一定の規制とコントロール性を残そうとしているのか，なお不明な点も少なくない。中国の金融制度が先進資本主義国と同質になるとすれば，それはもはや社会主義市場経済ではなく，ほぼ全面的な市場経済化，資本主義化の達成を意味する。このことは，とりもなおさず，市場経済の果実の拡大とともにその矛盾をも享受し，政府が現在一定有している経済と市場に対するコントロール性を縮小させ，恐らく何れは政治体制自体の自己否定に結びついていくであろう。

以下，この問題を念頭に置きつつ，中国におけるこれまでの金融制度改革の経緯を概観しつつ，銀行制度改革と証券市場改革における現状，人民元の国際化の問題について検討していこう。

第1節　改革・開放後の新たな銀行制度の生成と展開

改革・開放政策以前の中国における金融システムは，中央銀行としての中国人民銀行（1948年に華北銀行，北海銀行，西北農民銀行を統合して成立），外国為替銀行としての中国銀行（1953年），人民公社下で運営されていた農村信用合作社（1959年）によって構成されていた。人民銀行の基本的業務は通貨発行，預金受入，決済であった。当時の中国経済における主要な資金の流れは，公的企業（国営企業および集団所有企業）の必要資金が政府財政から供給され，利益の一部が政府へ吸収されるという，いわば，金融というよりもむしろ財政の歳出と歳入において果たされる機能に近いものであり，財政と金融は明確に分離されていなかった。また，民間の市中銀行が存在していないため，人民銀行は商業銀行業務も兼ねていた。このことは，当時，中央銀行による金融政策の必要性が小さく，またそれゆえに「銀行の銀行」としての機能が限定的なものであったことを意味している。

しかし，改革・開放政策以降，金融構造は経済実態の変化に伴って大きく変質する。まず改革・開放政策を受けて，1979年以降，国家専業銀行として分野ごとに，中国銀行，中国工商銀行，中国建設銀行，中国農業銀行の国有4大銀行が人民銀行から機能分離して，政策金融業務を担うことになった[1]。その基本的機能は国営企業（現在の国有企業）への潤沢な資金供給である。国有セクターの比重が大きかった当時の経済構造を考慮すれば，この政策金融業務は商業銀

行的機能をすでに含んでおり，その機能についての人民銀行からの移行を意味していたといえよう。

　農村非国有企業である郷鎮企業は改革・開放以前から徐々に増大していたが，市場経済の導入によって非国有セクターの経済も一層拡大した。商業銀行分野においては，地方政府や地元企業の出資する株式制銀行（交通銀行86年—上海，招商銀行86年—深圳，深圳発展銀行87年，中信実業銀行87年—北京，広東発展銀行88年，興業銀行88年—福州，華夏銀行92年—北京，光大銀行92年—北京，上海浦東銀行発展銀行92年，民生銀行96年—北京，恒豊銀行03年—煙台，浙商銀行04年杭州，渤海銀行04年—天津など）が設立されていった。これらの銀行は国有銀行に比べて信用力が劣るものの，外国銀行との提携（交通銀行はHSBC，上海発展銀行はシティバンクと資本提携）や金融商品の開発などを行って資本主義国の銀行に対する競争力を強めてきた。他方で，信用拡大をきわめてリスキーな事業にまで広げているものもある。すなわち，これら商業銀行は，利益基盤の拡充・強化とともに市場経済を通じた架空的信用への拡大も含めて，資本主義銀行の特質を強めつつあるといえる。また，外国銀行による事務所や営業拠点の開設が認められ，これらも商業銀行業務の一翼を担うことになる。ただし，外国銀行は預金吸収力などにおいて現地銀行に圧倒的に劣るため，現在に至るまでその主要業務は自国の進出企業への資金供与にとどまっている。[2]

　1993年における「金融体制に関する国務院の決定」は，中央銀行，政策銀行，商業銀行の機能についての一層の機能分離と今後の各方向性を規定した。まず，人民銀行においては，中央銀行としての機能が強められた（1995年，人民銀行法施行）。具体的には，まず各省政府からの介入排除が明記され，1999年には人民銀行の各省支店を全国9支店に統合した。これは，各省政府からの資金供与要請に煩わされることなく，市場全体の通貨価値の管理や金融市場の監督などを担う中央銀行としての機能を強めたことを意味する。また，人民銀行による財政資金供与を禁止し，資金経路に関する財政からの分離が図られた。ただし，政策運営にかかわる独立は達成されていない。人民銀行法の下では，金融政策は国務院の決定に従うことになっており，中央政府の関与は排除されていない。

　国有銀行（中国銀行，中国工商銀行，中国建設銀行，中国農業銀行）については，後述する不良債権の拡大を背景にして，その政策金融業務が停止され，これらに代わって政策金融業務を専門とする国家開発銀行，中国輸出入銀行，中国農

業発展銀行が1994年に設立された。他方,国有銀行は政府の経済計画に基づく業務を行っていた国家専業銀行から市場における自主的な信用供与業務を行う国有商業銀行へと転換した(1995年,商業銀行法施行)。

その他,96年には銀行・保険・証券・信託の兼業禁止,不正や投機の一因ともなったノンバンクの業務の明確化,ノンバンクの資金源となったコール市場の全国統一銀行間市場の創設なども示された(3)。さらに,2001年のWTO加盟以降,金融・銀行業務の対外開放を約束した中国政府は,金融分野の国内ルールを国際的基準に変更し,競争力をもつ地方金融機関の創設を進めてきた。

第2節　不良債権問題と金融制度改革

中国では経済構造の転換と成長が進む中,事業プロジェクトや企業への融資の増大とともに不良債権も増大した。中国の銀行が90年代において巨額の不良債権を抱えるようになった主要な要因は,次の2つである。

一つは,国有銀行による国営企業への融資に関係した要因である。80年代後半以降,地方におけるプロジェクト融資の決定権の一部が地方政府に移された結果,成果主義的視点を強くもつ地方政府が,業績悪化が確実な国有企業や成功の見込みの薄いプロジェクトなどにも融資拡大を推し進めたため,その後債権の不良化が拡大した(4)。また,国有企業が民営企業や外資企業との競争にさらされ,その業績が悪化したことも不良債権増大の要因である。企業側からみれば,返却不要の財政資金による資金供給に依存し,採算性を重視してこなかった,これまでの企業経営のあり方からの転換が遅れたことが指摘されよう(5)。

もう一つは,株式銀行をも巻き込んだ土地投機を含む投資ブーム拡大に由来する不良債権の発生である。1992年の鄧小平による「南巡講話」を契機として,投資および投機ブームが発生した。その一部は信託投資会社,ファイナンスカンパニーなどのノンバンク(金融公司)によって担われており,その乱立を招くことになった。擬制資本バブルを含む投資ブームに加えて,こうしたノンバンクの乱立や違法行為の発生によって,ブーム全体の資金供与源となっていた銀行は不良債権を増大させたのである。

これら2つの要因のうち,前者の要因は,主として中央政府と地方政府との関係および地方政府と国有企業との関係という,いわば中国における独自の政

治・経済構造と急速な市場経済化との齟齬に由来している。これに対して，後者の要因は，ノンバンクの急拡大など市場経済導入後初の本格的投資ブームという中国独自な側面はあるものの，擬制資本および投機を含むバブル的部面への銀行信用の拡大を要因として発生している点では，資本主義国の不良債権問題と類似しており，市場経済自体に起因する側面が強い。中国における不良債権問題の特徴は，これら両方の要因を含んでいたことにある。ただし，貸出額の大きさや不良債権問題の深刻さから，中央政府による対策および改革の中心的対象は前者にあったといえる。

　前述した1993年の「金融体制に関する国務院の決定」は，このような不良債権問題発生・深刻化の渦中において出された。1994年の国家専業銀行における政策金融業務の停止と融資判断の自主性の獲得（国有商業銀行化）は，国有銀行における不良債権拡大の大きな要因となった地方政府から干渉を排除するとともに，自主判断による融資規律の確立を狙いとしていた。

　1998年には国有商業銀行に公的資金が注入された。また，翌年には国有商業銀行が資産管理会社としての金融資産管理公司（AMC）を設立し，不良債権の一部を簿価でこの資産管理会社へ売却した。これらの措置は，一つには，不良資産の売却によって，国有商業銀行本体が不良債権をオフバランス化し身軽になるという効果をもたらす。また，金融資産管理公司の資本金は財政が負担し，不良債権の買取資金は人民銀行と国有商業銀行が拠出しており，このことは公的資金注入とともに，国有商業銀行の不良債権負担を人民銀行および財政に一部転嫁したことを意味している。98年には，銀行貸出債権のリスク分類基準の改定も行われている。その後も中国銀行と建設銀行への再度の資本注入を行い，自己資本比率の向上と不良債権処理を進めつつ，2004年にこれら2行の株式銀行化を行った。他の国有銀行2行についても自己資本比率の向上が進められてきている。

　1996年における全国統一のコール市場の創設も，不良債権問題への対処を念頭に置いた資本主義的銀行制度の整備の一環である。この改革は，一部で投機や違法行為をも招いたノンバンクの資金源となっていた各都市内でのコール市場（1986年取引開始）を全国統一の銀行間市場に変えるものであった。もちろん，この変革はこうした問題への対処に留まるものではなく，全国的な資金の偏在の解消，全国統一の金利体系の形成，金融政策の全国的波及経路の確立という

表7-1　中国商業銀行の不良債権残高と不良債権比率

	全商業銀行		国有銀行(SOCBs)		株式銀行(JSCBs)		都市商業銀行		農村商業銀行		外国銀行	
	残高(億元)	比率(%)	残高(億元)	比率(%)	残高(億元)	比率(%)	残高(億元)	比率(%)	残高(億元)	比率(%)	残高(億元)	比率(%)
03年12月	24,406	17.80										
04年12月	17,176	13.21	15,751	15.57	1,425	4.94						
05年12月	13,134	8.61	10,725	10.48	1,472	4.22	842	7.73	57	6.03	38	1.05
06年12月	12,549	7.09	10,535	9.22	1,168	2.91	655	4.78	154	5.90	38	0.78
07年12月	12,684	6.17	11,150	8.05	860	2.15	512	3.04	131	3.97	32	0.46

注：全不良債権残高は，2004年まで4大国有商業銀行と株式商業銀行12行，2005年から都市商業銀行，農村商業銀行，外国銀行を含む。
資料：中国銀行業監督委員会website資料より作成。

質的に高度化しつつある市場経済に適応した銀行制度の構築を主要目的としたものであった。

　他方では，資本主義先進国において進められてきた金融改革とはやや質的に異なる改革の方向もみられる。銀行・保険・証券・信託の兼業禁止（2001年信託法施行）やノンバンクの業務の明確化である。前者については，不良債権問題や不正取引問題などに対処するための事後的なものか，市場経済の展開とともに必然的に発生する投機性を制限した予防的なものかが問題である。日本における金融改革では，中国の改革とは異なり，不良債権問題の深刻化と同時進行で金融各分野の兼業規制が撤廃されてきた。後者については，特に地方政府が出資した国際投資信託公司が債務不履行になり，債権者被害が拡大したことを踏まえて，中央政府と人民銀行のコントロール性を増大しつつノンバンクの整理統合が進められた（2001年信託投資管理規制）。

　以上のような不良債権対策や高成長の持続を背景として，中国商業銀行の不良債権比率は近年かなり低下してきている（表7-1）。2003年末に不良債権残高は2兆4406億元で，不良債権比率は17.8％であったが，2007年末にはそれぞれ1兆2684億元，6.17％に急速に縮小した。国有商業銀行における不良債権比率は他の商業銀行よりも高いが，それでも2007年末には8.05％に縮小した。国有商業銀行の不良債権の多くは中国農業銀行によるものであり，中国農業銀行を除くと不良債権問題はほぼ峠を越えたとされている(7)。

第3節　中国の間接金融における制度改革の特質

　改革・開放政策以降，とりわけ1993年の「金融体制に関する国務院の決定」以降における金融制度改革は，急速な経済成長とともに発生した資金需要の拡大や不良債権問題などに対処しつつ，市場経済に適合した制度構築を目的として進められてきた。中国における銀行制度改革には，一方では，市場経済における資金需給の質的変化および量的拡大に対処するための改革という側面があり，これは資本主義国においてその経済発展とともに進められてきた制度改革と共通している。しかし，他方ではその対処の仕方自体に資本主義国にはみられない体制上の独自性もみられる。

　前述の銀行制度改革のうち，株式銀行の認可，国家専業銀行の国有商業銀行化，銀行貸出債権リスク基準の改定，金融分野の国内ルールの国際的基準への変更などについては，確かに市場経済と資本主義に適合した金融システム形成のための改革といえるであろう。また，国有銀行への資本注入や不良債権の金融資産管理公司への移管は，市場経済の円滑性が失われた際，いわば一時的に統制的色彩が強められる過程で行われる政策であり，近年，資本主義諸国においても行われてきた。[8]

　しかし，人民銀行の中央銀行としての独立性強化，地方政府の介入を排除するための人民銀行の地区分行設立，全国統一の銀行間市場の開設などについては，一見，全国規模の市場経済を円滑に運営するための改革ともいえるが，国務院による人民銀行への強い関与が維持されている構造においては，中央政府による集権的な構造を強化したともいえる（図7-1）。つまり，市場経済下の実体経済への効率的かつ潤沢な資金供給という側面と中央政府の監督機能の強化という側面の両方が含まれている。むしろ見方によっては，市場経済化の中での新たな統制形態を形成するための改革といえなくもない。こうした統制色が不良債権問題への一時的な手段として今後縮小していき，市場性を強める方向へ変わっていくのかどうかは，現在のところ判断できない。

　さらに銀行・保険・証券・信託の兼業禁止については，あたかも金融領域における市場化と逆行しているようにもみえる改革内容である。もちろん，これも不良債権，不正取引，投機などが発生した経済局面における一時的な事後的

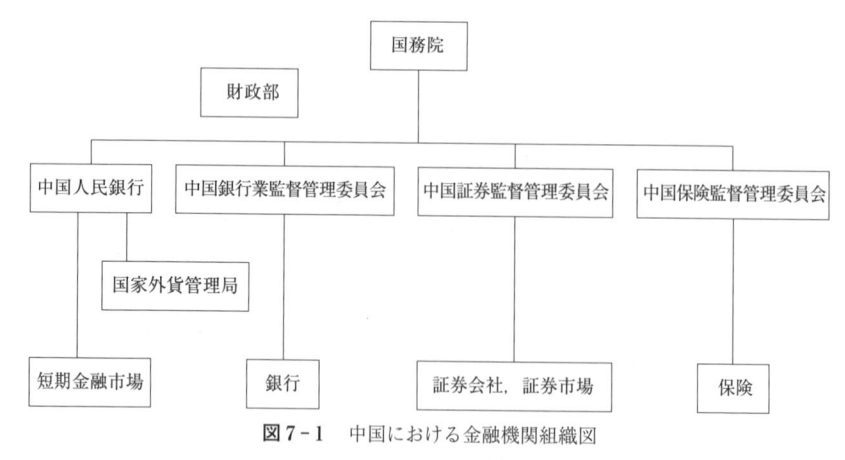

```
                    国務院
                     │
         ┌───────────┼───────────┬──────────────┐
      財政部          │           │              │
         │           │           │              │
    ┌────┼────────┬──┴──────────┬┴────────────┐
中国人民銀行  中国銀行業監督管理委員会  中国証券監督管理委員会  中国保険監督管理委員会
    │
国家外貨管理局
    │           │              │              │
短期金融市場   銀行      証券会社,証券市場     保険
```

図7-1 中国における金融機関組織図

注：短期金融市場は，銀行間の資金債券市場，外貨市場，金市場を含む。
資料：中国研究所『中国年鑑』毎日新聞社，2008年版。

政策ともとらえられるが，他方では資本主義国において発生してきたバブル経済への教訓による「事前的な」政策判断であるようにも思われる。また，国有銀行の国有商業銀行化と政策銀行の設立，国有銀行の株式銀行化などは，市場経済化とともに進められた改革項目ではあるが，他方ではどの程度まで市場化を進めるのか，完全に民営化してしまうのかなど，今のところ不明な部分も少なくない。

　以上，中国の銀行制度改革の特色は，単なる市場経済化の方向だけではなく，中央集権的な側面を含んだ諸政策の総合であるという点にある。また，最終的に資本主義諸国とほぼ同質的な規制緩和になるのかという点についての不確実性も残されている。別言すれば，どの程度まで市場経済化を進めるのか，またはどこまで現体制におけるコントロール性を維持するのかに関する最終的方向性が明確に示されていないままで，市場化と制度改革が進められてきた。すなわち，現在の政治・経済体制の維持と市場化に向けての変革のバランスは，単純な政治イデオロギー的な理由を別とすれば，中国が資本主義と市場経済に起因する矛盾の発生を最終的にどこまで許容するのか，という点にかかっていると思われる。

　資本主義においては，その生成期以降，銀行による真正手形の割引判断の如何が恐慌発生の度に問われつつ，擬制資本の量的肥大・質的多様性の拡大とと

もに実体経済から相対的に独立した信用拡大の余地が増大する過程において，銀行が架空的信用供与にかかわる度合いの増大が常に問題となってきた。銀行信用は，単なる信用媒介を行っている他の信用形態とは異なり，信用創造しつつ信用媒介を行っているという点において，資本主義本来の姿たる拡大再生産に適合する信用供与形態であると同時に，経済危機を深刻化させる要因としても主要な役割を担ってきた。しかも，現段階における資本主義は，経済矛盾の発生要因，その危機の性質，対処の仕方において，一国の経済範囲を超える要素が著しく拡大している。

中国が現在のところ本格的な市場経済と資本主義の矛盾を幾分回避できているのは，市場としての未成熟性もあるが，その是非は別として市場経済の無制限な拡大に一定の枠をはめているからに他ならない。しかし今後，中国が市場経済と資本主義化をさらに推し進めていくのであれば，経済成長という旨みと同時に，本格的な市場経済危機の可能性の増大と実際の発現を甘受しなければならないであろう。金融とりわけ銀行業における制度改革は，中国経済における資本主義化の行方を左右する重要な要因となっていることは間違いない。

第4節　銀行の預金と貸出

次に，銀行制度の改革が進む中，銀行信用の供与の大きさおよび対象がどのように推移してきたのかをみていこう。

まず，銀行による通貨供給の実体についてみていこう。通貨供給（M2）の名目GDP比（図7-2）をみると，一貫して実体経済に対して通貨供給量が増大してきていることが分かる。とりわけ2003年以降はほぼ160％前後を維持している。名目GDP比で160％を上回る通貨供給は，他の成長アジア諸国と比べても抜き出ている。名目GDPを60％も上回る通貨供給は，供給された通貨が預金または何らかの資産形態で保有されている可能性を意味している。図7-3によれば，中国における通貨供給は90年代初めと2000年代初めに，それぞれ拡大している。中国ではアジア通貨危機や不良債権の処理が進められている渦中にあっても，通貨供給の速度は弱まっていない。とりわけ定期性預金の伸びが著しく（後述），これが通貨供給全体のおおよその傾向を決定付けている。中国における通貨供給増大のきわめて大きな要因は，貿易および海外からの直接

図7-2　M2対/名目GDP比

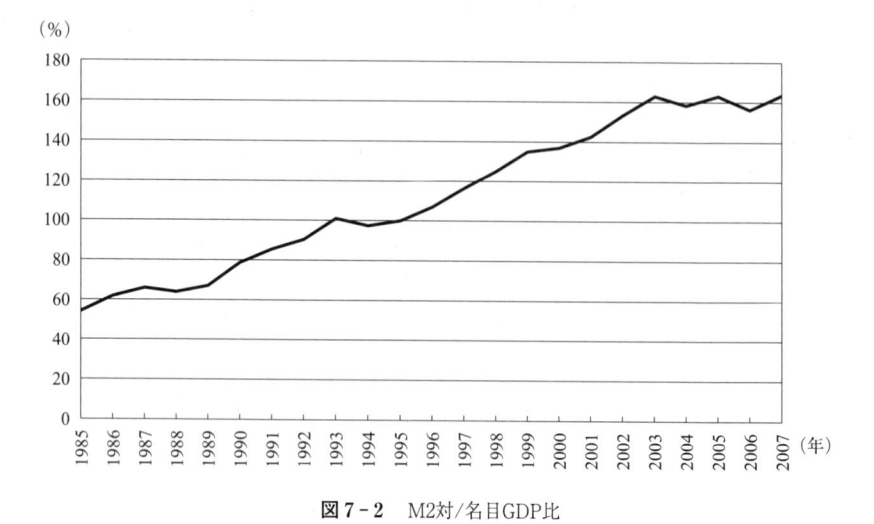

資料：中華人民共和国国家統計局『中国統計年鑑』中国統計出版社およびIMF, *International Financial Statistics* 2001, 2008より作成。

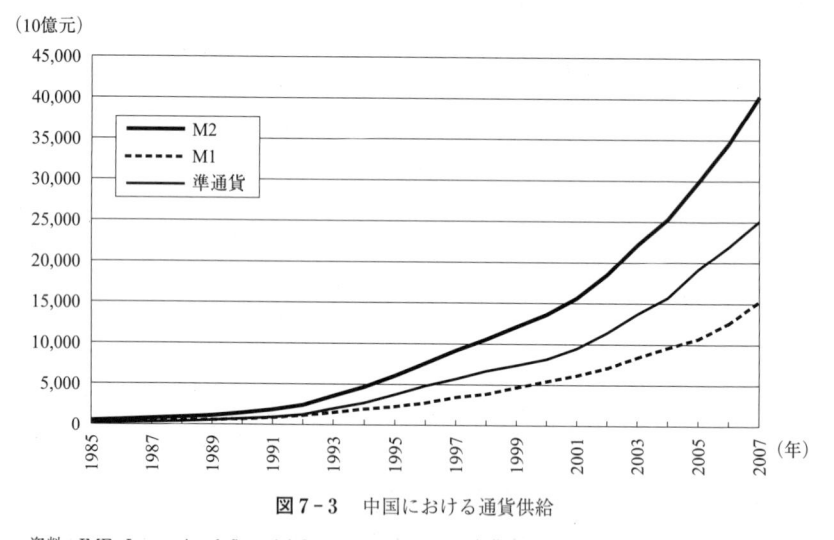

図7-3　中国における通貨供給

資料：IMF, *International financial Statistics*, 2001, 2008より作成。

投資による外貨流入である。このような過剰な通貨供給は，産業に必要な運転資金が潤沢に供給されていることに加えて，通貨または貨幣資本の過剰供給，あるいは両方の過剰状態をもたらす。

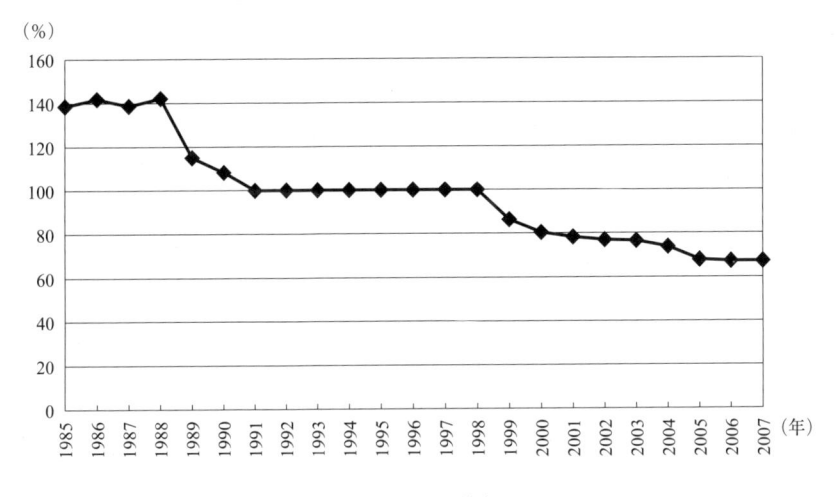

図7-4 預貸率

資料：中嶋誠一編『中国長期経済統計』日本貿易振興会2000年。99年以降は中国人民銀行ホームページより作成。

　中国において特徴的なのは，このような通貨供給の拡大にもかかわらず，銀行預貸率が傾向的に低下していることである（図7-4）。1988年から91年まで大きく下落し，90年代はほぼ100％前後で推移した後，99年以降再び下落傾向に転じている。2005年には70％を割り込んだ。こうした状況は，証券や為替購入に向けられる銀行信用が増大している状況を示している。[9]日本における同様の信用拡大は，80年代後半のバブル期にみられた。中国の銀行における貸出以外の資金運用先としては，外国為替購入が著しく増大しており，1999年から2007年までに8.7倍になっている。また，証券への運用も急速に増大し，同期間5.0倍になっている。これに対して，同期間の貸出は2.8倍程度である。外国為替購入の増大については貿易黒字の増大を背景としているが，今後注目すべきは貸出以上に増大している証券運用であろう。

　また，貸出の中でも中長期貸付の伸びだけをみると5.5倍である。つまりこの間における銀行信用の供与は中長期貸付や証券への運用などの資本市場において著しく増大してきたのである。

　ただし，中国では銀行間市場からの資金調達は比較的弱く，仮に，今後銀行の不良債権が増大したとしても，銀行間市場からの資金調達が滞るような形での金融破綻は生じにくい構造である。別言すれば，銀行の資金調達が比較的安

(10億元)

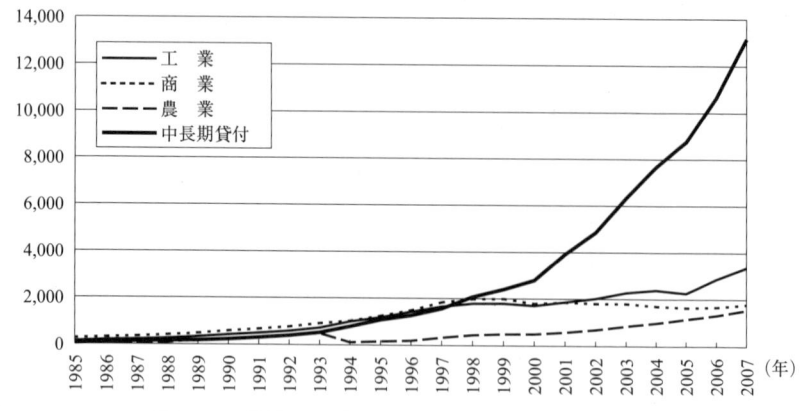

図7-5 銀行の中長期の貸出と産業分野ごとの短期融資

凡例:
― 工　業
‑‑‑ 商　業
‑‑ 農　業
― 中長期貸付

資料:図7-4に同じ。

定性のある預金によって賄われている構造においては，日本が経験したような形でのバブル崩壊に伴う金融機関と金融システムの危機は生じにくいともいえよう。

　銀行による中長期の貸出と産業ごとの短期的資金融資の伸び（図7-5）をみていこう。90年代には農業と比較すれば，工業および商業においてより大きな増大傾向がみられた。しかし，90年代末以降，商業においてその伸びは停滞し，工業においても大きな伸びとなっていない。さらに2004年以降は工業においても停滞している。これに対して，中長期の貸出は90年代の終わり頃を境に急速な増大を示している。97年までは工業と商業それぞれの短期融資の規模を上回ることがなかった中長期の貸出が，98年以降これらを上回り，2000年を境に一段の増大を示している。このような動向には，実体経済における設備資金や業務拡大などによる必要資金の拡大に由来する要因も含まれているであろう。しかしながら，短期資金の供給が必ずしも大きく伸びていないことを考慮すると，何らかの擬制資本形態を通じた運用に充てられ，それによって架空的信用供与が過剰に増大している可能性も否定できない。今後，中国の銀行がどの程度擬制資本の拡大にかかわっていたかが問題となってくると思われる。

第5節　証券市場改革

　次に，直接金融と資本市場の改革および展開についてみていく。中国における直接金融は1960年の証券取引禁止，証券市場（北京，天津）の閉鎖などによって，ほとんど機能していなかった。しかし，1978年の改革・開放政策以後，81年に国債発行が再開され，84年に北京と上海の企業が株式の公募を行うなど，国債発行と株式制度の導入を契機として証券市場が拡大してきた。中国における最初の株式は，84年に北京天橋百貨股分有限公司が従業員向けに発行したものであった。87年には深圳経済特区に最初の証券会社が設立された。その後，地方政府，国有銀行，国有企業などによって各地で証券会社が次々と設立された。94年の公司法施行後，これらの証券会社は有限責任会社に転換している。取引所も90年に上海，91年に深圳に設立された。証券市場の管理監督については，92年に国務院証券管理委員会，中国証券監督管理委員会（CSRC）が発足し，98年に後者が前者を吸収した。また，証券市場の国際化の側面としては，2002年に適格海外機関投資家（QFII）制度が発足した。海外の証券会社，投資信託運用会社，保険会社，商業銀行などの機関投資家に対して，1機関の投資枠として5000万米ドル以上8億米ドル未満を設定し，株式への投資については1機関1企業への投資が発行済み株式の10％未満，かつQFII投資の20％未満の枠を設定した。

　中国の証券市場の発展は，当初から国有企業改革の一環として位置付けられていた。しかし，中国共産党による2003年の第16期中央委員会第3回全体会議（三中全会）において，公有制の主体的な地位の堅持と増強が確認されつつも，混合所有制の発展と株式制の推進が掲げられた。これ以降，資本市場改革においてかなり大きな方向転換が進められてきた。2004年には，今後の資本市場の展開方針を示した国務院による「資本市場の改革・開放の推進と安定的発展に関する若干の意見」が示された。注目すべきは，このなかで三中全会よりもさらに積極的に非国有経済の発展と直接金融の比率の引き上げが謳われたことである。また，2008年に中国証券監督管理委員会が発表した「中国資本市場発展報告」では，2020年までの資本市場の発展目標が掲げられた。ここでは，資本主義先進国とほぼ同様の制度の構築と国際競争力のある資本市場の形成が目標

とされている。

　以上のように，中国の証券市場では資本主義化が急速に進行している側面が強調されることが多いが，現在の日本をはじめとしてアメリカなど先進資本主義諸国におけるほぼ無規制といってもよいほどの規制緩和の状況からみると，むしろ制限的な側面も少なくない。たとえば，日本では80年代後半の投機的な不動産投資や投機的な株式ブームによるバブルが崩壊した後，90年代に金融改革が進展した。この過程では，さまざまな金融業務分野の規制が撤廃された。これに対して，中国では，80年代後半に投機的不動産投資が増大した後，92年にこれを規制するため，証券会社による預金，決済，保険の各種業務が禁止された。また，95年の商業銀行法と合わせて，上述の証券法では証券業務と銀行業務，信託業務の分離が定められた。現在も中国における証券会社の業務は基本的な三業務（委託売買＝ブローキング，自己売買＝ディーリング，引受＝アンダーライティング）に限定されている。

　さらに，国内非金融部門の資金調達においては，このように資本市場整備および制度改革が進んできたとはいえ，依然として銀行借入が圧倒的に多く，80％を超えている（2005年80.2％，2006年82.0％）。中国では企業間の直接的資金貸借が禁止されていることも，銀行借入を増大させる要因である。ただし，銀行借入以外では株式発行による調達比率は少しずつ増大している（2005年3.4％，2006年5.6％）けれども，債券発行による資金調達については大きく伸びておらず，債券市場改革のスピードは株式市場よりも遅い。まず，「企業債」は中央政府に所属する機構や国有独資企業などに限定され，かつ国家の産業政策に関連したプロジェクトに限定されている。一方で，徐々にではあるが市場化が進みつつある部面もある。「企業債」とは別に，中国の銀行を主たる引受先とする「無担保債券」（CPに該当）は2005年から，また一定の資格をもつ株式会社が発行する「公司債」は2007年から開始された。しかし，外資企業にはこれらによる資金調達は許可されていない。(10)

　中国における資本市場整備においては，外資による中国資本への資本支配に対しては強い制限が設けられているものの，今後，明らかに，国有株の縮小と公有制経済の後退が予想される。資本市場の規模と効率性については，資本主義先進諸国に匹敵するものを構築していくことが確認されている。注目していかなければならないことは，このような資本市場の質的深化と量的拡大が達成

される場合，三中全会において確認された公有制の堅持がどの程度可能なのかということであろう。公有経済の堅持・増強と資本主義的な資本市場の拡大の両立は困難であると考えられるからである。

次に，株式市場と債券市場の改革と展開についてそれぞれ検討していこう。

第6節　株式市場改革と展開

中国における株式の実態は，いわゆる資本主義国のそれとは大きく異なっている。中国の株式は，現在，大きく「非流通株」と「流通株」に分かれている。非流通株は，政府が保有している「国家株」，法人が保有している「法人株」，企業が株式化する際に従業員に発行した「従業員持株」，一部の個人・法人・投資ファンドなどがもっている「その他」(の株) に分けられている。法人株は，さらに，企業の内部留保を株式に換算した「発起人法人株」，他の法人の株を保有している「募集（応募）法人株」に分けられる。国有企業の株式会社化においては，一般に，政府が資金投入した額を国家株として割り出し，この資金投入による内部蓄積部分を「発起人法人株」としている。この分の法人株は実質的に政府の意向が反映されていたから，これら2つを合わせて実質的な国家株とみなしたのである。外資法人の株である「外資法人株」は2000年9月から取引が認められるようになっている。

流通株は上海や深圳などの証券取引所に上場された「上場株」である。上場株式には，中国国内で発行され国内投資家向けに発行される人民元建ての「A株」と，やはり中国国内で発行され主として海外投資家向け（2001年からは外貨をもつ国内投資家にも開放）で外貨建て（上海市場は米ドル建て，深圳市場は香港ドル建て）の「B株」がある。1998年以降，同一企業がA株とB株の両方を発行することは禁止されている。中国国内企業のために海外で発行される株式には，発行地のイニシャルを付けた，「H株（香港）」，「N株（ニューヨーク）」，「S株（シンガポール）」，「L株（ロンドン）」などがある。「レッドチップ」は香港市場に上場されている大陸資本の香港企業の香港ドル建て株式である。現在，海外投資家はQFIIとなればA株にも投資できるようになったため，投資枠はあるものの，すべての株式にアクセス可能となっている。

図7-6によると，非流通株と流通株の割合は90年代以降，それほど大きく

図7-6　非流通株と流通株の割合A

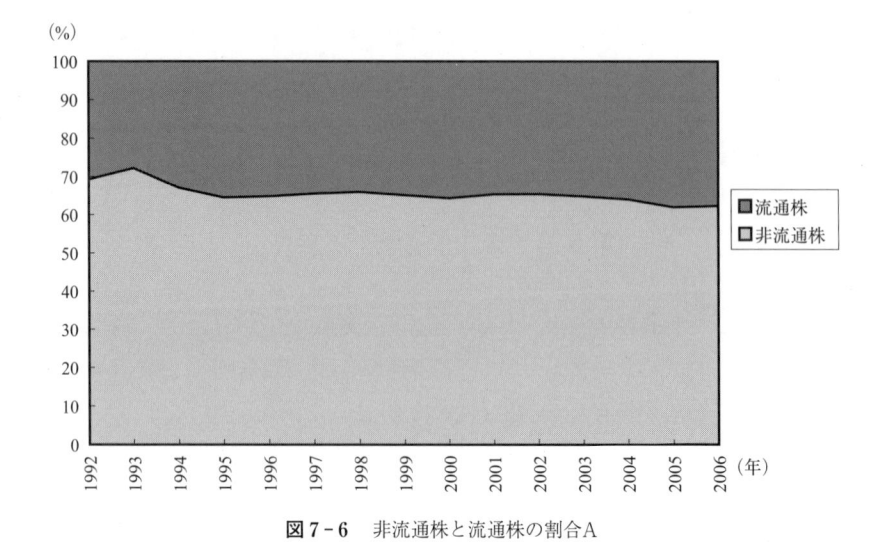

資料：原資料中国証券監督管理委員会『中国証券期貨統計年鑑』学林出版社各年版，中国研究所『中国年鑑』2008年版より作成。

　変化しておらず，依然として6割以上が非流通株である。[11]しかし，非流通株の内訳は国務院の「資本市場の改革・開放の推進と安定的発展に関する若干の意見」による非流通株改革が出されて以降，大きく変わりつつある。2005年から2006年において，国家株の割合が44.82％から30.70％に激減し，法人株も13.33％から5.03％に激減した。これと対照的に，「その他」は3.74％から26.54％に急増した（図7-7）。「その他」の株を構成しているのは，個人，法人，投資ファンド，戦略的投資家がもっている非流通株である。これは現在，非流通株に分類されているものの，最長3年間のロックアップ期間を経た後，流通株に転換していく予備軍とみることができる。仮に「その他」の株を流通株に含めると，非流通株と流通株の割合が丁度逆転し，ほぼ4対6となる。今後，非流通株改革が進めば，この傾向はさらに増大すると考えられる。

　次に，流通株の発行額の推移をみてみよう。中国における株式発行額（図7-8）は，年ごとにかなり大幅な変動がみられる。これは市場の変動要因というよりも，制度変更に伴う政策的要因が大きい。98年に大幅な減少がみられるが，これは98年以降，企業によるA株とB株の自由な発行が制限され，どちらか片方の株式のみの発行となったためである。また，2000年に著しい増加がみられ

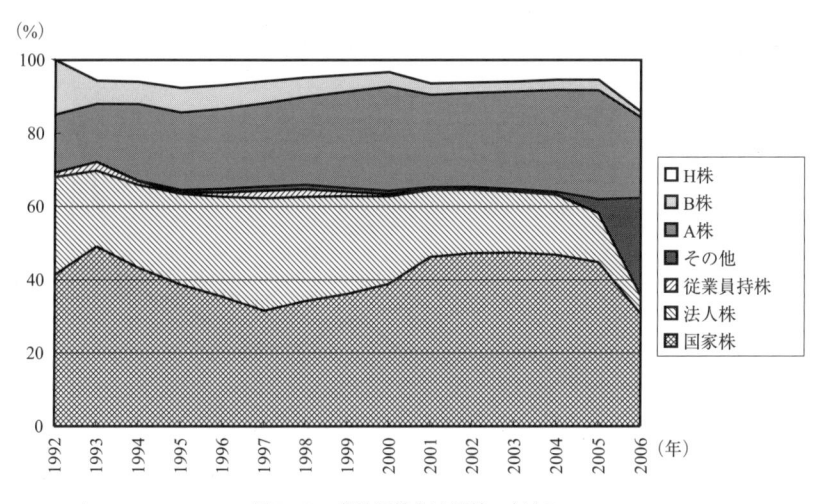

図7-7　非流通株と流通株の割合B

注：その他は，個人，法人，投資ファンド，戦略的投資家がもっている非流通株。
資料：図7-6に同じ。

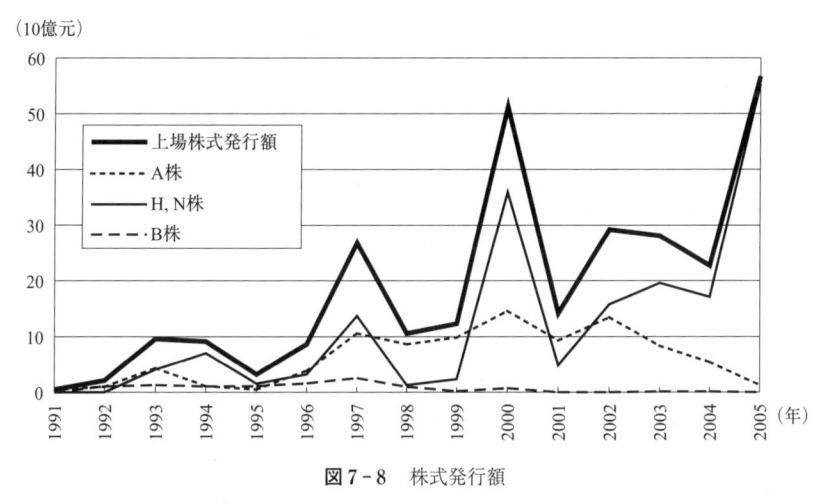

図7-8　株式発行額

資料：図7-4に同じ。

るが，これは，99年に証券法が施行され，株式発行企業数と発行額に関する政府による新株発行枠が取り払われたためである。

　株式市場における売買額，時価総額，発行株式数，売買株式数によって，株

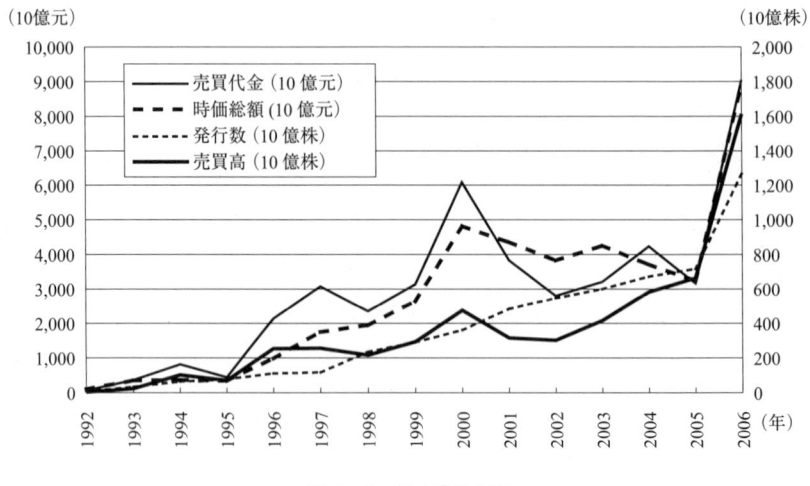

図7-9 株式市場概況

資料：中国研究所『中国年鑑』2008。原資料は，中国金融年鑑編『中国金融年鑑』中国金融，各年版，国家統計局『中国統計年鑑』中国統計出版社，各年版。

式市場の概況をみると，2006年において何れの指標も急激に増大している（図7-9）。1999年の証券法の施行を契機として2000年に大きな伸びがみられたが，2006年の株式市場の伸びはそれよりも大きい。2000年における伸びでは，売買額および時価総額は大きく伸びたものの，発行株式数と売買株式数はそれほど伸びてはいない。これに対して，2006年においては何れの指標も急激に増大しているのである。

上記の非流通株改革などを契機として，2006年半ばから2007年末にかけて，きわめて急激な株価上昇ブームがみられた。この期間の株価上昇はトレンドを大きく上回っており，明らかにバブルであった。[12] 急激な株価上昇をもたらした直接的な契機は非流通株改革などの制度改革であるが，その背景には前述した銀行による過剰な信用供与がある。

この株価上昇ブームは2008年に入る前に崩壊し始めた（図7-10）。その後，北京オリンピック以降も依然として崩壊は続いている。なお，上海総合株価指数（1990年12月19日を100）では，2007年10月16日に6092ポイントの最高値を記録し，2008年11月4日には1678ポイントであった。業種別にみると金融や不動産関係の下落が大きい。崩壊の直接的な要因は急激な上昇への反動であるが，このような資産バブルの発生と崩壊は，信用と擬制資本の膨張によって中国経

図 7-10 株価指数動向

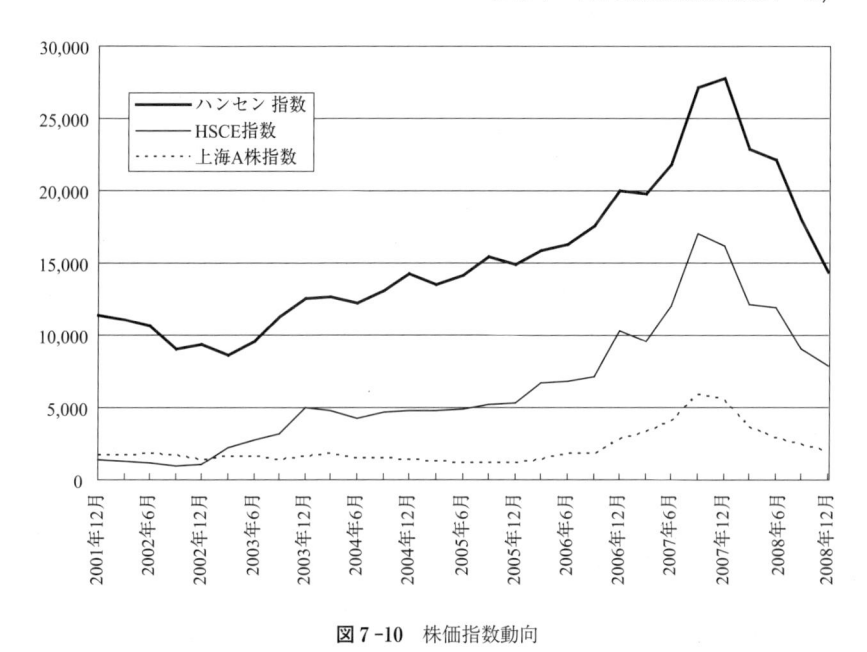

注:ハンセン指数は1964.7.31=100,HSCE指数は2000.1.3=100,上海A株指数は1990.12.19=100
資料:Hong kong Exchange and Clearing, websiteより。

済が資本主義的経済構造の特質を獲得しつつあることを意味している。

　このバブル崩壊によって株主の9割が含み損となっているとされている。それにもかかわらず,バブル崩壊による消費や小売り売上などの実体経済への影響は今のところ顕著ではない。2007年末において中国における株式投資家の51％は個人,25％がファンドによるものであり,一般企業は16％にすぎない。こうした現状における株価下落と含み損の拡大は,まず個人消費に大きく影響するはずであるが,現在そうなっていない。また,2007年の通貨供給は依然として過剰とみられる水準であり,解消されていない。過剰に供給されている通貨は,株式などの資本市場における貨幣資本として投下され,それがバブル崩壊によって銀行預金に転換されていると推測される。なお,食糧や原燃料価格高騰による企業収益への圧迫はあったものの,これは中国経済にとっては外部要因である。

　中国において今回のバブル崩壊によって逆資産効果が顕著でない理由として,依然として非流通株が多く株価下落が国有企業の業績にあまり影響していない

こと，投資家の含み損は拡大しているものの最終消費規模を著しく縮小させるまでに至っていないこと，過剰な通貨供給が続いており信用収縮が起こっていないことなどが考えられる。つまり，国有企業セクターと非流通株シェアが依然として大きいこと，証券市場において専業的な投資家が未成熟であったこと，貿易黒字のみならず資本収支黒字を主因とする通貨供給の膨張が結果的に信用収縮を妨げていることがその要因である。言い換えれば，今回の中国におけるバブル崩壊状況において日本のバブル崩壊時とは様相が異なっている理由としては，中国においては市場経済がなお全面的に展開されていないという点が指摘されねばならないであろう。

　日本においても，戦後のいわゆる法人資本主義の展開の中で，全株式中少なからぬ割合が「系列」関係における「支配証券」として株式保有され，市場に出てこない株式が多かった。(13) しかし，日本の場合，関係企業の株式を支配目的から保有していたのも企業であったから，好況下の株価の異常な高騰時や逆に不況下における最終利益の確保のために保有株式を売却することも不自然なこととはいえないであろう。日本における法人資本主義構造の解体は（依然として法人資本主義的な側面はかなり残ってはいるが），一つには特にアメリカからの外圧によるものである。しかし，決定的要因は金融自由化の進展が90年代不況と重なり，不況が深刻な状況下にあって，最終利益を一定水準に維持しようとした企業と不良債権を抱えた銀行が保有株式を売却せざるを得なくなったからである。日本の支配証券と異なり，中国の非流通株改革は不況時の利益確保という動機から放出されてきたのではない。中国における非流通株改革は，バブル崩壊によるものではなく，むしろ将来のバブル発生の契機である。

第7節　債券市場改革と展開

　次に，債券市場についてみていこう。中国の債券市場では，国債の比率が圧倒的に高かった。改革・開放後では，81年（約20年ぶり）から49億元の国債が発行され，88年から銀行での店頭取引が始まった。90年までは「行政的割当方式」に従って国有企業や国有銀行によって購入されていた。94年以降，政府の財政資金の調達は，中国人民銀行からの借入ではなく国債発行に切り替えられたこともあって，その後発行額は増大し続けてきた。しかし，2005年に7000億

図7-11 国債と企業債の発行高

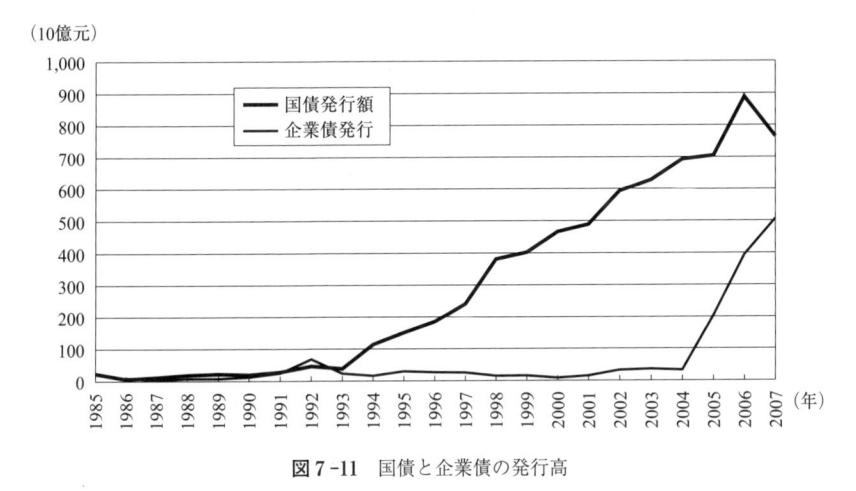

資料：図7-9に同じ。

元に達してから「穏健財政」を指向した。2006年には発行額は8800億元に増大したが，2007年には7600億元に縮小した（図7-11）。

社債市場では，86年から企業債の発行が始まった。当初の発行額は100億元であったが2006年は3900億元となっている。さらに2007年の発行認可額は5000億元に達した。企業が発行する社債はこれまで厳密に制限され，償還1年以上のものは，国家発展改革委員会（NDRC）のみが発行認可を与え，銀行による保証なしには発行できなかった。しかし，2007年6月に発表された中国証券監督管理委員会（CSRC）草案では，純資産10～15億元以上の企業は銀行保証なしに発行できるものとしている。また，金融債も85年から始まっている。

以上の債券市場では，その市場規模は国債を除いて拡大してきている。しかし，その内容も資本主義国における債券市場とは，必ずしも同質ではない。これらの債券のうち，国債発行によって調達した資金が国家の産業政策のために使われるのは当然であるが，社債や金融債についても政策的色彩が強い。社債については，その発行使途は国家の産業政策に適合していることが求められ，経営損失の補塡のために発行することは禁止されている。金融債についても，主要部分は上記の三大政策銀行による政策金融債である。また，国債についても，91年の現先取引導入による投機が不動産や株式市場を混乱させたことから，売買にいくつかの制限を設けている。また，先に述べたように，外資企業に

とっては社債発行による資金調達は依然として断たれている。

このような中国における債券の発行・売買における規制は，情報のディスクロージャーの不足，社債の場合は企業の社会的信用力の不足など，市場経済の未成熟性によるものとの見方が一般的である。つまり，現状は市場の完全自由化に向けての発展途上であるとの見方である。ただし，国内企業に対しては徐々に規制を弱めてきているものの，外資企業にとっては依然としてそのハードルは高い。中国政府が今後，債券市場において先進資本主義国と同様の市場環境を目指そうとしているのかは明確ではない。債券市場の拡大が焦眉の課題でないのは，銀行信用によって潤沢に資金調達が可能であるという現状もあろう。しかし，中国政府が債券市場においてかなり制限的な制度を維持しているのは，単に必要度の問題だけではないであろう。つまり，債券市場における現状の規制には，政府による債券市場におけるコントロール性の堅持としての側面が存在していると考えられる。

第8節　人民元と為替政策

最後に金融の対外的側面についてみていこう。1978年の改革・開放後，人民元に関する為替政策および為替相場は次のように変遷してきた（図7-12）。まず，1980年に対ドル単一レートによる1ドル＝1.56元での固定相場制を実施した。84年からは，政府が定める公定相場と外貨調整センターでの相場である市場相場の2つ相場が併存する二重為替相場制度となった。その後，貿易赤字などを理由に，公定相場は割高とされ，1994年において，当時1ドル＝5.81元であった公定相場をその時の市場相場に合わせて1ドル＝8.7元に切り下げ，管理変動相場制を実施した。96年12月からは，経常収支項目における人民元の自由交換を実施した（IMF8条国への移行）。1997年のアジア経済・金融危機後に対ドル相場を8.277人民元に固定し，2005年7月に1ドル＝8.11人民元に切り上げるとともに，人民元はドルペッグ制から通貨バスケット制に移行した。ただし，バスケットのウエートの中身については，明らかにされていない。2008年に入ってからはアメリカの金融危機によってドル安が進行し，11月5日時点では6.83元である。

現在，中国での為替取引は主要都市に設けられている外貨取引センターにす

図7-12 人民元対ドル為替相場

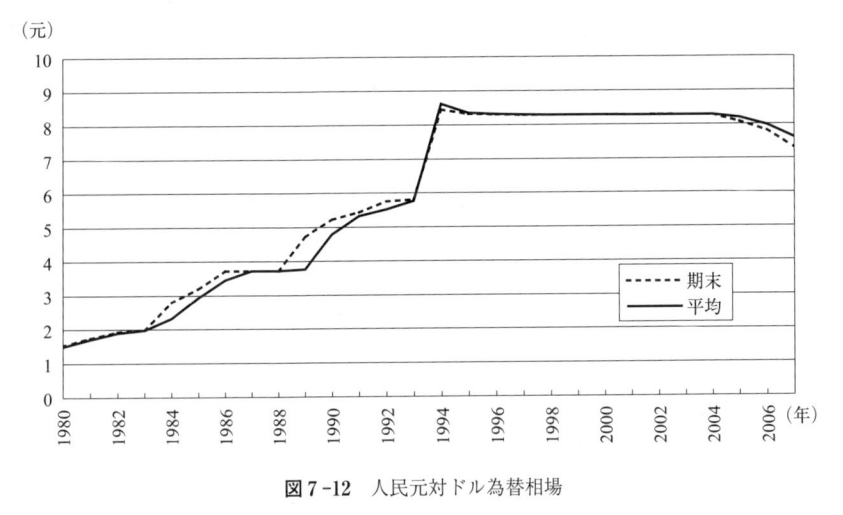

資料：IMF, International Financial Statistics 各年版。

べて集中しており，その参加者は，中国人民銀行と中国系銀行，外資系銀行，少数のノンバンクに限られている。また，経常取引は「実需原則」に基づいており，投機目的の取引を禁止している。資本取引については，対内投資よりも対外投資の規制が強く，資本収支の黒字が生じやすい，やや非対称的な規制になっている（図7-13）。WTO加盟後は海外からの直接投資の規制がさらに緩和されたが，対外貸出や対外証券投資は依然として規制が強い。また，外貨取引は基本的には直物のみであり，一般的には，先物や直先スプレッドを利用した金融デリバティブは困難である。(15) 2005年7月の為替制度改革後に中国政府は，人民元に関する中国の主導性，コントロール性，漸進性の「三性原則」を発表した。すなわち，人民元に関して外国からの干渉を排し，国内経済への影響を制御可能な状況にしておくと同時に，改革は金融システムの安定性を考慮して徐々に進めるということである。(16)

中国が97年のアジア経済・金融危機に大きく巻き込まれることがなかった理由は，中国において金融・資本市場が発達していなかったためであるが，仮に，今後人民元の自由交換が資本取引にも認められるようになれば，アジア金融危機を免れた条件は失われていくことは間違いない。2007年の外資系銀行による国内人民元の取扱認可はそのための一歩であるが，今後どの程度まで業務が認

(100万ドル)

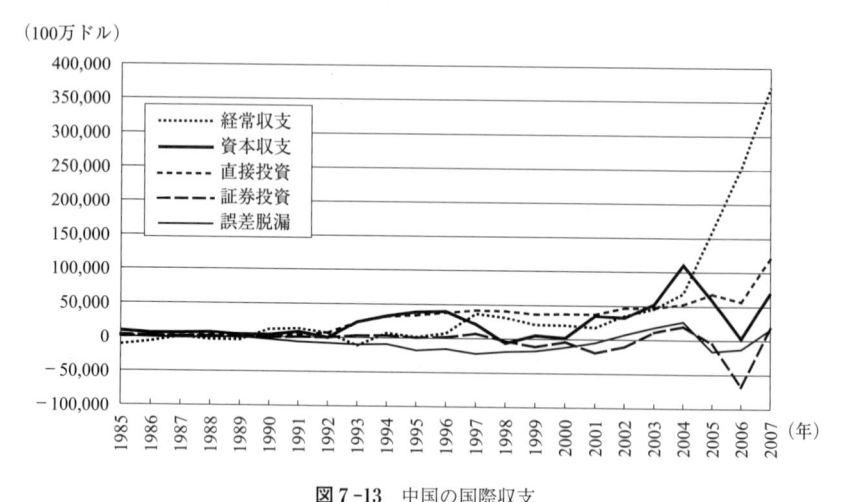

```
経常収支
資本収支
直接投資
証券投資
誤差脱漏
```

図7-13　中国の国際収支

資料：図7-12に同じ。

められていくかが焦点となろう．言い換えれば，資本取引の自由化が行われれば，人民元はボラティリティの大きな変動相場制とならざるを得ない．

　人民元相場が上昇した場合の影響は一般に次のようなものが想定される．まず，輸出については，外資系企業よりも競争力が弱い中国企業に大きな影響が出る恐れがある．輸入については，輸入コストの低下の効果はあるが，アジア諸国からの輸入が増大してきていることから，先進諸国からの輸入増加はそれほど期待できないであろう．直接投資については，中国から海外への投資には促進要因となるが，他方，海外から中国への投資は停滞しマイナス要因となる．また，労働集約型の企業が多い中，外資系企業における就業機会が減る可能性もある．中国企業の成長と就業の安定性などから，中国政府が人民元相場の上昇を避けたいのは当然であろう．[17]

　また，アメリカは切り上げを主張しているが，最終目的はそこにはないと思われる．というのも，プラザ合意による円高ドル安がアメリカの経常収支赤字を解消しなかったという経験があること，中国が黒字を継続し，積み上げたドルがアメリカの財政赤字と経常収支赤字をファイナンスしていること，ドル安はアメリカへの投資を減速させることなどを考慮すると，アメリカの人民元の切り上げは，アメリカにとっても有利なことばかりではないからである．

図7-14 中国の外貨準備高

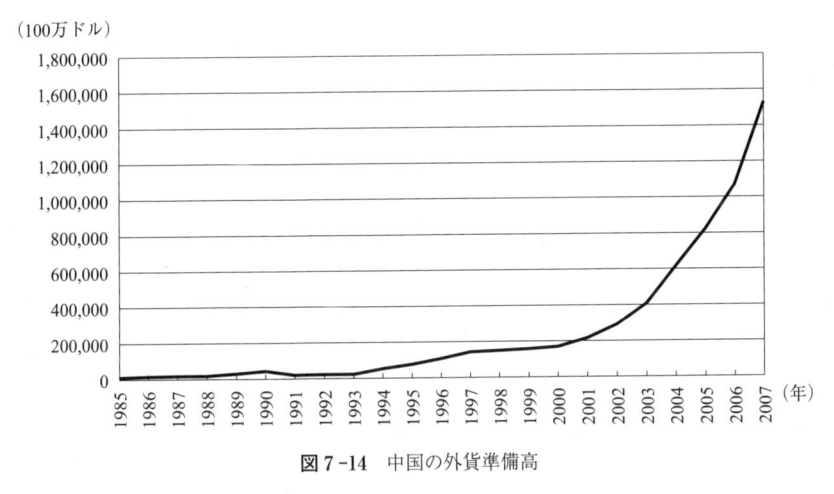

資料：図7-12に同じ。

　人民元相場の切り上げ・上昇は，必ずしも最大の問題ではない。むしろ，アメリカが最も重視しているのは資本取引の自由化であり，切り上げを持続的に行っていくことによって変動相場制へ移行することを最終目的としていると考えられる。そうなれば，少なくとも中国の国際金融市場では，香港と同じように，アメリカの銀行が優位な地位を占めることになろう。人民元切り上げの背後にあるアメリカ金融資本の支配の可能性と戦略こそが中国における最も大きな国際金融問題であると考える。

　元切り上げ問題では，切り上げした際の輸出入などの対外経済への影響ではなく，切り上げをしなかった際の国内経済に与える影響も懸念されている。上述したように，中国では経常収支と資本収支の両方において黒字が計上されやすい構造になっており，通貨当局は急激な元高を抑制のためにドル買い元売りを行っている。具体的には，2001年に2121億ドルだった中国の外貨準備高は急速に増大し，2006年10月に1兆ドルを超え，9000億ドルの日本を抜き世界第一位になった。2007年3月末には1兆2000億ドルに達した（図7-14）。しかし，この為替介入はマネーサプライの過剰をもたらしている。実際，国際収支黒字によって，一つは，インフレによる物価上昇が発生した。もう一つは，過剰な貨幣資本によるバブル的信用拡大が進んだ結果として，その崩壊が進んでいる。現在の漸次的な元高の進行では，国際収支の黒字構造に大きな変化をもたらす

ことはないであろうし，それゆえ国内マネーサプライの増加もまた継続するであろう。これによって人民元の通貨価値は，国内的には下落し対外的には上昇するというアンバランスな状態となっている。一般にはこのような状態は長く続かないとされている。国内通貨価値下落によって貿易収支は悪化し対外通貨価値も下落するからである。しかし，中国では安価な労働力が引き続き提供されて貿易黒字が増大していることに加えて，資本取引においても黒字が拡大しているため，元高が継続している。

　当局は為替介入と同時に不胎化を行って過剰流動性吸収に努めている。また，人民銀行は基準金利を2007年には6回引き上げ，2008年にも引き続き引上げを行っている。預金準備率の引き上げも2006年に3回，07年に10回，08年にも引上げを行っている。しかし，この金利引上げによって海外からの投機的資金が流入しやすい状況も生まれている。さらに，現在の中国における株価は，過剰流動性のみならず不動産投機規制による資金の株式への集中もあり，急速に上昇した。その後，低収益企業による株式投資などの要因も加わって，2007年中に株式バブルが崩壊したが，この株式バブル崩壊局面における金利高は，バブル崩壊をさらに深刻化させるという指摘もある。[20]

　結局，元高抑制と低金利は両立しにくいことから，金利引上げが行われてきたが，金利引上げとバブル崩壊対策も両立しにくい状況である。資本主義市場経済ではインフレ対策ではある程度有効な手段を獲得してきたが，バブル崩壊に対する有効な政策はもち得ていないのである。

第9節　人民元の国際通貨化

　人民元が国際通貨化するためには，非居住者による人民元決済が可能とならなければならない。そのためには，非居住者による人民元為替市場への参加，人民元預金の保有などが認められなければならないであろう。さらに，資本取引における人民元の国際通貨化を促進するためには，現在の実需原則を撤廃し，投機的な思惑取引も一定許容せざるを得ない。

　周知のように，自由な資本移動を認め，金融政策の独立性を確保しながら，為替相場を固定させることはできない。たとえば，金融引締を行って海外よりも高い金利になれば，資本流入が起こる。その際，買い介入によって為替相場

を維持しようとすれば，国内通貨供給が増えるため，金融引締効果が弱まることになる。少なくとも，経済主権を有する国家として金融政策を放棄することはできない。したがって金融政策効果を維持するためには，為替相場の安定と資本移動の自由化のうち，どちらかを放棄しなければならない。

IMF協定では，その8条において経常取引に関する規制を撤廃することが加盟国の義務とされている。8条国に移行する際に求められるのが，経常取引における自国通貨の外国通貨への交換性の保証である。これを制限し為替管理をしている場合は14条国である。

中国では経常取引の自由化は1996年に達成されている。しかし，中国政府は人民元を原則的に対外決済通貨として認めていない。すなわち，中国はIMF8条国ではあるが，それはオンショアでの交換性の保証である。オフショアでの交換性については，香港居住者に対してのみ人民元のオフショア勘定を認めているけれども，原則的には認めていない。

資本取引については，投機的な短期資本移動の規制はIMFでも認められている。資本取引の自由化は，資本取引における通貨の交換性の保証をもたらさざるを得ない。資本取引の自由化が進んだ際に，資本取引における通貨の交換性が保証されていなければ，国内の銀行は自国内で非居住者との通貨交換に対処しなければならなくなるからである。

中国では数年前までは対内直接投資に関して，積極的な外資導入によって規制がかなり緩和されてきたのに対して，対外直接投資については制限的であった。しかし，近年，元高と外貨準備の急増によってこの方針が転換されつつある。証券投資においても，2003年に海外から中国への適格外国人機関投資家（QFII）制度が導入され規制が強化される一方，07年に中国から海外への証券投資において適格国内投資家（QDII）制度が発足し，こちらは規制緩和に向かっている。

また，2006年から07年にかけて外貨準備の急増に対していくつかの措置がとられた。まず，外貨流出規制の緩和措置としては，企業が保有する外貨預金残高の上限規制の撤廃，個人の外貨購入規制の緩和（1人年間5万米ドル）と購入外貨の国外送金の許可および外貨預金の許可，中国企業の対外直接投資規制の緩和と対外直接投資にかかわる外貨購入規制の撤廃などである。また，2007年9月には巨額の外貨準備の投資運用目的とする中国投資有限責任公司（中投公

司)が設立された。中投公司には人民銀行から外貨準備資産を購入した政府財務部から資本金が拠出されており,投資資金の3分の2は中国金融機関に対する資本注入に充当され,残りがグローバル金融市場へ投資されることになっている。これに対し,外貨流入規制の強化措置として,外貨流入制限として外資による投資・投機目的の不動産購入禁止および外資による不動産開発の新規参入禁止,外資銀行や外資企業の外貨借入規制とその人民元への交換の規制強化などが行われた。

　これら外貨準備の急増と元高に対して採られた措置は,一方では対外資本投資を促進させ,他方では対内資本投資を制限する内容となっており,これらを総合して資本取引の自由化に近づいたとは言い難いであろう。外貨準備増大に対して採られた措置ではあるが,むしろ中国政府による投機的な外資流入に対する強い警戒感も窺える。

　現在,ASEAN,東南アジア諸国との貿易量拡大を背景として,それらの地域おける預金および現金形態での人民元流通が拡大している[22]。つまり,経常取引における人民元の国際化は実質的に拡大している。しかし,オフショアにおける人民元交換性が制限されていることから,その国際通貨化としては限定的である。さらに資本取引における人民元の国際化は経常取引と比べてさらに限定的である。中国は元高と外貨準備の増大に対処しつつ少しずつ元高にシフトさせつつも,今後もバスケット制による為替相場を維持していくものと考えられる。中国政府が人民元の対外価値に対するコントロール性を維持しつつ,どのように人民元の国際通貨化を進めていくのかが注目される。

おわりに

　中国における金融制度は,改革・開放以降,経済成長と市場経済化の進展に合わせて改革が重ねられてきた。すでに述べてきたように,その方向性は金融分野における市場原理の導入であることは間違いない。しかし,他方で中国が現在の改革の延長線上に先進資本主義国と同様の制度を実現しようとしているのかについては不明点も多い。制度改革の中には,市場性の強化のようにみえるが,逆に政府によるコントロール性の強化となっている側面もあるからである。

中国の金融分野における制度改革には大きく分けて次の2つの問題があると思われる。一つは，中国政府が仮に政府の主導性を維持しつつ制度改革を進めようとしても，制度の中で市場動向が一人歩きして，政府のコントロールが及ばなくなるという問題である。その典型は，資産バブルの形成と崩壊の可能性や国際収支の黒字および外貨準備の累積が国内通貨価値の下落や過剰な貨幣資本を創出し，擬制資本価格の乱高下をもたらしている点に現れている。また，国有企業と株式制度の本格的展開との両立は難しい。金融の国際面については，人民元の国際通貨化を進めていくとすれば，人民元の対外価値のコントロール性の維持は困難になるであろう。

　もう一つは，市場化の導入の中で，市場が未整備なために，情報公開が充分に進んでいないことに典型的に現れているように，非効率的な企業や不適切な取引が温存され，場合によっては違法行為の温床となる可能性もあるということである。たとえば，国有企業による株式投機やそのための銀行資金の利用の他，株価操作やインサイダー取引の可能性もある。すなわち，これら2つの問題は，中国が市場経済化によって経済成長と「豊かさ」を手に入れつつ，なおかつ市場の混乱と資本主義の矛盾を政府主導で回避しようとしていることの裏返しであって，金融分野において政府のコントロール性を喪失しつつ，これまでの不合理性や不公正な取引が存在し続ける可能性を内包しており，中国政府はきわめて難しい舵取りを求められているといえよう。

*　本稿は，福井県立大学『年報　東アジアと地域経済』（創刊号，2008年3月）所収論文「中国の金融制度とその改革の行方」に加筆・修正したものである。

注
（1）　中国銀行は1912年に設立され，中華民国時代には中央銀行としても機能したことがあり，94年の金融制度改革以前は外国為替部門（貿易，外貨取扱など）を担っていた。傘下にある中銀香港は，現在，香港の上場では香港上海銀行に次いで第2位の資本規模である。その後，中国銀行は03年に政府から資本注入を受けて，不良債権比率（2004年10月5.16％）を低下させた。中国工商銀行は1984年に設立され，資本規模では中国第1位であり，世界でも16位（03年）の銀行である。業務では短期的資金の貸出が中心で，経済発展を支える信用供与の中心的な役割を担っているが，個人クレジット関連も同銀行の特徴である。中国建設銀行は

1954年に設立され，道路建設や不動産などへの設備資金の中長期的な融資を特徴としている。不良債権比率は，経済成長の恩恵を受けもともと低かったが，03年に中国政府から中国銀行とともに，合わせて450億ドルの資本注入を受けたために，さらに低下（04年10月3.08%）した。数値のうえでは，中国銀行とともにほぼ健全水準に至っている。中国農業銀行は1951年に設立され，農村金融業務を受けもっていた。不良債権比率は4大銀行中最も高い（30%強）。なお，これらの銀行はすべて北京を本店としている。

（2） 日本銀行国際局アジア協力センター「日系企業・邦銀の視点から見た中国における金融を巡る論点について——『中国金融問題研究会』における議論のとりまとめ」2007年1月。

（3） 日本銀行情報サービス局「海外レポート『中国における金融制度改革の現状と今後の課題』」日銀クオータリー，2001年夏季号。

（4） 玉置知己・山澤光太郎『中国の金融はこれからどうなるのか』東洋経済新報社，2005年，16ページ。

（5） 野口能孝『中国金融崩壊』かんき出版，2003年，54〜56ページ。

（6） 中国の不良債権は経済成長の中での不良債権であり，不況下にこれが増大した日本とは異なるという指摘もある（同上書，58ページ）。しかし，投資ブームに乗って本来価値実現しない領域にまで融資を広げた結果であることは共通している。というよりも，中国の不良債権問題をその政治体制のみに原因を求めることは，市場経済化の過程で現れた中国の不良債権問題を見誤ることになろう。

（7） 日本銀行国際局アジア協力センター，前掲報告。

（8） ただし，金融資産公司が人民銀行や4大銀行からの融資で成り立っていることから，本質的に不良債権処理となっているのかという問題，移管後の不良債権処理において担保物件の処理上の問題などが指摘されている。

（9） 唐成は，90年代後半の非法人企業の資金需要の低下，アジア危機後の企業のバランスシート調整，不良債権問題による銀行による慎重な融資姿勢などを指摘している（『中国の貯蓄と金融』慶應義塾大学出版会，2005年，151ページ）。

（10） 日本銀行国際局アジア協力センター，前掲報告。

（11） 中国政府は2005年から非流通株流通化改革を実施している。ただし，その方法は，非流通株株主が流通株株主に株式の一部を無償で譲渡することを株主総会で決定すること，1年間はロックアップ期間であり，1年後に発行済株式の5%を売ることが可能としている（週間『エコノミスト』毎日新聞社，2007年5月22日）。

（12） 信金中央金庫総合研究所「中国証券市場の動向と市場改革の行方——進展する非流通株改革と対外資本取引の自由化」『内外経済・金融動向』No.20-1，2008

年4月23日。
(13) 川合一郎『管理通貨と金融資本』著作集第6巻,有斐閣,1982年。
(14) 劉家敏「中国経済における社債市場」外国為替貿易研究会『国際金融』1122号,2004年3月15日。
(15) ただし,現在,香港と上海の金融市場において,ノン・デリバラル・フォワード=NDFが発生している。固定相場制下での先物取引は人民元に対する将来の切り上げを見越したものとされている(週間『エコノミスト』毎日新聞社,2005年9月13日)。また,2006年には為替スワップ取引,07年には通貨スワップ取引が認められるようになった。
(16) 范小晨「人民元改革の今後と元切り上げの影響」外国為替貿易研究会『国際金融』1155号,2005年11月15日。
(17) 同上論文。
(18) 西村厚「中国為替政策の課題」外国為替貿易研究会『国際金融』1127号,2004年6月15日。
(19) 凌星光氏は,人民元切り上げによるメリットがデメリットを大きく上回るとしている。企業の技術革新の促進,証券投資の増大,中国企業に有利な対外投資,人民元の準国際通貨化への有利性,国民生活の向上などを挙げている「人民元の切り上げと中国の国際通貨戦略について」外国為替貿易研究会『国際金融』1183号,2007年12月1日。
(20) 週間『エコノミスト』毎日新聞社,2007年5月22日。
(21) 日本では,1964年に8条国となってから資本取引の自由化が実現したのは1980年である。
(22) 福居信幸「人民元の国際化と香港の役割」外国為替貿易研究会『国際金融』1991号,2008年8月1日。氏は人民元の国際化の実験場が必要であり,香港がそれに相応しいとしている。

第8章
中国の成長と財政問題

桑原美香

はじめに

　2008年に開催された第11期全国人民代表大会第1回会議では，実質GDP成長率は前年度と比べ3.4%低い8%程度に設定された。近年中国では，鉄鋼や電力，化学工業などが牽引役となり飛躍的に経済成長していたが，一方でインフレ率の上昇やエネルギー・環境問題，農村における経済発展の遅れや所得格差などが新たな問題を引き起こしつつあった。裏を返せば，これまでの中国の経済成長は，問題を先送りすることで一部の者が犠牲となり支えてきたということではないだろうか。一部が先に経済成長することで，残りの成長をも促すとされてきた「先富論」は，シフトチェンジを迫られている。

　2007年の全国人民代表大会では，「科学的発展観」とともに，ゆとりある「小康社会」と調和の取れた「和諧社会」を目指すことが国の方針として示された。GDPの成長のみを重視するのではなく環境問題にも配慮し持続可能な発展を目指すこと，外資を活用して地域間格差の縮小と企業の技術開発を促進すること，「投資，輸出」牽引型の経済成長パターンから「消費，投資，輸出」牽引型へと切り替え，サービス業の発展を重視することなどが重点課題になりつつある。

　以上の背景を鑑み，本章では，都市―農村間で生じてきたさまざまな格差の実態と，それに対処するための財政制度の改革，影響について整理する。

第1節　財政制度の概要と財政力格差

（1）　財政力格差の現状

　本節では，財政力格差の問題について大きく2つに分けて議論する。1つ目は垂直的な財政力格差の問題である。つまり，国と地方の間で生じている格差である。1980年以降，何度か税財政制度改革が行われる中で，地方よりも国の歳入割合が上がってきている。しかし，実際の行財政運営に伴う歳出は地方の方が多く，実態と乖離した財政制度になっている。

　2つ目は水平的な財政力格差の問題である。改革・開放以降，都市―農村間の地域格差や，沿海部と内陸部の地域間格差は深刻化している。格差是正のための移転財源などもあるが，効果的に機能しているとは言い難い。

　以下では主に，財政制度の概要と歳出入面からみた財政力格差について具体的な数値を用いながら整理する。

（2）　垂直的財政力格差

　表8-1には，中国中央政府と地方政府の歳出入割合を1980年から5年ごとに示している。中央政府の歳入割合は1980年には25％，地方政府は75％であったが，1994年に導入された分税制により，1995年以降は中央政府の割合が52％，地方政府の割合は48％になっている。一方歳出は，1980年には中央政府が54％，地方政府が46％であったが，1990年にはそれぞれ33％と67％，2000年には35％と65％，2005年には26％と74％となっている。日本では，国と地方の歳出入ギャップを埋めるものとして地方交付税や国庫支出金のような移転財源があるが，これまでの中国の財政制度においてはこのような財源はみられず，地方の財政は逼迫した状況にあった。

　表8-2は中央政府と地方政府の税項目について整理したものである。大きく3つに分けられ，①共有税，②中央税，③地方税がある。①の共有税とは，国によって徴税され中央政府と地方政府とで按分される税である。主に経済発展にかかわるものを税源としている。具体的には，増値税，営業税，資源税などがある。なお増値税とは，物品販売や輸入，加工・修理などに対して課税されるもので，中央政府に75％，地方政府に25％配分される。営業税は，交通・

第8章 中国の成長と財政問題　183

表8-1　中央政府と地方政府の歳出入割合の推移

(単位：億元)

	歳　　入				歳　　出			
	中　央		地　方		中　央		地　方	
1980年	284.45	(0.25)	875.48	(0.75)	666.81	(0.54)	562.02	(0.46)
85年	769.63	(0.38)	1,235.19	(0.62)	795.25	(0.40)	1,209.00	(0.60)
90年	992.42	(0.34)	1,944.68	(0.66)	1,004.47	(0.33)	2,079.12	(0.67)
95年	3,256.62	(0.52)	2,985.58	(0.48)	1,995.39	(0.29)	4,828.33	(0.71)
2000年	6,989.17	(0.52)	6,406.06	(0.48)	5,519.85	(0.35)	10,366.65	(0.65)
05年	16,548.53	(0.52)	15,100.76	(0.48)	8,775.97	(0.26)	25,154.31	(0.74)

注：(　)内は中央と地方との割合。
資料：中華人民共和国国家統計局『中国統計年鑑』各年版より作成。

表8-2　中央政府と地方政府の税項目

①　共有税	②　中央税	③　地方税
増値税(中央75％, 省級25％)	消費税	城鎮土地使用税
営業税	車両購入税	不動産税
企業所得税	関　税	都市不動産税
外資・外国企業所得税	税関が代理徴収する増値税と消費税	耕地占用税
個人所得税		土地増値税
資源税	船舶吨税	車両船舶鑑札使用税
都市保護建設税		車両船舶使用税
印紙税		契　税
		農畜産業税
		屠殺税
		固定資産方向調節税

資料：倪(2005)より転載。

運輸，建築，金融・保険，郵便・通信，娯楽・サービス業の営業収入に課せられるものである。資源税は，海洋石油資源以外の原油や天然ガス，石炭などの生産に対して課税されるもので，主に地方政府の収入となる。②の中央税とは，消費税，関税，中央政府に所属する企業の企業所得税などが該当する。中央政府が徴税し，スピルオーバーが生じるような公共財・サービスを提供するために使われる。③の地方税とは，土地使用税や不動産税などが該当する。地方政府に徴収の責任がある税で，地方が管理・提供すべき財・サービスのために使われる。

個人所得税の課税対象者は都市住民で，45％を最高とする9段階の類進型の税率構造であったが，2008年からは最高税率が30％に引き下げられている。所得の種類は11に分けられ，それぞれ税率が異なっている。給与所得の割合が低

いほど税率も低いため，高額所得者に有利な構造である。脱税なども多かったことから，2006年からは年間12万元を超す高額所得者には納税申告が義務付けられた。しかし，税率の設定の仕方や逆進的な徴税構造などに対する批判は多い。さらに中国では副収入が多いため，個々人の所得の全容を把握することが困難である。徴税システムも未整備で，源泉徴収制度を導入していない企業もあるため，租税額に占める個人所得税の割合は2000年，2005年とも8.0％程度である。

また，農業税とは異なり，都市住民には給与所得控除が認められており，2005年までは月800元であったが，2006年からは月1600元，2007年からは月2000元へと引き上げられた。課税最低限を上回る額に対する税率は5％である。なお，都市部従業員の平均年収は，1981年には772元，1990年代には800元程度の所得層が徐々に増え，2000年の平均月収は約800元，2004年には1万6024元，2005年には1万8364元，2006年には2万1001元であった。外国人の経費控除基準は2004年には4000元で，その内訳は経費控除800元と付加控除3200元であった。2006年からは経費控除基準が4800元となり，その内訳は経費控除基準1600元と付加控除が3200元である。これらの控除等の制度により，全国従業員数に占める納税者の割合は50％から30％へと下がり，大半の給与所得者は課税最低限以下のため免税となっている。一方で農業税に控除制度はないうえ，地方政府がさまざまな名目で費用を徴収するため，農村・都市全体での課税体系は逆進的である。

相続税もあるが，銀行預金，証券，金融資産，家屋などの不動産投機・取引が実名でなされていないため，実態と乖離しており，十分に捕捉できていないのが現状である。

表8-3では2005年度の中央と地方の歳入額を示しているが，中央政府の収入として最も大きな額を占めるものは増値税であった。地方政府の収入では，営業税が占める割合が高く，営業税の9割以上は地方の収入となっている。営業税，個人所得税，地方企業の企業税など，一方消費税は，中央政府の収入総額に占める割合の高い税であるが，すべて中央政府の収入となる。しかし，国内総生産に占める税収総額の割合は1割程度しかないため，行政運営はもとより地域格差是正などに対する十分な財源をもっていない。

表8-4には，中央政府と地方政府の事務事業の区分が示されている。国防

表 8-3 中央政府と地方政府の主要歳入額（2005年度）

(単位：億元)

	中　央		地　方		合　計
消費税	1,633.81	(1.00)			1,633.81
増値税	7,931.35	(0.73)	2,860.76	(0.27)	10,792.11
営業税	129.64	(0.03)	4,102.82	(0.97)	4,232.46
関税が代理徴収する増値税と消費税	4,211.78	(1.00)			4,211.78
資源税			142.20	(1.00)	142.20
都市保護建設税	4.66	(0.01)	791.02	(0.99)	795.68
企業所得税	3,204.03	(0.60)	2,139.89	(0.40)	5,343.92
個人所得税	1,256.94	(0.60)	837.97	(0.40)	2,094.91
城鎮土地使用税			137.34	(1.00)	137.34
その他各税			776.33	(1.00)	776.33
関　税	1,066.17	(1.00)			1,066.17
船舶屯税	13.81	(1.00)			13.81
農畜産業税			59.41	(1.00)	59.41
契　税			735.14	(1.00)	735.14
耕地占用税			141.85	(1.00)	141.85
外貿企業出口退税	-4,048.94	(1.00)			-4,048.94
証券取引印紙税	65.30	(0.97)	2.00	(0.03)	67.30
車両購入税	583.26	(1.00)			583.26
地方公営企業補助金	-193.26		-26.69		-219.95
都市部上下水道料金収入	11.93	(1.00)	11.93	11.93	11.93
その他収入	508.88	(0.20)	2,035.11	(0.80)	2,543.99
教育費附加収入	2.6	(0.01)	353.58	(0.99)	356.18
合　計	16,381.96	(0.56)	15,088.73	(0.44)	31,470.69

注：( )内は中央と地方との割合。
資料：中華人民共和国国家統計局『中国統計年鑑』2006年版より作成。

表 8-4 事務事業の区分

	中央	省級	市級	県級	郷級	説　明
国　防	◆					
外　交	◆					
高等教育	◆	◆	◆			
中等教育		◆	◆	◆		
義務教育				◆	◆	
文化事業	◆	◆	◆	◆	◆	
科学研究事業	◆	◆	◆			
医療保健		◆	◆	◆		
人口抑制			◆	◆		
行政管理	◆	◆	◆	◆	◆	各レベルで各自負担
政法支出	◆	◆	◆	◆	◆	主要事務は中央
社会保障	◆	◆	◆	◆	◆	各レベルで各自負担。社会統一の場合は省レベル以下が負担。

資料：表 8-2に同じ。

表 8-5 2005年度主要歳出額

(単位：億元)

	中　央		地　方		合　計
基本建設支出	1,365.56	(0.34)	2,675.78	(0.66)	4,041.34
科学技術振興基金等	337.90	(0.23)	1,156.70	(0.77)	1,494.60
企業流動資金用資金	17.10	(0.94)	1.07	(0.06)	18.17
地質勘探費	39.95	(0.30)	92.75	(0.70)	132.70
工業，交通，流通部門事業費	91.38	(0.21)	352.77	(0.79)	444.15
支農支出	147.53	(0.08)	1,644.87	(0.92)	1,792.40
城市維持建設支出			1,393.61	(1.00)	1,393.61
文教，科学，厚生事業費	587.67	(0.10)	5,516.51	(0.90)	6,104.18
社会福利救済費	5.34	(0.01)	711.05	(0.99)	716.39
社会保障補助費	236.71	(0.13)	1,580.93	(0.87)	1,817.64
国防支出	2,447.03	(0.99)	27.93	(0.01)	2,474.96
行政管理費	464.26	(0.16)	2,419.23	(0.84)	2,883.49
公安法司支出	88.83	(0.05)	1,764.06	(0.95)	1,852.89
武装警察支出	285.80	(0.87)	41.07	(0.13)	326.87
外交外事支出	86.70	(0.88)	12.35	(0.12)	99.05
対外援助支出	74.70	(1.00)			74.70
支援経済不発展地区支出	6.66	(0.03)	188.76	(0.97)	195.42
政策性支出	591.44	(0.59)	407.03	(0.41)	998.47
その他部門的事業費	109.90	(0.09)	1,166.25	(0.91)	1,276.15
その他支出	474.55	(0.16)	2,468.00	(0.84)	2,942.55
教育費附加支出			315.15	(1.00)	315.15
行政事業単位離退休経費	98.85	(0.08)	1,065.98	(0.92)	1,164.83
車両税収入安排的支出	403.92	(0.73)	152.46	(0.27)	556.38
予算外資金改革支出	815.01	(1.00)			815.01
国内外債務利息支出	779.65	(1.00)			779.65

注：( )内は中央と地方との割合。
資料：表8-3に同じ。

や外交は中央政府に遂行の義務があるのに対し，中等教育は省級，市級，義務教育は県級，郷級に遂行の義務がある。文化事業や医療保健，社会保障や行政管理などはすべての政府に責任があるとされている。しかし，実際には地方政府が担う部分が大きく財政上の負担も大きい。表8-5は，2005年度の主な支出額を項目別に示したもので，中央政府と地方政府の割合も付記している。中央政府の支出で最も大きいものは国防支出で，次いで建設支出である。しかし建設支出は，金額ベースでは地方政府の方が大きい。文教，科学，厚生事業や行政管理費なども9割が地方政府の支出となっており，金額的にもかなり大きい。しかし実際には，各事務事業に見合った財源が保障されているとはいえず，

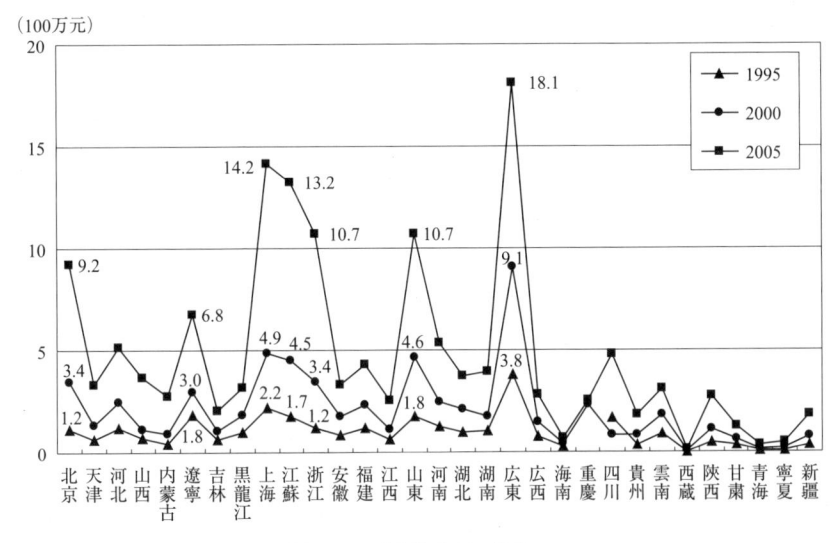

第8章 中国の成長と財政問題 187

図8-1 省別歳入額の推移

注：重慶市が直轄市に昇格したのは1997年で，1995年時点では統計上四川省に含まれる。
資料：表8-3に同じ。

行政サービス水準が低下し，深刻な問題となりつつある。

（3） 水平的財政力格差

図8-1は1995年，2000年と2005年の歳入額の推移を省別に示したものである。1995年には，広東や上海などの歳入が突出しているが，極端な格差はみられない。一方2005年には，広東，上海，江蘇などの歳入がかなり多く，他省との差が拡がっている。

歳入の内訳をみるため，図8-2では，2005年度の一人当たり地方税額を省別に示した。グラフ横の値は全国平均を100として指標化したものである。資源税を除くすべての税収において，上海が突出している。個人所得税は平均の9倍以上となっている。次いで北京の税収が大きく，増値税では平均の2倍，営業税や企業所得税，個人所得税は平均の6～8倍となっている。逆に，西蔵では増値税や企業所得税が平均の2割以下となっている。資源税はその他の税収が多い省には少なく，その他の税収が少ない省には多く配分されているように見受けられる。ただ，金額ベースでは大きくないため，地域間格差を埋める

注：数値は全国平均を100としたときの値。
資料：表8-3に同じ。

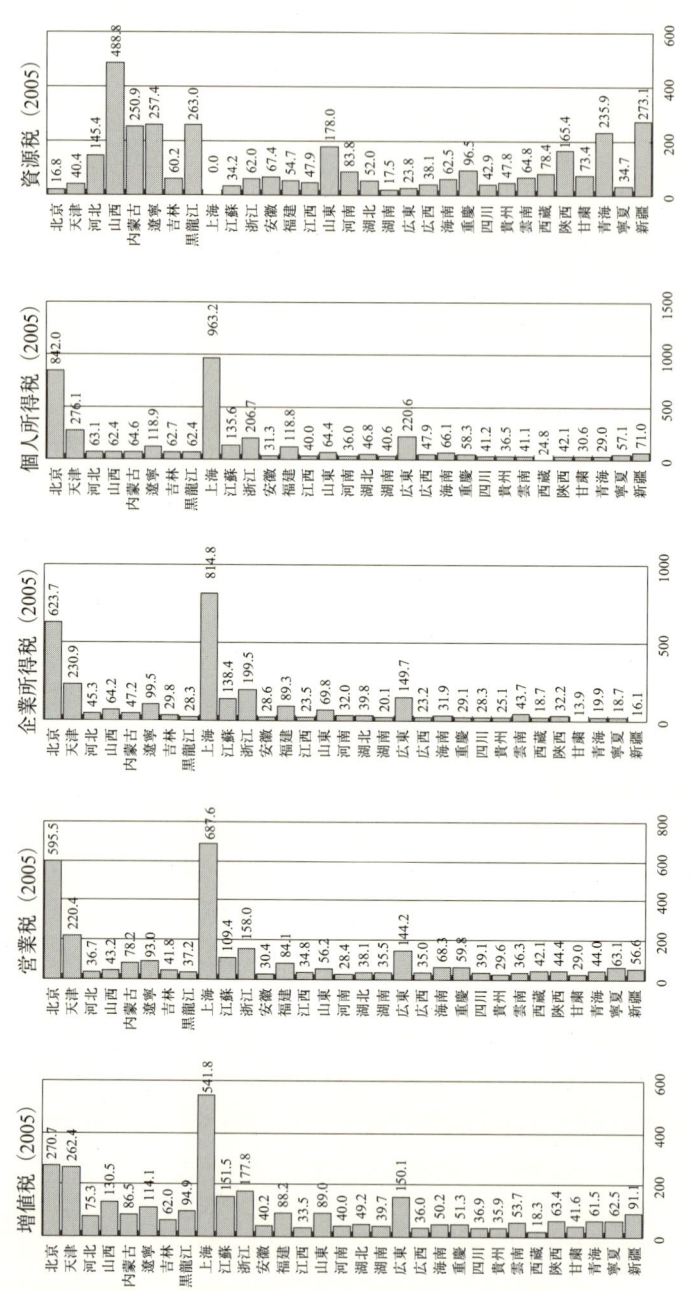

図8-2 2005年度中国の省別一人当たり地方税収

財源にはなっていない。

第2節　税財政制度の改革と都市―農村間格差

(1) 税財政制度の変遷

　表8-6には，1950年代以降の税財政制度の変遷を整理しており，以下，表に沿って説明する。

　1950年以降，中国は計画経済下にあり，権限や財源は中央に集権化されていた。とりわけ国有企業の利潤などは中央政府に納められた。一方地方では税金の項目が少なく，徴税額も省ごとに格差があった。しかも地方では，中央が計画した教育や医療保険，社会保障や住宅の政策に沿うよう業務遂行が求められたため，歳入額が歳出額に満たない地方もあり，その場合には財政移転が行われていた。ただし，日本の地方交付税の算定時に用いられる基準財政需要額などの綿密な積算などが行われていたわけではなく，主に中央と省との間の交渉で移転額が決まっていた。

　1978年には「改革・開放」政策が実施され，非国有企業の参入によって国有企業の利潤が激減しはじめ，これに伴い国税収入も減りはじめ財政難に陥った。

　そこで1980年から財政請負制が導入された。この制度は，各地方が徴収した税の一定割合を中央に納めるものであるが，大都市などでの上納分が地方に配布されることで前者の徴税インセンティブが削がれ，逆に多くの地域の財政収支が悪化することになった。そのため1988年からは，中央から請け負った目標収入を納めれば，残額は地方の歳入としてよいことになった。

　1994年からは分税制が実施された。この制度は，中央と地方とで行政業務や財政支出の責任範囲を明確化し，中央と地方とで税目を区分して徴収する制度である。具体的には，中央政府の業務範囲は国防・外交，経済安定化，地方への支援などで，地方政府の業務範囲はインフラ整備や文教・教育，衛生などである。この制度を導入した目的は，中央の収入落ち込みを回復させるためであった。さらに，中央から地方へ財政移転される「税収返還」が制度化された。税収返還額は消費税と増値税の75％を足したものから1993年に中央から地方へ交付した額を引いて算出される。次年度以降は1993年度の返還額を基数として，税収の全国平均成長率に0.3を乗じた額が返還額となる。制度導入当初は，移

表 8-6　税財政制度の変遷

	財政管理体制	税制改革	備　考
1950年代	・中央統収統支(1950) ・統一指導, 分級負責(1951) ・以収定支(1958)	・全国税制実施要則(1949) ・全国の租税政策の統一に関する決定, 全国の各級税務機関の暫定組織規約(1950) ・税制改正(1953) ・対象税目：工商企業に重点(1956) ・税種合併, 納税段階・課税方法の簡素化(1958)	中華人民共和国成立(1949) 第1次5カ年計画(1953)
1960年代			
1970年代	・定収定支, 収支包幹(1971)	・簡素化した税制確立(1973) ・渉外税, 利改税	改革・開放政策(1978)
1980年代	・画分収支, 分級包幹(1980) ・画分税種, 核定収支, 分級包幹(1986)		
1990年代		・分税制改革(1994)	社会主義市場経済体制改革(1992) 外国為替管理体制改革(1996) 西部大開発戦略(1999)
2000年代	・科学的発展観小康社会, 和諧社会(2007)	・農業税廃止(2006) ・総合税制改革(2008)	WTO正式加盟(2001) SARS流行：農業停滞(2003)

転収支の大半を占めていた。しかし，税収返還は1993年時点を基準としており，それ以前の返還額を確保するように制度設計されたため，従来から中央政府に納税していた額が多い地方政府は，返還額も多くなり，本来の意味での移転収支としての機能を果たさなかった。さらにこの制度は，中央政府と地方政府の責任と権限を明確化しているにすぎず，地方内部の分担については記述がない。それゆえ，事務が重複したり，上級地方政府が下級政府に事務や費用負担を押し付けたりするケースもあり，逆に責任の所在が不明確になった地域もある。

　その他にも移転収支の制度があり，主に専項移転支出と過渡期移転支出とがある。前者は日本の国庫支出金のようなもので，本来中央政府が行うべき業務を地方政府が行う場合の財源保障や，中央政府と地方政府とで行う業務に対して支払われるものなどがある。中央政府の計画を行うために重要な制度ではあるが，自由度の低い補助金である。後者はさらに2つに分けられ，地方交付税

のような役割を果たす「均等化移転支出」と，少数民族や西部の振興のために交付される「政策的移転支出」とがある。いずれの資金も財源が不足していたが，2004年からは「財力性転移支出」と名称を変え，財源確保もされるようになっている。上記2つ以外にも，2000年からは「収入分配調整政策転移支出」などが交付されており，使途に制限のない資金を中西部地区などに交付している。

2006年には農民に対する所得増加政策を行い，農業税を廃止し（地方政府の税収減），補助金を交付したり，農村での公共事業を増加させたりした。

中国では，社会福祉，義務教育，医療・公衆衛生，インフラ整備，社会治安など主要な公共財・サービス提供は地方に委ねられている。しかも費用負担はさらに下級の政府に回されている。下級地方政府は税収に関する立法権，税法の解釈権などをもっていないため，上位政府からの締め付けはさらに厳しくなる。また，財政状況の厳しい地方では，歳入も見込めずさらに整備が遅れる。

2008年には個人所得税法が施行され基礎控除額が引き上げられた。これは中低所得者を重視した制度であるが，実際には，給与所得者の7割が課税対象者ではなくなり300億元の歳入減となる。その他，新企業所得税法も施行され，国内外の企業すべて一律25％の税率となった。優遇税率であった企業は段階的に引き上げられるが，「西部大開発」を行うための投資に対しては優遇税率が適用される。また，2009年からは増値税の課税方式が生産型から消費型へと変更された。設備投資分の付加価値税を控除することができるようになったり，小規模納税者の税率が3％に統一されたりした。これにより1230億元の減税となる。

以上の変遷を辿りながら，実際に都市—農村間ではどのような格差が生じたのか，特に教育，社会保障制度に着目し，今後の課題を導出する。

（2） 教育面からみた都市—農村間格差

農村部と都市部とでは，近年特に教育面での格差が広がっている。以下では，教育費に着目しながら教育政策の変遷を整理する。

文化大革命時期，農村での教育事業は重視されていた。高等教育機関のあり方は発展計画に組み込まれており，すべて国有化されていた。ここでの国有化とは，経費のみならず，大学の組織構造や教職員の定員，給与水準，人事任免権

などすべて中央政府部門が権限を有するという意味である。ただし，学生は授業料や宿舎料などすべてが全額免除されていた。貧しい家庭出身の学生に対しては，卒業時の就職先を自分で決めることはできないという制限はつくが，生活費も支給されていた。初等・中等教育機関に関しては，都市部の小中学校の運営費は政府予算から支出され，教員は「公弁教師」の資格をもっていた。農村部の小中高校は，主に人民公社集団組織が運営していた。公弁教師の給与など，教育費の一部は県レベルの地方財政が助成し，残りはすべて人民公社の集団組織が賄っていた。いずれにしても，学生側の金銭的負担は軽く，社会階層間の格差が小さかったといえ，入学試験は試験の成績に基づいて公正に行われていた。だが，そのような財政構造の下で平等な学校教育を進めたことで公社による学校運営は徐々に難しくなった。さらに生産責任制が導入され人民公社が解散されると，教育推進の母体がなくなり，ますます学校運営が困難となった。そこで，1984年に「農村学校教育経費の調達に関する通知」が出され，教育費は総額請負制として県や郷・鎮政府が受けもつこと，農民や郷鎮企業から教育附加費を徴収することが決まった。教育附加費は，都市部では増値税，営業税，消費税に附加され，農村部では農業税に附加されて徴収された。さらに1985年には「教育体制の改革に関する決定」が出され，「分級弁学」制度が導入された。具体的には，基礎教育の責任を地方政府に委譲し段階的に9年制義務教育を実施すること，中等教育では職業技術訓練を強化すること，大学の自主権限を拡大するため，学生募集や卒業生の就業配分制度を改革することなどが謳われた。高級中学校は県が，初等中学校は郷・鎮，小学校は村が運営や経費調達に対して責任をもつこと，郷財政収入の多くを教育に投入すべきと明文化された。1986年には「中華人民共和国義務教育法」が出され，農村の小中学校校舎建設費は郷，村の自費，それが困難な地方に対しては地方人民政府が補助金等を交付するとされた。さらに，農村戸籍の子供は都市の小中学校には入学できないため，出稼ぎ労働者の子女は，義務教育も受けられない。そのため大都市では，無認可ではあるが出身地別の教育施設があった。

　以上のように基礎教育の責任を地方が担うべき理由として，多様な地域・民族の文化や経済情勢に対応させることが挙げられているが，実質的には，上位政府から下位政府に対する経費と責任の押し付けであるといわれている。上述のように，教育にかかる費用は教育附加税として徴税されたが，都市部では企

業に課されたのに対し，農村部では農民に課された。また，地方によっては，個別に資金が集められたりしたため，農民の負担額は増えていった。さらに入学・進学にかかる費用も高額になり，最近では，金銭的理由から学業を断念する者が増えている。一方で，地方政府側は教育の運営と財源に対する責任を負ったことで財政状況はますます悪化し，小中学校教員給与が長期にわたって未払いの農村もあった。1992年には「中華人民共和国教育法」が制定された。その後，各種法律の制定や改革が行われ，2003年には「農村教育事業の強化に関する決定」が出された。2008年からは，農村の義務教育経費保証制度が実施されており，学費，雑費，国家カリキュラムの教科書は無料提供。その他，農村の寄宿制学校整備，中西部農村の校舎改築，遠隔教育プロジェクトなどに30億元，職業訓練校などの整備に21億元が費やされ，奨学金等の拡充も行われている。

　こうした都市・農村間の教育格差問題に早急に着手しなければ，今後大きな禍根を残す。これまでの中国は，農村部の余剰労働力を都市部に送り出し，両者の経済活動がリンクしていた。近年20年間で労働力移動の制限が緩和されたため，2003年時点の農村出身の出稼ぎ労働者は1億人近いといわれている。だが現在では，産業の高度化に伴い労働力の質の向上が求められている。しかし，農村部では教育環境の悪化により都市部で求められている水準まで農村部の人材を育成できていない。このような状況が続けば，農村部の余剰労働力を都市部に送り出せなくなり，競争力を失う可能性がある。

（3）　社会保障面からみた都市―農村間格差

　次に，農村戸籍者と都市戸籍者の社会保障面での格差について述べる。農村戸籍者と都市戸籍者とでは適用される社会保障制度が異なっており，医療に関しては，農村部では診療費の7割を自費で支払わねばならなかった。計画経済時代には農村合作医療制度が普及しており，人民公社の社員が年に1元ほど拠出し，治療費の全額もしくは一部が保障されていた。人民公社の解体に伴い加入率が下がったが，近年では10～15％を維持している。現在は新型農村合作医療制度を行っており，今後の拠出金は年間50元から100元に引き上げられ，中央政府からの補助金が一人当たり40元から80元へと引き上げられるため，実質一人当たりの拠出額は20元となっている。一方都市部では，1998年に医療保険

制度が導入された。対象者は都市部のすべての企業の労働者，官公庁職員とそれらの退職者で，個人の医療保険口座と社会統一医療保険基金からなる。前者からは外来費や一定額以下の入院費，後者からは一定額以上の入院費などが給付される。加入率は現役労働者の3割程度である。近年では，都市農村住民をカバーする多層的医療衛生サービスの拡充が図られ，郷鎮衛生院の設置や医療機関の整備，医療機器の配備などが進められている。

失業保険や年金の制度に関しては，1997年に都市従業員基礎年金制度が，1999年に失業保険制度が導入された。積立方式の個人口座と確定給付方式の社会統一年金口座が設けられており，2004年からは転職時のポータビリティーが高い米国流401kタイプの企業年金制度が推奨されている。2003年時点の加入率は現役労働者の半分程度で，退職者への年金支払いは現役労働者の積立金から支払われるため，その額が不足している。失業保険に関しては，公務員を除くすべての都市部の企業・事業所の従業員が加入対象者である。保険料は企業・事業所が賃金の2％，個人が賃金の1％を支払う。給付期間は12カ月から24カ月で，給付基準は最低生活水準以上，現地最低賃金以下となっている。農村部の年金制度は，1992年に導入された農村養老年金制度があるが，地方政府からの補助はほとんどなく，月に数元から数十元程度の給付しかないため加入者が急速に減少している。また，これまで農村戸籍者は都市に出て企業で働いても年金給付対象者にはなれなかった。従って農村部においては，老後の生活保障が行き届いていない。

最低生活保障制度に関しては，1999年に生活保護の制度が導入された。対象者は都市部のすべての住民で，給付費用は地方予算から捻出される。特定貧困地域に対しては，中央政府から支援や最低生活保障制度などがあるが，十分とはいえない。

おわりに

本章では，中国における垂直的な格差と地域間の水平的な格差に着目し，税財政制度の改革と経緯について整理した。経済成長期においては，全国で統一された計画を目標として，資源を集中投下することが最短の方法であった。しかし，それにより生じた歪みは大きい。自然環境やエネルギーの問題，農村部

における経済発展の遅れや都市部での経済的格差などに対する具体的な対処が急務である。とりわけ，都市部と農村部における制度や環境整備の格差はますます広がっている。それらの問題を短期施策で対処することは簡単であるが，根本的な解決策をとらねば，近い将来大きな問題として跳ね返ってくるのではないだろうか。真の成長の礎は「人」にあり，安定した教育や社会保障の制度を整備すべきである。

そのためには，まず国と地方の垂直的な財政力格差を縮小する必要がある。地方の事務事業に見合った財源を確保する必要がある。分税制で行われた国と地方の役割分担を見直し，事務事業に見合うコストの積算をすべきであろう。地方政府が建設や教育・文化，厚生事業を担うのであれば，それに見合った税源を確保することは大前提である。また，重複業務や，移管できる業務はないか，地域の物価水準と行政官吏の給与水準とに開きがないかチェックする必要があるだろう。水平的な財政力格差に対しても，地方ごとに前述のチェックを行う必要があるだろう。そのうえで，経済発展や税収確保のインセンティブを削がないような，財政調整基金を設ける必要があるのではないだろうか。地域間格差，とりわけ都市部と農村部との格差に関しては，行政サービスの水準に大きな差が生じないよう最低ラインを設け，それに見合う財源を確保しなければならない。

近年の都市部の経済成長が，農村部からの収奪構造に起因するならば，そうした構図は今後続かない。産業構造が高度化する中で，中国の強みを低賃金労働のみにとどめないためには，農村部における人材教育や社会保障も重視すべきであろう。

参考文献

牛嶋俊一郎（2006）「中国における所得格差の拡大——中国の高度成長の持続可能性との関連で」『東京経済大学会誌』第249巻。

巌善平（2003）「中国経済の発展と構造転換」『比較経済体制学会年報』第40巻，第1号。

佐藤主光（2006）「中国の地方税制——省と省以下級政府の財政関係に着目して」『財務省財務総合政策研究所と中国国務院発展研究中心（DRC）との「中央と地方の役割分担と財政の関係」に関する共同研究最終報告書』。

孫一萱（2000）「中国地方財政の発展段階より見た『分権化』過程の評価」『經濟論

叢』京都大學經濟學會，第165巻，第1・2号。

張玉林（2003）「第4章　中国の教育資源配分と都市・農村間の教育格差――『分級弁学』システムの問題」祖田修監修，大原興太郎ほか編『持続的農業農村の展望』大明堂。

張忠任（2001）「中国の財政における予算外資金の改革と問題点」『総合政策論叢』島根県立大学総合政策学会，第2号。

津上俊哉（2004）「中国地方財政制度の現状と問題点――近時の変化を中心に」独立行政法人 経済産業研究所Discussion Paper Series 04-J-020。

倪紅日（2005）「中国における政府間財政移転支出制度の現状，問題点とその整備」『財務省財務総合政策研究所と中国国務院発展研究中心（DRC）との「地方財政（地方交付税）に関する共同研究」最終報告書』。

沼尾波子（2006）「義務教育制度にみる中央・地方の事務権限配分と財源保障の課題」『財務省財務総合政策研究所と中国国務院発展研究中心（DRC）との「中央と地方の役割分担と財政の関係」に関する共同研究最終報告書』。

『中国統計年鑑』各年版。

第9章
中国の経済発展と労働問題

侯　玲玲

はじめに

　改革・開放以来，中国は，労働力は豊富だが資本は不足するという国情から，粗放型・労働集約型産業の比較優位を活かす戦略を採用し，低コストによって外資を吸収し，輸出拡大をはかる開発モデルを確立した。このため，中国は労働・雇用制度を改革して，雇用面における企業の自由度を拡大してきた。同時に，中国系企業と外資系企業に対して，異なる法人税率の設定による外資優遇政策を実施した。この他，地方政府が企業誘致を目的に中央政府の意思や法規定に反する独自の政策を採用したため，企業の人件費はさらに低く抑えられてきた。

　このような開発モデルは，中国の市場経済の発展に必要な原始的蓄積を成し遂げたが，他方では，低付加価値製品の大量輸出と高付加価値製品の輸入への依存という問題をも際立たせた。その結果，中国の国際競争力の向上を真の意味で実現したとは，いまだ言い難い状態にある。低付加価値産業への参入障壁が低いほど，参入企業が増え，悪性競争が深刻化し，企業は労働コストを絶えず削減することでしか利益を実現できない。この結果，労働者の権利が大きく弱体化し，賃金水準の合理的向上が見られず，労使関係がますます緊張化したことから，社会の安定を脅かす要因が増加している。

　他方，このような労働者利益の犠牲の上に成り立った低賃金労働は，中国に対する国際的な圧力の強まりをもたらしている。このような背景の下で，中国は労働問題に関する法整備を強化し始めた。2008年，「労働契約法」，「就業促進法」，「労働争議仲介・仲裁法」が相次ぎ発効し，「社会保険法」も制定された。中国政府は，ようやく経済発展モデルの転換に取り組み始めたといえる。

以下では，中国の経済発展モデルと労働問題を中心に考察する。

第1節　中国経済の発展モデルとその問題点

(1) 中国経済の成長モデル

　改革・開放以来，中国は国際分業と国際競争の中で，伝統的な比較優位理論に基づいて，資本は不足しているが労働力は豊富であるという優位性をいかして，粗放的な労働集約的産業を発展させる比較優位戦略を実施し，低賃金構造の下で外国資本を導入し，輸出を拡大するという成長モデルを確立してきた。このような経済成長は，資本，土地，労働力などの生産要素の量的拡大によって加速された。この30年間にわたって，中国経済は9.4％の高い伸び率で成長し，輸出額も急速に増えてきた。[1]

　統計によると，2007年の輸出額は前年比25.7％増の1兆2178億ドルとなり，初めて1兆ドルを突破した。輸入額は20.8％増の9559億ドルで，貿易黒字は2619億ドルにも達した。1992年から2007年にかけて，中国は15年間連続して貿易黒字を保ち，しかも，年間黒字額は年々増加している（2003年254億ドル，2004年321億ドル，2005年1020億ドル，2006年1774億ドル，2007年2619億ドル）。

　中国の輸出構造から見ればわかるように，輸出製品は主に技術集約度の低い一次産品と労働集約的製品を中心としている。表9-1に示されているように，近年来，一次産品の輸出構成比が低下し，工業製品の輸出構成比が上昇するという構造的変化が見られるものの，工業製品の中で付加価値の低い労働集約的製品の輸出が依然として圧倒的なシェアを占めている（表9-2参照）。

　この資料の商品分類に拠れば，2004年の輸出製品の内，一次産品の構成比は4.6％，資源集約的製品の構成比は6.3％，低技術集約的製品の構成比は42.6％，中技術集約的製品の構成比は18.6％，ハイテク製品の構成比は28％であった。ここで特に注目すべきなのは，ハイテク製品のほとんどが海外から部品を輸入し，国内で組立を行うだけの加工貿易という形態で生産した電機・家電製品であるという点である。このような労働集約的製品を中心とする輸出構造の特徴は，基本的には中国の産業構造の特徴を反映しているといえよう。[2]

表9-1 中国輸出製品構造の推移

(単位：%)

	一次産品	工業製品
1990年	25.6	74.4
1995年	14.4	85.6
2000年	10.2	89.8
2001年	9.9	90.1
2002年	8.7	91.3
2003年	7.9	92.1
2004年	6.8	93.2
2005年	6.4	93.6
2006年	5.5	94.5
2007年	5.1	94.9

注：標準国際貿易分類（SITC）による分類。
資料：「中国輸出製品の構成表」『中国対外経済貿易白書2004年版』北京中信出版社，2005年版，および中華人民共和国国家統計局『中国統計年鑑』2008年版。

表9-2 中国の輸出製品構造の変化

(単位：%)

	1985年	1990年	1995年	2000年	2004年
一次産品	35.0	14.6	7.0	4.7	4.6
資源集約的製品	13.6	8.2	7.4	6.9	6.3
低技術集約的製品	39.1	56.3	53.5	47.6	42.6
中技術集約的製品	7.7	15.4	16.9	17.3	18.6
ハイテク製品	2.6	7.3	14.2	22.4	28.0

注：各年の合計が100％にならない場合があるが，原資料のままとした。
資料：東南亜研究中心『中国与東盟出口産品結構比較分析』(http://www.gxjmw.gou.cn/2007yanjtubaogao/070427-1.html)。

（2） 経済成長モデルの問題点

　中国において，このような経済成長モデルが国内資本蓄積に大きく寄与したことは否めない。しかし30年間にわたって，成長モデルと企業経営戦略の転換を行わずに，過度にこのような成長モデルに依存しすぎたために，結果として，中国経済の国際競争力の向上は制限され，次のような問題点が露呈してきた。[3]

① 製造業の発展の立ち遅れ

　中国の製造業の国際競争力が非常に弱いことからみれば，現在の中国は，「世界の工場」ではなく，「世界の加工センター」にすぎないといえよう。というのは，輸出大国としての中国では技術集約度の低い労働集約的製品の輸出が

圧倒的なシェアを占めており、先進国から反ダンピング訴訟が相次いでいる。2005年には、製造大国としての中国では機械設備の輸入額が3421.42億ドルに上り、輸入総額の51.84%を占めていた。いまの中国では機械設備の3分の2、光ファイバーの100%、IC製造装置の85%、石油化学プラントの80%、乗用車生産ライン、NC工作機械、紡績機械の70%が輸入に依存しており、大型航空機、大型医療機器、光ファイバー、自動車などの領域では国産化ができず、そのほとんどが輸入に依存している。

② 研究開発能力の弱さ

コア技術の対外依存度に関しては、先進国では30%以下、アメリカと日本は5%以下となっているが、中国ではが50%以上となっており、日米および韓国と比べると大きな格差がある。UNDPが公表した技術開発成果指数によれば、世界平均は0.374である。上位10位に入っているアメリカ、日本、韓国、英国は、それぞれ、0.733、0.698、0.666、0.606であるのに対して、中国は0.299であり、世界第45位となっている。

③ 環境の悪化

中国では、工業化、都市化の進展と消費構造の変化に伴って、関連産業の成長を加速させたが、経済システムの不完全性、量的拡大を追及する経済成長モデルなどによって、一部の産業では盲目的な投資、低い水準の生産能力の拡大が行われており、鉄鋼、アルミ、鉄合金、コークス、カーバイトなど、エネルギー消費の高いかつ環境破壊の深刻な産業の生産過剰が進んでいる。セメント、板ガラス、電力、石炭、繊維などの産業においても、生産能力の潜在的な過剰がみられる。このような生産能力の量的拡大は、深刻な環境問題をもたらし、環境保護が中国における最大の課題となっている。

④ 中国企業の低いブランド力

中国の改革・開放は30年間を経過したが、世界的なブランド品を育てることができなかった。アメリカの『ビジネス・ウィークリー』の世界ブランド・ベスト100には中国企業のブランドは一つもない。2008年の世界ベストブランドについてみれば、そのほとんどが米、日、独、仏のブランドで、その中でコカ・コーラのブランド価値が667億ドルとなっている。

⑤ 技能労働者の不足

沿海地域における20の都市労働力市場で、5000名以上の出稼ぎ労働者へのア

ンケート調査によると，中国最大の製造業基地としての珠江デルタ地域，長江デルタ地域，環渤海地域においては，一般出稼ぎ労働者の過剰と技能労働者の不足が深刻化している。現在の出稼ぎ労働者は，産業労働者の3分の2を占める2.5億人となっているが，そのほとんどが職業訓練を受けたことのない一般労働者である。このことは，就業者の川上工程への移動や中国製造業の国際競争力の向上を妨げる制約要因となっている。

⑥ 高い対外依存度

長期間にわたって，盲目的に外国資本を導入し，外資系企業に超国民待遇を与えてきたことによって，産業，地域さらに国家の発展において外国資本への依存度を高めてきた。2004年には工業企業において，外資系企業への依存度が総売上の30.8％，税収入の10.4％，利益の30.5％，輸出の57.1％，輸入の57.8％となった。また，国家工商総局公平取引局反独占処の調査によると，中国のコンピューター制御システム，フィルム，タイヤ，ネットワーク通信機器，カメラ，食品包装材の市場では外資系企業が圧倒的なシェアを占め，市場を独占する外資系企業も少なくない。たとえば，スウェーデンのテトラパック社は，中国の紙容器市場の95％のシェアを占めており，マイクロソフトのパソコン基本ソフト市場シェアは95％，モトローラ，ノキアの携帯電話市場でのシェアは75％，コカ・コーラのシェアは70％以上であった。また，スーパーマーケットにおける外資系企業のシェアは，80％以上となっている。

第2節　中国式経済発展モデルによる労働問題

（1）　労働者賃金の伸び悩み

① 低い労働者賃金の上昇率

中国では1978年以降，企業の雇用・賃金制度の改革に踏み切ってきた。労働力の自由流動に対する規制緩和を実施すると同時に，労働契約制度の導入によって，労働力配置の手段が国家計画から労働力市場へと転換した。このような労働制度の改革はまず，広東，上海，浙江で試行され，これらの地域は労働制度改革の成果を十分に享受し，経済の急成長を実現した。

労働力の自由移動の拡大に伴って，農村から都市へと大量の労働者が流入したことによって，賃金の上昇が抑えられた。図9-1に示されているように，

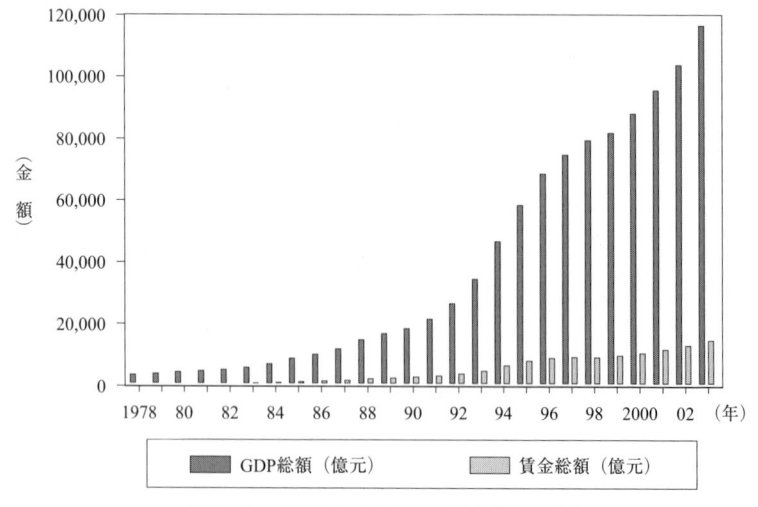

図9-1　中国におけるGDPと賃金総額の推移

注：①GDPと賃金総額はいずれも名目金額である。
　　②数字は当該年度の価格指数で計算。
資料：中華人民共和国国家統計局『中国統計年鑑』2004年版により作成。

1978年から2004年にかけて，賃金の上昇率はGDPの上昇率を下回っており，労働者賃金は低い水準に抑えられてきた。

② 地方政府による最低賃金基準の抑制

　中国では中央と地方の財政制度が分離されているため，地方政府は地域の経済利益と就業利益を追求するための経済主体となっている。地方政府は当地域の雇用拡大を確保するために，他地域からの労働力流入を規制し，労働力流入のコストを高めると同時に，地域経済の成長を促進するために外国資本の誘致に積極的に取り組んできた。それゆえ，最低賃金水準の抑制による労働コストの低減は，外国資本を誘致するための有力な手段となった。このような政策は次のような2つの問題を引き起こした。

　第1は，他地域からの出稼ぎ労働者が国際上の違法移民のような存在と見られている。特に都市と農村および地域間において，大きな賃金格差が存在する中で，受入地域の賃金水準が流出地域を少しでも上回っていれば，出稼ぎ労働者は就職を確保するために低賃金と劣悪な労働条件を引き受けざるを得ない。このような状態が，中国特有の労働問題を生じさせたのである。

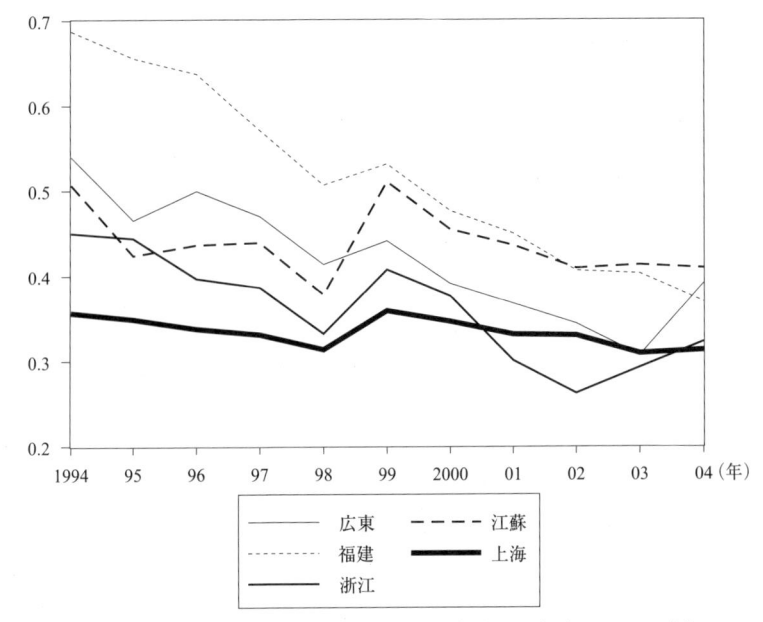

図 9-2 沿海地域における最低賃金と平均賃金の比率（1994～2004年）

注：①各省の各地域の最低賃金水準が違うため，ここでは各省の最も高い最低賃金水準を選択した。
②広東省の最低賃金水準は深圳のデータを含まない。
③最低賃金水準は12月間の平均で試算。
④最低賃金と平均賃金は名目値である。
資料：中華人民共和国国家統計局『中国統計年鑑』1996年～2004年の各年版，省別の統計年鑑，政府報告他より作成。

　第2は，地方政府が当該地域の労働力優位を維持するために最低賃金水準を抑制していることである。この場合，地域GRPおよび生活水準が上昇しても，最低賃金水準の引き上げをしない。図9-2に示されているように，1994年から2004年において，1996年と1999年を除いて，最低賃金水準と平均賃金水準の比率は下降傾向を示している。1994年には，一部分の地域においては最低賃金の水準が平均賃金の50％を超えており，福建省は70％にも達していたが，2002年には，そのほとんどが40％前後の水準に低下し，浙江省では30％以下となった。中には，当該地域の利益を追求するために，労働法と労働市場の信用メカニズムを無視して，最低賃金水準を抑制するケースもある。

(2) 労働者権益保護の問題

上述したように，1978年以降，農村から都市への大量労働力の流入は都市部に十分な労働力供給を確保させたが，労働力需給関係による労働者交渉力の弱さ，および経済成長と地方税収入増加のための一辺倒な政策によって，労働者権益，特に出稼ぎ労働者権益の保護が無視されるようになった。

中国では1994年の『労働法』において，労働者の権益を明確に定め，その実施によって，労働者権益の保護を試みた。しかし，期待された効果に達することなく，特に建設，軽工業，アパレル，飲食などの労働集約的部門の中小企業と個人経営企業においては，労働者権益の侵害事件が多発し，以下のような深刻な問題を抱えている。(4)

① 労働契約の低い締結率

『労働法』には，労働契約の文書化を義務付ける規定があるものの，実際に労働契約を文書化する企業は少ない。全国人民代表大会常務委員会法施行検査グループの2005年の調査によると，非国有中小企業においては労働契約の締結率は20％以下であり，個人経営企業の締結率はいっそう低い。

② 雇用関係の短期化現象の深刻化

中国において，経済システムの移行，市場競争の激化，企業の雇用政策の変化などに伴って，労働契約期間がますます短期化されてきた。最近，労働契約の期間は，ほとんどが3年未満で，その内，1年契約，3カ月契約さえもみられる。労働契約の短期化は，就業の不安定性を増大させることによって，労働者自身が長期的な職業発展計画をもつことができず，企業側の労働者に対する過酷な使用を助長したのである。さらに雇用関係の不安定により，中高年労働者の雇用が保障されず，40歳，50歳の失業者を増加させた。

③ 労働契約内容の不備

多くの労働契約には労働者側の義務と使用者側の権利しかない。中には，労働者の「病気・死亡は企業とは無関係」，「事故に対して企業側は責任をもたない」など，過酷な条件が含まれる契約もある。また，労働者採用の試用期間を乱用し，試用期間後に不採用にする企業さえある。

④ 賃金保障制度の不備

賃金保障制度が完全に施行されず，賃金未払い現象が深刻化し，昇給システムも制度化されていない。前出の2005年4月のアンケート調査によると，

12.7％の従業員の賃金水準が最低賃金基準を下回っている。中には，労働量の増加，単位労働量の賃金水準の低減などを通じて，最低賃金基準を引き下げる企業もあり，最低賃金基準の低減によって労働者の基本生活さえ保障できない地域もある。また，2004年に全国の労働保障監察機関が審査した案件の中で，賃金の引き下げと未払い企業が全体の41％を占めていた。企業利益の増加と地方政府の賃金水準に基づいて企業内賃金を決める企業は少なく，企業利益が上がっても最低賃金基準を企業内の賃金水準にする企業もある。しかも，多くの中小非国有企業においては労働組合が組織されておらず，労働者の賃金交渉力が弱いので，労働者，特に出稼ぎ労働者の賃金が中期的に低い水準に抑えられてきた。

⑤ 長時間残業現象の増加

中小企業では，『労働法』の基準を超えた長時間残業が強いられ，しかも残業手当の減額と未払い現象がよく見られる。特に季節変動の激しい業種では，労働者の1日の労働時間が数十時間となり，労働者の休憩権がまったく保障されていない企業もある。

⑥ 劣悪な労働条件

多くの企業では，コストを低減するために必要な設備投資と作業環境の改善を怠ったために，設備の老朽化と作業環境の悪化を招き，多くの作業者が粉塵，騒音，高温，有害ガスなどの被害を受けている。

⑦ 企業側の不当解雇による失業リスクの増大

中国では『労働法』に決められている違法解雇に対する処罰が軽く，労働契約中止に関する企業側の裁量権が大きいがゆえに，企業側は『労働法』における労働契約中止の規定を無視して，一方的に労働者を解雇することが可能である。しかも，『労働法』の労働契約中止の規定を利用して，簡単に労働者との労働契約を解除することができる。このことは企業側の雇用柔軟性を高めた一方，労働者の失業リスクを増大させた。

⑧ 社会保険料の滞納

中国では，企業側の社会保険料の支払いが法的に義務付けられてはいるものの，企業側には労働コストを削減するために，法的に決められた保険料納付義務を無視して，賃金総額や労働者人数を隠蔽する方法で，社会保険料の滞納を図る現象が見られる。しかも地方政府は企業を誘致するために，このような行

為を容認している。

⑨　非正規就業現象の増加

　企業側は雇用の柔軟性を高めるために，派遣労働者，非正規労働者の雇用を増やしている。これによって，雇用関係の不安定化と労働者権益への侵害を増大させた。現在の中国では，『労働法』に定められている雇用側の義務と責任を回避するための「派遣労働制度」が広く利用されている。上海市労働組合が40の県・区で行ったアンケート調査によれば，調査対象者4000人の内，企業側と継続的に労働契約を結ぶべき1193人が，強制的に労働派遣会社と派遣社員の契約を結ばせられた。ある統計によると，現在，全国の国有企業，および政府機関には，派遣社員が2500万人もおり，全国の建設会社には派遣社員が2.6万人もいる。全国の労働派遣会社は2.6万社あるが，その内労働管理機関の許可を受けたものは1.8万社にすぎない。[5]

⑩　労働法に関する司法・行政の限界

　中国では，労働保障監察機関は労働法の執行機関である。しかし，このような機関には，専門職員の不足，効果のある対策の欠如，違法案件に対する罰則のあいまいさなどの問題がある。多くの地方では訴訟案件だけを受理し，予防システムへの取り組みがないので，労働法に違反する行為を防ぐことができていない。

第3節　労働政策の変化と経済への影響

（1）　労働政策の変化

　中国は30年間の改革・開放を通じて，原始的蓄積が進んで，資本が豊富になった一方，経済発展モデルには多くの問題点が露呈した。そのことは，低付加価値製品の大量輸出と高付加価値製品の外国への依存という現象から見れば，国際競争力が強まったとはいえないことに加えて，労働問題の深刻化によって，労使協調関係の崩壊，所得格差の拡大などが社会の安定と経済の発展に大きな影響を及ぼしている点に表されている。

　このような社会問題を解決するために，中国政府は労働立法への取り組みを一層強化した。2008年には『労働契約法』，『就業促進法』，『労働紛争に関する調節仲裁法』，『社会保険法』などが相次いで施行された。なかでも，『労働契

約法』に対する反応が最も多かった。この『労働契約法』は，次のような点で中国企業の経営管理に影響を及ぼすであろう。

　①　実際の労働力使用を労働関係の成立とみなし，労働契約の文書化を義務付けると同時に，文書化された労働契約を結ばない場合，企業側は2倍の賃金を支払わなければならないことが義務づけられた。労働者の権益を保護するために，企業側への罰則規定を通じて，強制的に企業側と労働者側の間で，雇用条件を明確にした労働契約を結ぶことを義務付けている。それと同時に『労働契約法』では，労働の実際使用が発生すれば，雇用関係が成立するとみなし，企業側は雇用者の責任を果たさなければならないと明確に規定されている。これにより，企業側が労働者側と労働契約の不締結によって雇用者の責任を回避することを防止しようとしている。

　②　企業と従業員の間で固定期限のない労働契約を締結することが義務付けられた。労働契約期間の短期化現象を解消するために，『労働契約法』の第14条には，企業側と労働者側が協商したうえで固定期限のない労働契約を締結すべきであるという規定が定められている。しかも，次のような場合，労働者側が期限付き労働契約の締結を希望する場合を除き，固定期限なしの労働契約を締結すべきだと規定している。（ⅰ）労働者の勤務先企業での継続的な勤務期間が10年以上のもの，（ⅱ）企業が初めて労働契約を実施する場合，あるいは国有企業が民営化を実施する場合，従業員の当該企業での勤務年数が10年間以上，または定年までに10年間未満のもの，（ⅲ）継続的に2回の固定期限労働契約を締結し，かつ労働者がこの法の第39条，第40条第1項，第2項の規定に該当しないもの，である。さらに，企業側が採用の日から1年以内に労働者側と労働契約を締結しない場合，企業側と労働者側の間に無期限労働契約が締結されたものとみなす。

　③　暫定労働契約が規制された。同法の第19条，第20条，第21条では，暫定労働契約の期間，賃金水準および期間中の就業保証などに関して具体的な規定を定めており，これによって，企業側が暫定労働契約を利用して労働者を搾取することを防止する。

　④　従業員の経営参加を促進する。同法は，企業側が労働報酬，労働時間，休憩制度，労働の安全性，保健福祉，職業訓練，その他労働規定および労働基準などを作成または修正する場合，従業員大会あるいは従業員全員と十分に協

議したうえで決定すべきであると規定している。これによって，労働条件の決定における労働者の地位を確保し，企業側が一方的に労働条件を決定したり，労働規則を利用した労働者権益への侵害を防ぐ。

⑤　企業側の違法コストを高める。これに関しては，賃金を滞納した場合，労働者が支払い催促の申請を行うことが可能であること，企業側に契約違反がある場合，労働者側が契約解除および経済補償金の支払いを請求することができること，企業側は不当解雇および契約の不当解約の場合，経済補償金の2倍に相当する補償金を支給しなければならないことなどが規定されている。

⑥　企業側に対する解雇と契約破棄への制限。同法の規定では正当な理由なしには，企業側は無断で従業員を解雇したり，労働契約を解約したりすることができないと定めている。同法では労働契約の解約条件を明確に定め，企業側は労働契約に法律以外の契約中止条件を入れてはならないと規定している。

⑦　経済補償金の支給範囲の拡大。この点に関しては，労働者が企業側の過失によって退職する場合，企業側に経済補償金の支給を請求することができること，企業側が労働契約期間終了後に労働契約を更新しない場合には，経済補償金を支給しなければならないことなどが規定されている。

⑧　労働力の流動性の確保。同法では，企業側が労働者の身分証明書を没収したり解約担保金を請求したりする行為を禁止することによって，労働者側が法的手続きに基づいて労働契約を自由に解除できる権利が与えられた。

⑨　派遣労働者と非正規社員の雇用に対する規制。同法は派遣労働者および非正規社員の雇用に対し，雇用側と被雇用側の権利と義務を明確に定めた。特に派遣労働者に関しては，派遣側と受入側の連帯責任を明確に定めることによって，派遣労働者の権益が保障された。たとえば，同法第29条では，労働派遣側がこの規定に違反した場合，労働行政機関および関連機関が改善勧告を行う権限を有し，その勧告に従わない場合には，1000元以上5000元以下の罰金を課すと同時に，営業免許を取り消すこと，派遣労働者に被害をもたらした場合，派遣側と受入側が連帯責任を負わなければならないこと，などが規定されている。

⑩　企業分立・合併の場合の労働契約自動継続規定の制定。これによって，労働者の就業権と勤務年数の累積計算を確保し，企業側が企業分立や合併などを通じて，労働者を解雇することを防止する。

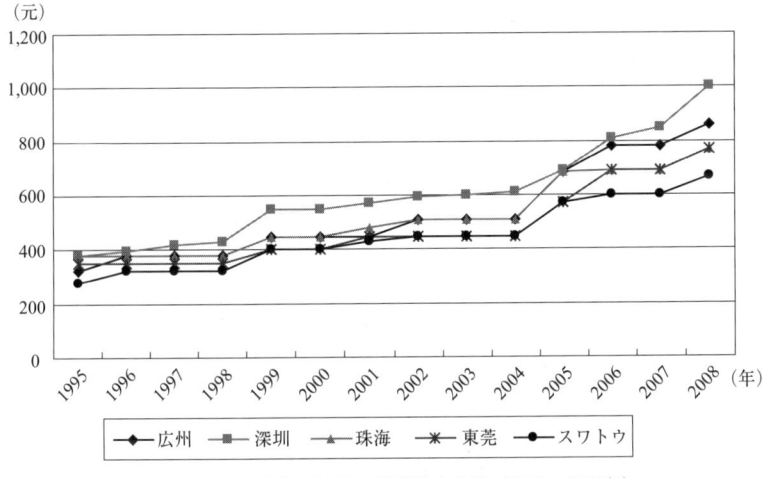

図9-3 広東省主要地域の最低賃金基準（1995～2008年）

資料：筆者の調査より作成。

⑪ 労働監察や労働行政機関の行政執行の法的責任を明確に定めた。労働行政機関が法律に基づいて行政監督を完全に履行するよう，同法の第95条には労働行政機関およびその他の関連機関が職責を果たさなかった場合，業務執行中の違法行為によって労働者あるいは企業側に被害を与えた場合，その担当責任者および関連責任者に対し弁償責任および行政処分を与え，違法行為に対しては刑事罰を行うという規定を盛り込んだ。

⑫ 同法第88条の規定では以下のよう場合，企業側に行政処罰を与え，違法行為に対し刑事罰を行う。第1は暴力，あるいは人身の自由を束縛する違法行為によって労働を強要する行為，第2に生命の安全を脅かす危険作業を強要する行為，第3に侮辱，体罰，殴打，違法拘束などの行為，第4に劣悪な労働条件および労働環境によって労働者の健康に被害を与えた場合，など。

もう一つの重要な政策変化は，最低賃金の引き上げである。最近，多くの地方政府は，賃金の上昇による内需拡大を図るために大幅に最低賃金基準を引き上げた。広東省の最低賃金基準についてみると，図9-3の通り，2005～08年の上昇率は，2000～04年の上昇率を大きく上回っている。その背景には，出稼ぎ労働者の供給不足もあるが，広東省政府が賃金引上げ政策に転じた結果ともいえる。

ここで，特に注目されることは，近年の労働政策の変化においては，政府が人的資本とR&Dへの投資拡大を通じて産業構造の転換を促進使用とする意図が反映されている点である。たとえば，『労働契約法』の中では，人材育成，技術革新，産業転換の規定などが盛り込まれている。その具体的な内容は次の通りである。

① 勤務期間と「競業禁止」の規定には，企業と労働者の間に契約不履行の罰則が盛り込まれている。人材育成や人的資本投入を強化するために，同法第22条では次のような規定を定めた。企業側が労働者に専門的な技術習得のために教育訓練費を支出する場合，労働者と勤務期間を定めた契約を締結することができる。労働者側が契約に違反した場合，契約通りの契約違反金を支払わなければならない。ただし，契約違反金は教育訓練費用および勤務期間中にまだ履行されていない部分の教育訓練費用を超えてはならない。また，第23条には次のような規定がある。労働契約には労働者が企業秘密と知的財産権を守る項目を盛り込むことができ，企業秘密を守る義務を有する労働者に対し，企業側が労働契約および守秘義務協議の中で「競業禁止」項目を盛り込むことができる。この場合，労働契約を解除・中止後も「競業禁止」期間中には労働者に経済的保障を支給する必要がある。労働者が契約に違反した場合，企業側に違反金を払わなければならない。

② 企業の経済負担を軽減するために高所得者の経済補償金を制限する。同法の第47条には次のような規定がある。経済補償金は労働者の勤務年数に基づいて，1年間につき1カ月分の基準で支給する。6カ月以上1年間未満の場合，1カ月分，6カ月未満の場合，半月分の経済補償金を支給する。ただし，労働者の月給が所在地域の平均賃金の3倍を超えている場合，経済補償金の支給は平均賃金の3倍以下とし，支給年数は12年間以下と定めている。

③ 企業は事業転換，重大な技術革新および企業形態の変更を行う場合，人員削減を行うことが可能である。企業の技術革新および経営メカニズムの転換を促進するために，同法の第11条では次のような規定が盛り込まれている。企業は次のような条件下で，20人以上，または20人以下であっても従業員総数の10％以上の人員削減を行おうとする場合，労働組合，または従業員全員と協議し，労働行政部門に申告したうえで，人員削減を行うことができる。その条件は，第1に『企業倒産法』に基づく事業を再編成する場合，第2に経営状態が

深刻な困難に陥った場合，第3に企業が事業転換，重大な技術革新および経営方式の調整を行うために，労働契約を変更した後でも人員削減が必要になった場合，第4にその他，企業を取り巻く環境に契約締結時と比べ大きな変化が起き，労働契約が継続できない場合などである。

（2） 労働政策変化の経済への影響

上述した労働政策の変化が人件費の引き上げをもたらし，中国経済に大きな影響を及ぼしていることは紛れもない事実である。そのため，労働政策の変化による中国経済への影響，特に投資環境への影響が注目を浴びている。中でも，特に労働集約的企業からの反発が強い。たとえば，世界最大手製紙企業である「ナイン・ドラゴン」のCEOである張茵氏は，『労働契約法』の実施に強く反対し，その改正を要請した。その後，香港浸会大学と香港中文大学の学生会が『2008年香港上場企業の内陸地域での労働状況（労働者搾取）に関する報告書』を公開した。その中で内陸に進出した5社の香港系企業を『労働契約法』違反の案件として取り上げ，特に「ナイン・ドラゴン社」に対し，「香港系企業の恥」として強く批判した。それをきっかけに，中央政府と地方政府は『労働契約法』の経済的影響に関する調査も行うようなった。

広東省東莞市工商局が行った調査によると，2007年度に東莞市で閉鎖した外資系企業は，外資系企業全体の6％強を占める909社となり，その内617社が加工貿易企業（その内94社が三資企業に，20社が民営企業に転換）であり，292社が三資企業であった。それらの閉鎖企業は，次のような特徴をもっている。第1は，閉鎖企業には労働集約産業の中小企業が圧倒的に多い。その内契約投資金額が300万ドル以下の中小企業が全体の93％（845社）を占めており，労働集約的産業の企業が全体の70.5％（641社）を占めていた。第2は，閉鎖企業の中で香港系企業が584社で全体の64.3％，台湾系企業が279社で全体の30.7％を占め，香港系，台湾系企業の合計が863社，全体の95％を占めている。第3は，他地域に移転する企業が少ないことである。閉鎖企業の中で他地域に移転した企業は40社で，全体の4.4％にすぎない。その移転先は，恵州，河源，広西，江西であり，ベトナムに移転した企業もある。第4は，2007年度の閉鎖企業数は例年と比べ大幅な増加は見られない。

東莞市における外資系企業の閉鎖・撤退に関しては，主に次の6つの原因が

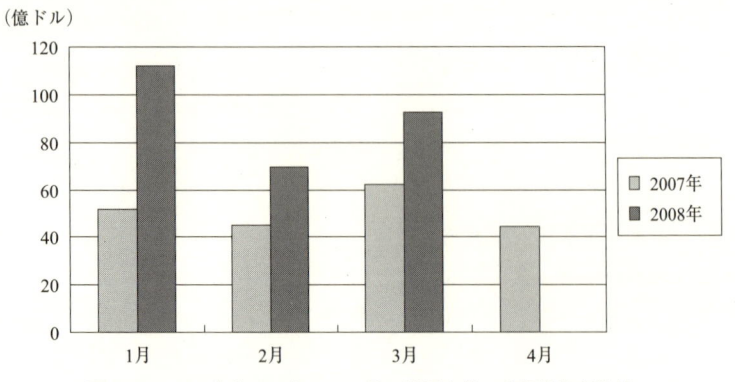

図9-4 2007年と2008年1～4月の外国企業の実際投資額比較

注：2008年4月のデータなし。
資料：中華人民共和国商務部ホームページ（http://www.mofcom.gov.cn/）。

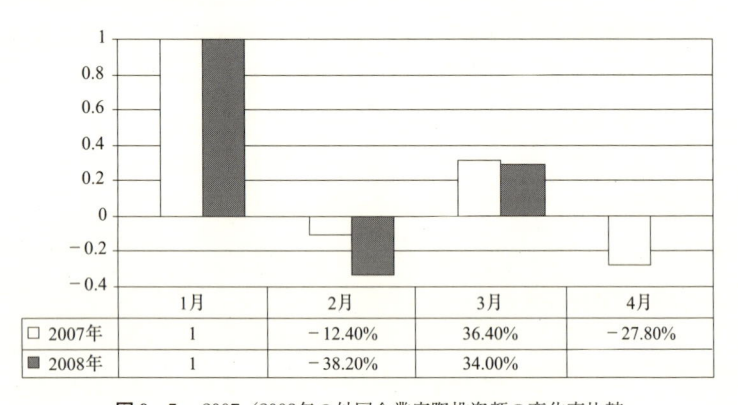

	1月	2月	3月	4月
2007年	1	−12.40%	36.40%	−27.80%
2008年	1	−38.20%	34.00%	

図9-5 2007／2008年の外国企業実際投資額の変化率比較

注：2008年4月のデータなし。
資料：図9-4に同じ。

ある。第1は，電力，土地および労働力の供給不足によって，企業の経営が困難に陥ったこと，第2は，輸出還付税の引下げや撤廃など，輸出奨励政策の変更により，加工貿易企業の採算が難しくなったこと，第3は，東莞市政府は環境汚染かつ技術集約度の低い外資系企業に対して調整政策を実施したことにより，一部の外資系企業が他地域への移転を迫られたこと，第4は，原材料価格と人件費の上昇および加工貿易政策の変更により，生産コストが上昇し，経営赤字に陥った企業が増えてきたこと，第5は，広東省の周辺地域およびその他

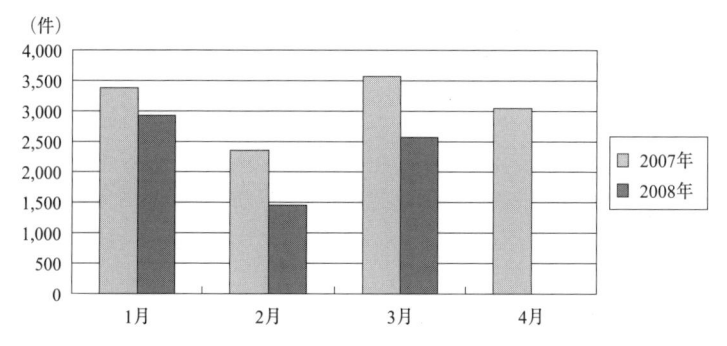

図9-6 2007／2008年1〜3月の新たに許可した外資系企業数

注：2008年4月のデータなし。
資料：図9-4に同じ。

の新興国が積極的な企業誘致政策と税制，土地，労働力の面で優遇政策をとることによって外資系企業の他地域への移転を促したこと，第6は，『労働法』と『労働契約法』の施行後，各地域の政策に差があったため，外資系企業の進出の遅れた地域への移転を促したこと，などである。

この他，本田汽車（中国）有限公司，杭州日立冷機有限公司，杭州汽車トヨタエンジン公司など，広東省に進出している高付加価値生産を行う日系企業に対する調査によると，労働力コストが高くなったものの，経営には大きな影響が及んでいない。また，アメリカ華南商会が2008年に行った調査でも，同じような結論が確認された。したがって，安価な労働力利用による企業利益の拡大は，外資系企業の狙いではなくなったことも紛れのない事実であることがわかる。現在，米系企業の中国での経営目的には，次のような変化が見られる。第1に，華南地域を拠点に中国市場に財・サービスを提供すること，第2に，地域的な経営拠点を開拓すること，第3に，華南地域を拠点にアメリカに財・サービスを提供すること，第4に，安価な労働力によって利益を獲得すること，第5に，華南地域を拠点に中国とアメリカ以外の市場に財・サービスを提供することなどである。

また，このような事情を受けて，外資系企業の投資政策にも変化が見られる。2007年から2008年までの間に外国直接投資と外資系企業の設立状況についてみると，外国直接投資の伸び率は高く，実際投資額も急速に増加しているが，新規設立企業数は減少している（図9-4，図9-5，図9-6）。

図9-4でわかるように2008年1～3月の外国企業の実際投資額が前年同期を上回っている。
　また，図9-5に示されているように，2008年2月は外国企業の実際投資額が前月より38.2%減となっているが，2007年同時期は12.4%減であった。また，2008年3月の外国企業の実際投資額は前月より34%増，2007年同時期に36.4%増であった。このことから2008年1～3月の実際外国資本の導入額は2007年同時期を上回っており，その変化率は2007年同時期より高いといえる。
　さらに図9-6に示されているように，2008年1～3月には新規設立外資系企業（認可ベース）は2007年を下回っており，新規設立企業数が減っていることがわかる。
　以上の分析で明らかにしたように，現在の中国では，伝統的な労働集約型製造業の成長が限界にきている。特に『労働契約法』の実施は，このような労働集約的企業に大きな影響を及ぼすのは確実である。それは経済補償金の支給範囲の拡大などに示されているように，労働政策の転換が企業の人件費を引き上げたからである。ただし，ここで鍵となっているのは単に人件費の引き上げだけでなく，企業側の違法コストの引き上げ，政府の法律執行力の強化，労働者権益保護コストの引き下げなどによって，企業側の違法経営が不可能となった点である。『労働契約法』の実施は，これまでに基本給を下回った給与の支給，残業手当や社会保険料などの未払いなどを行っていた企業に大きな影響を及ぼすであろう。
　しかし，人件費の上昇は企業のコストに影響を及ぼす主な要因ではない。現在，企業の生産コストの上昇をもたらしている要因は，人民元の切り上げ，原材料価格の上昇，外資系企業の税制上の優遇政策や輸出還付税の撤廃，環境コストの上昇などである。これらの要因は，企業のコスト高と利益の減少をもたらした。最近，アメリカに端を発した金融危機は中国の輸出企業に致命的な打撃を与え，これによって，生産減に追い込まれたり，倒産する企業が増えており，さらに夜逃げ企業さえ出てきた。2008年10月15日に東莞市最大の玩具企業「香港合俊集団」が，東莞，清遠など3つの工場を閉鎖したことは金融危機による企業倒産の始まりとなるかもしれない。

第4節　経済発展モデルの転換とその対応策

（1）　経済発展モデルの転換

　2008年に，中国の企業が世界的な金融危機の影響を深刻に受けたのは，中国の経済発展モデルの結果であるといわざるを得ない。中国が世界経済の激しい変動への対応力を高めるためには，企業の技術水準のレベルアップ，産業構造の転換，内需の拡大などを通じて，経済発展モデルの転換を推進しなければならない。その意味で，中国における労働政策の転換はこのような経済社会の流れに沿って，企業における違法コストの引き上げ，労働者権益の保障，経済発展成果の労働者への配分などを通じて，内需を拡大し，企業の技術革新と経営モデルの転換を促進しようとするものである。

　また，30年間にわたる中国の一人っ子政策によって，今後労働人口の数は減少すると見られ，労働力の供給が需要を上回る状況は変化すると見られる。同時に，中国における労働力市場の開放と進展によって，労働力市場にも市場メカニズムが働き，労働力の需給関係を反映する指標としての賃金は上昇することになり，中国の低賃金優位が失われることになろう。

　このような状況の下で，政府は，「第11次5カ年計画」（2006～10年）において，今後5カ年の経済発展モデルの転換に関して，次のような方針を採択した。

　①　粗放型成長から集約型成長への転換。集約型成長への転換とは企業の研究開発投資の増加によって，新製品の開発と品質の向上を促進し，経済成長の質を高めること，および情報化の推進により伝統的な生産方式を改善し，経済成長構造と産業構造の効率化を実現することを目指す。

　②　エネルギー消費型構造から省エネ・環境重視型構造への転換。そのために，資源の節約と総合利用によって，資源節約型社会と国民経済システムを構築すること，循環経済システムを確立すること，環境保護を一層強化することなどを推進する。

　③　技術導入から技術イノベーションへの転換。「11・5計画」期間中，科学技術の発展およびそれによる産業構造と経済成長構造の転換を推進するために，自立的なイノベーション（自主創新）に積極的に取り組むこと，創造的なイノベーション（原始創新），統合的イノベーション（集成創新）および外国技

術の導入・吸収によるイノベーションなどにより,創造的国家の構築と飛躍的な発展を実現する。

④ 外需依存から内需拡大への転換。国内市場の開発に真剣に取り組み,内需を経済成長の牽引役として更なる役割を担わせる。それによって,国際市場のリスクを回避する能力を強め,国民経済の安定かつ健全な成長を保つ。

⑤ 投資主導型成長から消費主導型成長への転換。そのために,民間消費の拡大に取り組むと同時に民間設備投資の拡大を推進する。2005年に中国の一人当たりGDPは1700ドルとなったが,世界経済の流れから見れば,この水準は一国における消費構造と産業構造が新たな段階へと進化する転換点となっている。これからの中国は,資本と技術の導入が必要ではなくなるというわけではなく,資本・技術の導入と対外進出（走出去）を結び付けなければならない。ハイテク産業においては引き続き資本と技術の導入を拡大すべきではあるが,加工貿易産業においては資本導入よりもむしろ国内企業の対外投資を促進すべきである。このような対外直接投資に関しては,国家レベルの戦略的直接投資を推進するとともに,民間企業の対外直接投資をさらに拡大すべきである。

⑥ 不均衡発展型から均衡型発展への転換。中国では東部,中部,西部の三大経済ブロックがあるが,科学発展観の方針に基づいて,各地域の協調ある発展を推進している。「11・5計画」期間中における地域発展の方針は,西部大開発,東北旧産業基地の再生を引き続き推進するとともに,中部地域の振興,沿海地域の更なる発展に積極的に取り組む。

(2) 今後の対応策

上述した中央政府の政策転換と人件費上昇など企業を取り巻く環境変化によって,企業と地方政府もその変化への対応策を迫られている。

① 企業の対応策

企業側の対策は主に次の3つが挙げられる。第1は資本集約的産業への転換,第2は労働集約的産業において低価格・低利益の製品構造から高価格・高利益の製品構造への転換,第3は労働集約的産業を人件費の安い内陸地域,あるいは国外に移転すること,などである。

この内,現在最も多く見られるのは人件費の安い内陸地域への産業移転である。中国における地域間の経済格差が大きいために,中国企業にはコストの高

い地域から安い地域への産業移転が多く見られる。たとえば，珠江デルタ地域，長江デルタ地域における人件費および物価の上昇に伴って，多くの企業は湖南，湖北，江西，東北などに移転するようになり，中にはベトナムなどの海外に移転する企業も見られる。

　しかし，このような企業移転もリスクを伴っている。というのは移転先の地域，国の発展が遅れているため，沿海地域と比べ，行政サービス，制度，交通，サポーティング産業などの未整備により，企業の生産コストを増大させるからである。したがって，現状では，技術集約度の高い，かつ高付加価値の生産を沿海地域に残し，低付加価値の生産を内陸地域に移転する企業が多い。

　現在，珠江デルタ地域，長江デルタ地域で生産を行っている企業は，第1に資本集約型産業への転換，第2に労働集約的産業においては，低価格・低利益から高価格・高利益への製品構造の転換などを通じて，人件費の上昇を相殺しようと多様な対策を模索している。かつて，20世紀80年代においては，深圳の経済成長は主に労働集約的産業の輸出に依存していた。こうした中で香港，台湾からの労働集約的直接投資が最大の牽引役を果たした。しかし，90年代になると，人件費や地価の上昇に伴って，深圳市政府は次のような対策で経済成長モデルの転換を推進してきた。それは第1に労働集約的産業の低賃金，低コスト地域への移転を促進すること，第2にIT産業を中心とする技術集約型産業の育成を通じて，技術集約型産業の生産と輸出を拡大すること，第3に労働集約的産業内では高付加価値への製品構造の高度化を推進することなどが挙げられる。このことは，深圳市のアパレルにおいて，従来の低技術・低付加価値の輸出加工型生産から高技術・高付加価値の自主ブランド品の生産への転換に表されている。しかし，このような産業移転が，地域間経済格差の縮小によって移転先地域のコスト上昇をもたらすのは当然のことである。したがって，長期的に見れば，産業移転は労働集約的産業にとって望ましい対策とはいえないであろう。さらに産業移転のリスクと損失を考えれば，産業高度化への転換こそ効果のある対策だといえよう。

② 地方政府の対策

　経済成長モデルの転換を実現させるために，地方政府の機能を明確にしたうえでその役割を果たさなければならない。ここでまず，政府のやるべきこととやるべきではないことを明確にしなければならない。やるべきこととしては，

第1に地方政府は経済成長モデルの転換計画を作成すべきこと，第2に企業のモデル転換に政策的な支援政策を実施すべきであること，第3に公平な競争環境を構築すべきこと，第4に社会保障，教育，医療などの公共サービスを提供すべきこと，第5に研究開発投資を拡大し，産学官の共同研究を促進すべきこと，などが挙げられる。やるべきではないこととしては，市場メカニズムを歪めるような介入や規制，地方保護などをあげることができる。

　中央政府については，すでに労働立法，税制立法などを通じて，企業の経営モデル転換と産業構造の高度化を促進することに取り組んでいる。2008年1月1日に施行した『企業所得税法』によって国内外企業の所得税を統一したことはその一例である。この所得税法の目的は，企業の技術開発，産業構造の転換，省エネ，農業の発展などを促進することである。たとえば，同法第27条の規定によると，第1に農業，林業，牧畜業，漁業による所得，第2に国家の重点投資分野に指定されているインフラ整備投資による所得，第3に国家の政策に指定されている環境保護，省エネ・節水などによる所得，第4に国家の政策に合致する技術移転による所得などに対し，減免税の優遇政策を実施することができる。また，同法第28条の規定によると，重点育成の対象となるハイテク産業に対し，15％の税率を適用することができ，第30条の規定によると，新技術，新製品，新プロセスを開発する企業に対し，課税対象額の中から，その研究開発費を控除することができる。

　地方政府の政策についてみれば，珠江デルタ地域，長江デルタ地域の政府はすでに地域経済の成長モデル転換に取り組み始めている。たとえば，広東省東莞市の第12次共産党代表大会で採択された「東莞市政府の科学発展観を実施するための報告」（以下，「報告」と略す）の中では，「貸出住宅の賃貸料と経営コストの引き上げを通じて，東莞市の出稼ぎ労働者の創業のための里帰りを促進し，東莞市は近代的製造業，サービス業，ハイテク産業および適切な重化学産業を中心とし，併せて近代農業も発達した産業構造を構築すべきだという規定が盛り込まれている。同時に，環境保護に関しては，石炭発電所，セメント，製革，製紙などの産業における企業設立および投資額3000万元以下のメッキ，染色工場の設立に対する規制政策が盛り込まれ，人口数の制限に関しては，人口分布に対する産業政策の指導を通じて，労働集約的産業の域外移転によって単純労働者の他地域への流出を促進する政策を打ち出し，5年間で500億元の

政策投資によって産業の地域的分布を調整し,「双移転」を実現しようという政策目標が提出された。「双移転」とは珠江デルタ地域の労働集約的産業の後進地域への移転と後進地域の労働力の同地域の第二次, 第三次産業および沿海地域への移転を指している。それと同時に, 広東省政府は税制, 低金利融資などの優遇政策を通じて, トヨタのような資本・技術集約型企業の誘致に積極的に取り組んでいる。

おわりに

以上に述べてきたように, 中央と地方政府は, 経済発展モデルの転換を中心とする政策方針を提起しているが, このような転換には今後長い期間と痛みを伴う調整過程が不可避であることは疑いない。特に, 中央と地方が分離した税制システムにおいては, 地方政府間で不正競争が繰り返される恐れがある。現在, 地方政府は, GDPと税制収入の成長を促進するために, 市場への介入を強めている。各経済主体も市場競争というよりも, むしろ政府から安価な資源を獲得することに取り組んでいる。特に, 経済主体が政府からより多くの安価な資源を獲得すると同時に, 地方政府の過度の保護によって, 不正経営を繰り返している状態は一般化しており, 企業の不正経営による低コストが企業の高利益, 地方政府の税収入増大に転換されている。そのため, 企業には, 経営の将来発展を考える場合, 企業内部の管理と技術革新を選択するというよりも, むしろ資金投入の拡大を追求する傾向が見られる。こうした状況下で, 政府の政策が大きく変化すれば, 企業側が対応できず, 新たな混乱に陥る可能性もある。

また, 中国政府が意図する経済の高成長を支えてきた労働集約的産業の調整と産業構造の高度化に対しても, その実現可能性調査 (FS) と計画の企画が不十分なため, 大きなリスクが潜んでいる。一部の学者は, 珠江デルタ地域においてハイテク産業しか受け入れず, 労働集約的産業を一挙に域外に移転すれば, 経済の崩壊を招きかねないと指摘している。いうまでもなく, 経済成長モデルの転換は必ず, 失業者の増加と財政収入の減少をもたらすからである。このことは, 既得利益者が経済モデル転換を阻害しようとする要因であり, 経済と社会の危機を招く要因でもある。

要するに，いかに経済成長モデルの転換を果たすかが，中国政府が直面する最大の政策課題となっている。

注

（1） 唐志良『目前中国経済発展的根本約束：粗放型経済増長方式』http://www.chinavalue.net/Article/Archive/2007/1/21/54731_4.html, 2007-01-21。
（2） 東南亜研究中心「中国与東盟出口産品結構比較分析」http://www.gxjmw.gov.cn/2007/yanjiubaogao/070427-1.html。
（3） 高春颀『中国"制造大国"名实难符粗放型发展模式明显』http://finance.people.com.cn/GB/1037/5156650.html, 2006-12-12。
（4） 全国人大常委会法制工作委員会行政法室編『〈労働合同法（草案）〉参考』中国民主法制出版社，2006年版，24〜26頁。
（5） 「別把劳务派遣当成规避法律绝招」http://news.xinhuanet.com/legal/2007-04/30/content_6047455.htm, 2007-04-30。
（6） 「香港女首富张茵旗下'玖龙纸业'被指血汗工厂」http://news.xinhuanet.com/gangao/2008-04-21/content_8018957.htm, 2008-04-21。
（7） 星島網訊「廣東東莞擬借提高房租轉移勞動人口」
　　　http://www.stnn.cc:82/china/200805/t20080528_786823.html, 2008-05-2。
（8） John Ruwitch「珠三角工廠關閉或搬遷　國家政策是主因」
　　　http://www.stnn.cc:82/ed_china/200803/t20080310_744603.html, 2008-03-10。

第10章
中国商標法の整備と対中ビジネス法務の問題点
　　　　——商標権侵害救済の法規制を中心に——

福　山　　　龍

は じ め に

　1990年代以降，中国に進出する外国企業が急速に増加し，中国は世界市場向けの生産拠点，いわば「世界の工場」となりつつある。さらに，中国の急速な経済成長と所得水準の向上により，潜在的な「巨大市場」は次第に現実化し，日本企業にとって，生産拠点としてだけでなく，販売市場としての重要性もますます高まってきている。

　しかし，「世界の工場」や「巨大市場」としての中国では，商標を含めて知的財産権を侵害する「模倣品」や「海賊版」が大量に生産され，中国国内市場のみならず，世界に向けて輸出されたりしたことが大きな問題となり，被害企業，特に外国企業に対して重大な損害を与えている。[1]日本経済産業省が2008年6月に公表したアンケート調査によると，回答した3717件の企業・自治体などの団体のうち，856件が2006年度に模倣品による被害に遭ったと回答している。被害があった企業のうち，71.0％の企業が模倣品製造国・地域として中国を挙げている。模倣被害の権利別に見ると，商標に関する被害が最も多いが，特許・実用新案に関する被害も深刻であることがわかる。[2]

　その一方で，中国国内では，商標権を含めて知的財産権の侵害を巡る紛争も増加しつつある。中国最高裁判所の統計によると，2003年度から2007年度までの5年間に全国の裁判所が受理した知的財産権一審案件は，6万4625件（年増加率20.6％）で，前の5年間と比べて148.4％も増加したと報じられている。[3]このように，商標権侵害救済に関する議論は，単なる理論的な問題ではなく，対中ビジネスの一つ現実的な課題となっている。

　中国における商標に関する法規制は，相当程度整備されてきたが，検討すべ

き理論的な問題や現実的な課題は沢山あると考えられる。本章では，紙幅の都合から，商標に関する法規制を整理したうえで，商標権侵害とその救済問題に絞って，若干の法的検討を加えてみたい。

第1節　中国商標関連法規の特徴

（1）　関連法規の整備

　中国最初の商標法は，光緒30年（1904年）に公布された「商標登録暫定章程」であり，当時の清政府の税関総務司であったイギリス人ロバート・ハート（Robert Hart：赫德）の起草によるものである。1949年10月1日に中華人民共和国（以下，中国と略す）が建国され，新しい法制度が制定された。1950年と早い段階で「商標登記暫定条例」と「商標登記暫定条例施行細則」など商標権，著作権，特許権に関する一連の法規が整備された。ただ，この時期の商標法規は，冷戦時代の社会主義的国内政策が濃厚に反映されたものであった。たとえば，「商標登記暫定条例」には，国内に残存する帝国主義的既得商標や殖民地時代の残滓となる商標および中国と外交関係をもたない国の商標は，いずれも中国国内で登録できないと規定された。その後，「商標登記暫定条例」が改正され，新たに「商標管理条例」とその「実施細則」が制定され，1963年から施行された。

　1966年に入ると，文化大革命運動が始まり，中国全土では，商標そのものが資本主義的産物として否定された。そのため，商標の無登録，同一商標の氾濫，品質の混乱，偽ブランドの横行といた前代未聞の事態が発生した。[4]

　1979年から，改革・開放政策がとられ，外国資本を導入する必要から法制度の整備に取り組まれることになった。知的財産権関連の法整備では，1979年のアメリカとの間で締結された「米中貿易協定」が一つの契機となった。当時，アメリカ側からの強い要望もあり，この協定には商標権，著作権，特許権の保護義務が明記されることになり，中国側も知的財産権保護の重要性をようやく認識しはじめた。[5]

　その後，「商標法」，「著作権法」，「特許法」など知的財産権と関連する一連の法律が制定され，さらにWTOへの加盟とTRIPS協定（知的所有権の貿易関連の側面に関する協定）と国内法との整合性を図るため，これら法規は数回にわ

たって大きく改正されることになった。
　現在，商標に関する法規は基本的に，(ⅰ)全国人民代表大会（日本の国会に相当）とその常務委員会により制定された「法律」，(ⅱ)国務院（日本の内閣に相当）とその各部・省により制定された「行政法規」，(ⅲ)最高裁判所により制定された「司法解釈」，(ⅳ)各省・市により制定された「地方法規」，(ⅴ)加盟ないし締結した「条約」，という5種類に分類され，相当程度整備されてきた。

（2）商標関連法規の特徴
① 商標法の目的

　「商標法」の目的は，商標管理を強化し，商標専用権を保護し，生産者，経営者に商品とサービスの品質を保証させ，商標の信用を維持し，消費者と生産者，経営者の利益を保障し，社会主義市場経済の発展を促進することにある（「商標法」第1条）。1963年の「商標管理条例」と比べると，その目的に「消費者と生産者，経営者の利益を保障する」という商標の基本的な役割が明記された点が注目されるが，国家が商品の流通秩序と品質維持を管理・監督する手段として，商標を利用するという行政管理の性格が残存している。

② 登録できる商標の種類と構成要件

　1982年の「商標法」は，商品商標しか認めていなかったが，1993年に改正された「商標法」は，サービス・マークの出願・登録をも認めた。その後，「商標法実施細則」と「証明商標と団体商標の登録方法」が公布され，団体商標と証明商標の登録要件と手続きについて具体的に規定された。

　中国で登録できる商標は，顕著な特徴を有し，容易に識別できるものでなければならず，かつ他人が先に取得した合法的権利と抵触してはならないと規定されている（「商標法」第9条1項）。また，他人の商品と区別することができる文字，図形，アルファベット，数字，立体的形状および色彩の組み合わせ，ならびにこれら要素の組み合わせを含む視覚的標章も，商標として登録出願することができる（「商標法」第8条）。ただ，匂い商標や音声商標は，中国で登録することはできない。また，「商標法」第10条1項，11条1項には，「商標として使用してはならない文字・図形」および「商標に登録してはならない標識」についても具体的に定められている。

③ 出願の主体と自由出願主義

　自然人，法人またはその他の組織は，出願の主体として，商標局に出願することができる（「商標法」第8条）。外国人または外国企業が中国において商標登録を出願する場合は，その所属国と中国が締結した協議またはともに加入している国際条約によって処理するか，または相互主義の原則によって処理しなければならない（「商標法」第17条）。外国人または外国企業が地理的表示を団体商標または証明商標として登録出願する場合，当該地理的表示がその名義によって本国において法的保護を受けている旨の証明を提出しなければならない（「団体商標および証明商標の登記管理規則」第6条2項）。また，中国に恒常的な住所または営業所を有しない外国人または外国企業が，商標出願にかかわる事項を処理する場合，中国が認可した商標代理資格を有する代理組織（商標弁理士）に委託しなければならない（「商標法」第18条，「商標法実施条例」第7条3項）[14]。

　「商標法」第4条には，自然人，法人またはその他の団体は，生産，製造，加工または販売した商品について商標専有権を取得する必要がある時には，商標局に登録を出願しなければならない，と規定されている（第4条）。この規定についての中国工商管理局副局長商標局長の説明によれば，強制登録商標以外[15]，商標使用者がその使用する商標を出願し，商標専有権を取得するかどうかは，自分の自由意思で決定することができるという[16]。つまり，基本的に「自由出願制度」がとられている。

④ 先願主義

　「商標法」第29条は，二または二以上の出願人が同一商品または類似商標について，同一または類似する商標の登録を出願した時には，先に出願した商標について予備審査決定を行う，と規定しており，登録商標の出願について，先使用主義ではなく，先願主義が採用されている。この規定によれば，たとえば一つの商標が長年にわたって使用されていても，使用者が商標登録をしなかったり，早めに出願しなかったりして，他者がこの商標を登録商標として先に登録あるいは出願した場合には，先に使用したものであってもその者の登録を阻止することができず，しかも当該商標の使用権がなくなる。そのため，中国市場に進出する場合，すみやかに商標を出願するよう心がける必要がある。

　しかし，「商標法」は，この先願主義に一定の修正を加え，他人がすでに使用している一定の影響力を有する商標を，不正な手段によって抜け駆けして登

録してはならない,とも規定している(「商標法」第31条)。実務上では,中国の商標登録局は,悪意によって先に使用した者の商標を先取ったことが判明した場合,その出願を拒絶することができる。その意味で,中国では登録商標の出願について,適用範囲を制限した先願主義を採用している。

⑤ 商標登録の審査

中国工商行政管理局商標局が行う商標登録の審査手順は,以下のとおりである[17]。(i)出願受理(受理番号通知),(ⅱ)形式審査(出願資料の補正命令,補正しない場合に出願却下),(ⅲ)実質審査(拒絶した場合,その理由を通知。出願者は「商標評審委員会」に出願拒絶に対する不服申立てすることができる。当該委員会からの不登録の審査決定に対しては,裁判所に提訴することができる),(ⅳ)初期査定(商標公報掲載,異議申立てがあれば,商標局が裁定。異議申立人はこの裁定に対して不服の場合,「商標評審委員会」に審判を申立てすることができる。当該委員会からの審査決定に対して再度不服の場合には,裁判所に提訴することができる),(ⅴ)商標登録(有効期間は登録日から10年であり,10年ごとに更新登録を行えば,さらに10年存続することができる)。これら審査手続きを見ると,当事者は,行政の裁定に不服がある場合,各段階において裁判所に提訴できることが規定されていることから,TRIPS協定で規定されている「司法による最終審査の原則」が確立しているといえる[18]。

第2節 商標権の保護と侵害行為の類型

(1) 登録商標の保護

中国の商標権保護は,基本的に登録商標の保護と著名商標の保護に分けられる。登録商標とは,商標局の審査確認を経て,登録された商標であり,登録商標権者は商標の専有権を有し,法律の保護を受ける(「商標法」第3条)。中国における商標権の効力の定義は,日本とほぼ同じである。すなわち,登録商標権者は指定商品について登録商標を独占的に使用する権利およびその類似範囲について他人の使用を排除する権利を有する[19]。中国法上の商標専用権の対象は,商品商標,サービス・マーク,団体商標,証明商標であるが,その範囲は,自然人,法人,その他の団体が,生産,製造,加工,販売した商品を含めている(「商標法」第3条,4条)。

(2) 著名商標の保護

中国の「商標法」では，原則として登録商標のみが，商標専用権の保護を受けられるが，例外として，中国で未登録の商標であっても，それが著名商標であれば，一定の法的保護を与えられる（「商標法」第13条1項）。TRIPS協定第10条およびパリ条約第6条には，いずれも著名商標に関する規定があるが，中国では，2001年「商標法」の改正によって，著名商標の認定と保護に関する条文を取り入れる重要な改正が行われた。さらに国家工商行政管理局商標局は2003年「著名商標の認定および保護に関する規定」を公布した。この規定によれば，著名商標とは，中国において一般大衆に熟知され，かつ比較的高い名声を有する商標と定義されている[20]。この定義は，従来から議論されてきた「一般大衆に熟知され」の範囲を，中国国内に限定するかどうかの問題に対して，条文上に「中国において」と明確にすることによって決着をつけた。ここでいう「一般大衆」の具体的な範囲は，消費者だけではなく，商品の生産者，サビースの提供者および販売者も含めている（前記「規定」第2条2項）。

著名商標の認定基準は，「商標法」第14条に具体的に定められているが[21]，中国の著名商標の認定については，2つの認定ルートがある。一つは，「商標法実施条例」により，関連当事者は，行政機関である商標局に対して，著名商標の認定を求めることができると定められている（第5条1項）。これは，いわば「行政の認定ルート」である。もう一つは，最高裁判所の司法解釈による認定ルートである。「商標民事紛争案件の審理における法律適用の若干問題に関する解釈」によれば，裁判所が具体的な案件を審理する際に，著名商標を認定する権限があるとされている（第22条1項）。これは，「裁判の認定ルート」である[22]。

著名商標と認定されれば，中国で商標登録しなくても，この著名商標と同一または類似の商品に当該著名商標を複製，模倣または翻訳した商標を登録することは認められず，他人は当該商標の使用を禁止される（「商標法」第13条1項）。そのため，多くの日本企業が事業のグローバル化に伴い，知的財産権の侵害とそれに対抗する手段として，中国で積極的「著名商標」の認定を申請し，2005年6月に「YKK」が日系企業として最初に中国国内におけるファスニング分野の著名商標として認定された[23]。

(3) 商標権侵害行為の類型

「商標法」第52条は，以下の5つの場合を商標権侵害行為としている。

（i）登録商標権者の許諾を得ずに，同一商品または類似商品に当該商標と同一または類似の商標を使用した場合。（ii）登録商標専用権を侵害する商品を販売した場合。（iii）他人の登録商標の標章を偽造しもしくは無断で製造し，他人の登録商標の標章を販売した場合。（iv）登録商標権者の同意を得ずに，当該登録商標を変更し，かつ変更した当該商標を使用する商品を市場に投入した場合。（v）他人の登録商標専用権にその他の損害をもたらした場合。

「商標法実施条例」第50条は，「商標法」の「その他の損害」について，具体的に次のような規定を定めている。

（i）同一商品または類似商品に，他人の登録商標と同様または類似の標章を商品の名称または商品の装飾に用い，かつ誤認させる行為。（ii）故意に他人の登録商標占有権を侵害する行為について，倉庫保管，運送，郵送，隠匿等に便宜を供与する行為。（iii）他人の登録している著名商標またはその主要な部分を複製し，模倣し，または翻訳し，同一ではないあるいは類似しない商品において商標として使用し，一般大衆の誤認を生じさせ，当該著名商標の登録者の利益に損害をもたらすおそれのある行為。

さらに，最高裁判所の司法解釈である「商標民事紛争案件の審理における法律適用の若干の問題に関する解釈」第1条には，「商標法」の「その他の損害」について，下記のことが挙げられている。

（i）他人の登録商標と同一または類似する文字を企業の屋号とし，同一商品または類似商品において使用し，容易に一般大衆を誤解させる行為。（ii）他人の登録商標と同一または類似の文字をドメイン・ネームとして登録し，かつ当該ドメイン・ネームにより関連商品の取引というインターネットビジネスを行い，容易に一般大衆を誤認させる行為。

また，中国の「反不正当競争法」第5条1～4項では，商標権と関連して，次に揚げる不正手段を用いて市場取引に従事し，競争相手を損なうことが不正競争行為と認定される。

（i）他人の登録商標を盗用する行為。（ii）無断で周知商品の特有の名称，包装もしくは装飾を使用し，または周知商品の類似名称，類似包装もしくは類似装飾を使用することにより，他人の周知商品との混同を生じさせ，それに

よって購入者を誤認させる行為。(ⅲ) 商品に証明標識または著名・知名標識等の品質表示を偽造し，または盗用し，生産地を偽り，商品の品質について，人に誤認させる虚偽の表示を使用する行為。(ⅳ) 無断で他人の企業名称または氏名を使用して，人にそれが当該商品であると誤認させる行為。

　中国の「刑法」は，「知的財産権侵害犯罪」の中で，商標権侵害に関する刑罰を下記のように定めている。

　(ⅰ) 登録商標権者の許諾を得ずに，同一種類の商品に登録された商標と同一の商標を使用し，状況が重大とされる場合は，3年以下の懲役・拘留，罰金の併科も可。情状が特別に重い場合は，3年以上7年以下の懲役・拘留，罰金の併科も可 (「刑法」第213条)。(ⅱ) 登録商標の模造，盗用商品を販売した場合は，3年以下の懲役・拘留，罰金の併科も可。販売金額が膨大な場合には，3年以上7年以下の懲役・拘留，罰金の併科も可 (「刑法」第214条)。(ⅲ) 登録商標の偽造，無断製造，その販売に対する刑罰として，情状が重い場合は，3年以下の懲役・拘留，罰金の併科も可。状況が特に重い場合は，3年以上7年以下の懲役・拘留，罰金の併科も可 (「刑法」第215条)。(ⅳ) 経済組織，単位が第213条から219条 (上記ⅰ，ⅱ，ⅲが含まれる) に規定された犯罪行為の主体となった場合は，単位に対する罰金を科するほか，直接の責任者に対して処罰を与えるものとする (「刑法」第220条)。[24]

　上述したように，中国における商標権侵害責任は行政責任，民事責任および刑事責任に分けることができる。その刑事責任の最高刑は，7年の懲役である。また，商標権侵害の責任は，直接当事者だけでなく，企業の役員など経済組織の責任者，販売，郵送，運送，保管など関連している者に対しても，追及することが可能である。なお，商標権侵害行為構成の主観的要件は，商標権を侵害していることを知っている，または知りえる立場にあることであり，構成の客観的要件は，他人の登録商標と同一または類似する文字，図形等を商品の名称，商品の装飾に用い，かつ誤認させるに充分足りる場合に，商標権が侵害したものと認められる。[25]

(4) 「同一性・類似性」に関する中国法上の判定

　日本の学説では，商標またはサービス・マークの効力範囲については，同一または類似の範囲内に限定されると解されている。[26] 中国の法規でも前述したよ

うに商標の「同一性・類似性」は，商標権侵害行為か否かの一つの重要な認定要件となる。

中国「商標法」には，「同一性・類似性」の定義に関する規定がなく，最高裁判所の「商標民事紛争案件の審理における法律適用の若干問題に関する解釈」では，次のような司法解釈がなされている。

「商標の同一」とは，提訴された権利侵害商標と原告の登録商標とを比較した場合，両者の間に視覚上基本的に差異がない場合をいう（第9条1項）。「商標の類似」とは，提訴された権利侵害商標と原告の登録商標とを比較した場合，その文字の字形，読み方，含意もしくは図形の構図および彩色または各要素を組み合わせた結果としての全体の構図が類似し，またはその立体的形状，彩色の組み合わせが類似し，一般大衆をして商品の出所に対して誤認を生じさせ，またはその出所と原告の登録商標商品と特定な関係があるかのような誤認を生じさせる場合をいう（第9条1項）。

また，裁判所は，「登録商標と同一または類似する商標」の認定について，下記の原則に従って行うこととする（第10条）。

（ⅰ）関連の公衆の一般的な注意力を基準とすること，（ⅱ）商標の全体を比較すると同時に，商標の主要部分についても比較し，かつ比較対象と隔離した状態でそれぞれ行わなければならないこと，（ⅲ）商標が類似しているか否かを判断する場合，保護を請求する登録商標の顕著性および知名度を考えなければならないこと。

中国では，上述した商標「同一性・類似性」の関連法規がある以上，裁判所の実際的な運用がどうなるかが注目されている。ここでは，商標の類似性判断と関係する「トヨタ自動車の中国での商標権侵害訴訟」判例を一例として取り上げたい。

トヨタ自動車株式会社は，中国企業である吉利社が生産している「吉利美日」車に使われている楕円形マークは，トヨタのエンブレムに似せたものであり，また，広告に「美日自動車・トヨタ動力」などの宣伝文句を用いることがあったため，吉利社および北京にある販売会社2社を相手取り，商標権侵害と表示の使用差止および1392万元の損害賠償を求め，2003年に中国北京第二中級法院（裁判所）に提訴したが敗訴した。

裁判所は，吉利社の美日商標がトヨタの商標と類似しないと判断した理由と

して,「自動車が高額の特殊消費財であり,自動車を購入する消費者はその生産メーカーのブランドなどを慎重に識別するため,登録商標との違いが少しでもあれば区別でき,被告と原告の自動車を間違って購入することはなかった」と説明した。この裁判所の判断に対しては,「指定商品が高額の特殊消費財であれば,先願の商標と少しでも非類似のところがあれば,侵害が成立しないことになるのではないかと思われる。つまり,指定商品が高額の特殊消費財であれば,登録商標の効力範囲は狭くなることになる」という指摘がある。[27]

また,同じ商標類似性の認定問題について,上述した中国商標局長による以下のような説明もある。

いかなるものも,同一種類の商品あるいは類似商品に他人の登録商品と同一または類似する商標を無断に使用することは,すべて商標権への侵害行為になる。たとえば,「M&M'S」はアメリカMARS社がキャンディー商品に登録した商標である。(中国)浙江省のある会社が「M&M'S」のグッドウィルを利用するために,自分で生産したガムに「W&W'S」という商標を使用した。「W&W'S」は「M&M'S」と類似し,商標権への侵害行為となったため,工商行政管理機関に処罰された。[28]

この2つの説明を比較すると,中国の裁判所と行政機関である商標局では,商標の類似性に対する認識が異なることがわかる。また,中国国内でも商標の類似性判断について,客観的判断基準が明確ではなく,各裁判官の主観的判断に傾斜しがちな実態に対して批判の声もある。[29]

ここでは,本判決を全面的に検討する余裕はないが,商品の価額によって,類似商標か否かの判定も左右されるという説明が裁判所の一般的認識であるとすれば,この認識そのものが問題となるであろう。この意味で,客観的判断基準の明確化,裁判所と行政機関との認識の整合等に関しては,引き続き注目する必要がある。

第3節 商標権侵害救済の方法と留意点

(1) 行政による侵害救済の方法と留意点

ここでいう行政とは,中国政府の行政機関である国家工商行政管理総局とその下部機構のことを指している。その「下部機構」の中に商標と関連する「商

標局」,「商標評審委員会」,「地方工商行政管理局」の部門がある。商標の出願,商標の異議申立て等は,「商標局」に対して行う。再審請求,登録商標の取消審判の審理機関は,「商標評審委員会」である。各省・市・県の地方工商行政管理局は,市場管理,マーケティング,模倣品の製造販売の取締り,商標標識の不法印刷の取締りなど,経済活動を綜合的に管理監督する機関である。

　商標権者が商標権を侵害された場合,救済の一つの方法としては,県以上の地方工商行政管理機関(以下「行政機関」と称する)に対して告訴,告発することができる。行政機関は,事件処理のため,関係者への質問,関係する契約,帳簿などの業務資料の査閲と複製など,職権として調査・証拠収集活動を行うことができる。また,調査現場で器械,原版,金型など商標権を侵害する道具を発見した場合には没収し,商標権侵害商品を発見した場合には,写真撮影など証拠収集するとともに,商品から商標権を侵害する標章を剥離してこれを差押え,剥離不可能なときには,侵害商品そのものを差押えて行政機関へ持ち帰ることができる。関係当事者は,このような調査活動に協力する義務を負い,これを拒否することはできない(「商標法」第55条)。

　行政機関は,商標権侵害関係者に対して,(ⅰ)侵害行為の停止命令,(ⅱ)民事賠償の調停,(ⅲ)行政の罰金,などの行政処分を行うことができる。(ⅲ)については,商標侵害不法取扱高の3倍以下,不法取扱高を計算できない場合,10万元以下を罰金に処すことができる(「商標法実施条例」第53条)。(ⅱ)に対しては,被侵害者の損害賠償請求に応じて,侵害者が侵害行為によって得た利益の額または被害者が侵害行為によって受けた損害と合理的対応費用の額をもって賠償額を算定し(「商標法」第56条),行政機関は,当事者に対して損害賠償の調停をすることができるが,調停が成立しない場合,当事者は,民事訴訟で裁判所に提訴することができる(「商標法」第53条)。当事者は,(ⅰ)と(ⅲ)の行政処分に不服の場合,処理の通知を受領した日から15日以内に裁判所に行政訴訟を起こすことができる。商標権侵害者が,この期間内に提訴せず,かつ命令を履行しない場合,行政機関は,裁判所に強制執行を申立てすることができるが,裁判所の裁定による強制執行を実施する(「商標法」第53条)。また,行政機関は,事件の調査中において,商標権侵害犯罪の疑いが生じた場合には,直ちに司法機関に移送する必要がある(「商標法」第55条)。

　行政による侵害救済方法のメリットについては,工商行政管理局での処理は,

行動が早く,手続きが簡単で,侵害事件を片付けるまでの時間が短いことである。一般に県以上の工商行政管理局は処分請求を受けてから,その当日あるいは翌日にも現場へ赴いて直ちに調査と証拠収集を行うことができ,事件処理への着手は迅速である。また,行政機関は,政府から一定の予算と専属職員を割り当てられ,商標使用の管理と監視体制が常に機能しており,商標侵害救済の確率が高く,対応コストも比較的節約することができる。外国人または外国企業は,渉外特許事務所や渉外法律事務所への処理を委任し,これを代理人として行うのが通例である。(30) ただ,この救済方法の場合は,行政機関は,商標権侵害に関する財産保全,証拠保全,損害賠償の強制執行等司法権をもっていないので,これら事項を重視する当事者は,次に説明する「司法による侵害救済方法」を選ぶ必要がある。また,地方保護主義が強いといわれる中国においては,商標権侵害の告発地の選択,つまり,商標権侵害行為の実施地,商標権侵害商品の保管地または商標権侵害者住所地のうち,どこの地方工商行政管理機関に告発するか,戦略的に選択する必要があるだろう。

(2) 税関による侵害救済の方法と留意点

　商標権者は,中国の税関に商標権を含め知的財産権の保護措置を要請することもできる。これまで,中国の税関は,職権により,積極的に知的財産権侵害被疑貨物の輸出を探知して差押えてきたが,2004年3月1日に改正された「知的財産権税関保護条例」では,登録された知的財産権に基づいて,侵害被疑貨物に対して権利行使をする場合,権利者は侵害品の輸出入に関する情報を自ら察知し,申立てを行うことが必要となる。(31)

　知的財産権者は,税関の保護措置を要請したい場合,「知的財産権税関保護条例」によって,まず,税関総署に「知的財産権の登録」を申請することができる。この登録は,税関総署が認めた日から10年間有効とされている(第10条)。つぎに,権利侵害の疑いのある貨物が輸出入されようとしているのを発見したとき,貨物出入地の税関に権利侵害のある貨物の差押えを申請することができる(第13条)。ただし,「貨物の差押え」申請により,差押えた権利侵害の疑いある貨物の保管,処置などの費用にあてるため,申請者は,貨物の価額を超えない担保を提供しなければならない(第14条)。また,この貨物に対して,知的財産権を侵害すると認定できなかった場合または裁判所が知的財産権を侵害し

ないと判定した場合，「貨物の差押え」申請者は，法に従い賠償責任を負わなければならないことに留意する必要がある（第29条）。

（3）裁判による侵害救済の方法と留意点
① 中国の裁判制度と専門法廷

中国の裁判制度は「四級二審制」であり，日本の「四級三審制」と異なっている。中国の裁判所は，基層，中級，高級，最高という日本と同じ4つのレベルに分けられるが，裁判は，日本の三審終審制ではなく，二審終審制を採っている。中国の裁判所には，民事・刑事・行政・知的財産権などの専門法廷がある。商標紛争案件は，知的財産権紛争の一種類として，「知的財産権法廷」が設置されている裁判所でしか受理されない。現在，中国では，172の「知的財産権法廷」があり，1667名の知的財産権専門裁判官が所属していると報じられている(32)。

「知的財産権法廷」がある裁判所の商標案件の受理範囲について，「商標法」とその実施条例には，関係規定がないが，最高裁判所の司法解釈である「商標案件の審理における管轄および法律適用範囲の問題に関する解釈」第1条では下記の商標案件を受理することができると定めている(33)。

（ⅰ）工商行政管理局の商標評審委員会による再審決定または裁定を不服とする案件，（ⅱ）工商行政管理局による商標に関する行政行為を不服とする案件，（ⅲ）商標専用権の帰属・侵害・譲渡契約に関する紛争案件，（ⅳ）商標使用許諾契約に関する紛争案件，（ⅴ）商標専用権の侵害の訴訟前差止申立てに関する案件，（ⅵ）訴訟前の財産保全申立てに関する案件，（ⅶ）訴訟前の証拠保全申立てに関する案件。

裁判所は，行政機関の処理を不服とする前記（ⅰ）および（ⅱ）については，「行政訴訟法」による行政訴訟として審理するが，前記（ⅲ）～（ⅶ）については，「民事訴訟法」による民事訴訟として審理することになる。以下では，商標侵害救済と関連する民事訴訟を取り上げる。

なお，中国の「民事訴訟法」は，回避制度，公開審理制度，陪審員制度，弁護士制度，調停制度など制度や原則があり，民事裁判の主要な流れは，（ⅰ）起訴・受理・立案(34)，（ⅱ）審理前の準備(35)，（ⅲ）開廷審理(36)，（ⅳ）調停・判決(37)，（ⅴ）上訴・二審調停・判決または原審法院へ差戻し(38)，とまとめることがで

きる。商標権侵害民事訴訟に関しては，つぎの商標に関する特別規定にも留意する必要がある。

② 商標権侵害民事訴訟上の留意点
［管轄権ある裁判所の選択］

中国の民事裁判管轄には，審級管轄・土地管轄・専属管轄・合意管轄があるが，商標権の侵害行為に起因して提起された民事訴訟の管轄については，「商標法」第13条，52条においては，商標権者は，侵害行為の実施地，侵害品の保管地，または侵害品封印差押地もしくは被告の住所地の裁判所で民事訴訟を提起することができる，と規定されている。他方，司法解釈である「商標民事紛争案件の審理における法律適用の若干問題に関する解釈」では以下のように定められている。

（ⅰ）商標に関する民事紛争の第一審案件は，中級以上の裁判所が管轄する。各高級裁判所は，所轄区域内の実情に基づいて，最高裁判所の認可を経て，比較的大きい都市において1つか2つの基層裁判所を確定して，第一審商標民事案件を受理させることができる（第2条34項）。

（ⅱ）権利侵害行為の実施地にかかわる多数の被告に対して提起した共同訴訟の場合は，原告はそのうち一人の被告の権利侵害行為実施地の裁判所を選択することができ，被告のうち一人だけを提訴する場合，当該被告の侵害行為実施地の管轄権を有する裁判所がその管轄にあたる（第7条）。

商標権者は，商標権侵害行為を受けた場合，どの裁判所で訴訟を起こすかを，前記規定に基づいて，また侵害事件の情況，各地の地方保護の状況，訴訟コストなど綜合的に判断して，第一審裁判所を選択する必要がある。

［訴訟前の差止めと証拠保全］

訴訟を起こす前には，商標権者または利害関係者は，訴訟前の差止めと証拠保全を裁判所に申立てすることができる。日本の裁判所では，差止請求による仮処分の裁定に際して慎重を期し，債務者の反論を聞きつつ数カ月にわたり審理するのが通常であるのと異なり，中国では，訴訟前の差止めと証拠保全の申立てを受理した後，裁判所は，48時間以内に裁定を下さなければならず，保全措置を取る裁定は，ただちに執行を開始しなければならない，と明確に規定されている（「商標法」第58条2項）。登録商標専用権侵害行為の訴訟前の差止めと証拠保全に関する法制度は，一般法である「民事訴訟法」第93条から96条およ

ひ99条の規定が適用されるうえ,「商標法」と最高裁判所の司法解釈に下記のような特別な規定,解釈があるため,この制度を利用するときには特に留意する必要がある。

（i）他人がその登録商標専用権の侵害行為を行っているかまたは今後実施するおそれがあることを証明する証拠を有しており,即座に制止しなければその合法的権益補填不能な損害を被る恐れがある場合,商標登録権者または利害関係者は,訴訟を起こす前に,裁判所に関連行為の停止と財産の保全措置命令を申請できる,という申立ての条件が規定された（「商標法」第57条）。

（ii）上記の申立てできる「利害関係者」とは,商標使用許諾契約のライセンシー（licensee),登録商標の財産権の合法的な相続人を含む。登録商標使用許諾契約の中には,独占的使用許諾契約のライセンシーは,単独で裁判所に申立てを提出することができ,排他的使用許諾契約のライセンシーは,商標登録者が申立てない場合において,申立てを提出することができる,と規定されている（「登録商標専用権侵害行為の訴訟前差止めおよび証拠保全に対する法律適用問題に関する解釈」第1条2項)。

（iii）訴訟前差止めおよび証拠保全に関する申立て地は,登録商標専用権侵害行為地または被申立人の住所地の商標案件について管轄権を有する裁判所に提出しなければならない,と規定されている（前掲「司法解釈」第2条）。これは,上述した訴訟提起地と比べて,その範囲が狭くなっており,「侵害品の保管地または侵害品封印差押地」で提訴することができるが,訴訟前差止めおよび証拠保全に関する申立地とすることはできない。

（iv）申立てに関する担保問題について。「司法解釈」第6条1項,2項には,訴訟前差止の申立てを提出する場合,申立人は,担保を提供しなければならず,訴訟前証拠保全の申立てに関して裁判所は,被申立人の財産の損失をもたらすおそれがある場合,申立人に対して相応の担保の提供を命じることができる,と定めている。また,裁判所は,担保を確定するとき,差止められる関連行為にかかわる商品の販売収益ならびに合理的な倉庫保管などの費用,関連行為の停止により生じるおそれのある合理的な損失などを考慮しなければならない（「司法解釈」第6条5項）。差止め裁定の執行過程において,被申立人が当該裁定の実施によりさらに大きな損害を被る可能性がある場合,裁判所は,申立人に相応の担保を追加するよう命じることができる。申立人が,担保を追加しな

い場合，裁判所は，差止措置を解除することができる（「司法解釈」第7条）。なお，申立人の担保形式に関しては，保証，抵当などの提出された担保が合理的かつ有効であると判断された場合には，裁判所は，これを許可することができるという規定もある（「司法解釈」第6条3項）。

（ⅴ）差止め裁定の効力は，原則として，最終審の法律文書が効力を生じるまで存続しているが，差止め裁定により実施された措置は，申立人が同意した場合を除き，被申立人が担保を提供しても解除されない。ただし，裁判所は，案件の具体的な状況によって，差止めの期間を確定することができるが，この期間が満了したとき，申立人の請求および追加した担保の状況によって，引き続き差止裁定を行うこともできる（「司法解釈」第14条1，2項）。また，訴訟前の差止め裁定と証拠保全裁定による措置を実施した後15日以内に，登録商標権者または利害関係者が提訴しない場合には，裁判所はこの措置を解除する，と明記されている（「司法解釈」第12条）。

［損害賠償の算定方法］

登録商標権者は，民事訴訟で侵害行為の停止，障害の排除，影響の除去と同様に，損害賠償を請求することができる。請求できる損害賠償の範囲と額については，下記の関連規定があり，留意する必要がある。

「商標法」第56条1項には，商標専用権を侵害された場合の損害金額は，侵害者が侵害期間中に侵害により得た利益または被侵害者が侵害された期間中に受けた損失とする。また，被侵害者が侵害行為を差止めるために支払った合理的な支出を含むことも規定されている（「商標法」第56条1項）。また，最高裁判所の司法解釈によると，被侵害者は，「侵害により得た利益」および「侵害により受けた損失」という2つの損害金額計算方法のうちどちらか一つの計算方法を選択する権利があり，裁判所は，被侵害者の選択した計算方法に基づいて，賠償額を計算することができる，と定めている（「登録商標専用権侵害行為の訴訟前差止めおよび証拠保全に対する法律適用問題に関する解釈」第13条）。

「侵害により得た利益」の計算方法については，権利侵害商品の販売量に当該商品の単位当たり利潤を乗じて計算することができる。当該商品の単位当たり利潤を調査し明らかにすることができない場合，登録商標の単位当たり利潤に従い計算する（「司法解釈」第14条）。「侵害により受けた損失」の計算方法については，権利者が権利侵害によりもたらされた商品販売の減少量または権利

侵害商品の販売量に当該登録商標商品の単位当たり利潤を乗じて計算することができる（「司法解釈」第15条）。「被侵害者が侵害行為を差止めるために支払った合理的な支出」の範囲については，（ⅰ）権利者または委託者の調査費用，（ⅱ）証拠収集の費用，（ⅲ）関連規定と合致する弁護士費用，などをを含めている（「司法解釈」第17条）。また，原告が，前記2つの損害金額の計算方法では，その損害額を定めることが困難である場合には，裁判所は侵害行為の情況に応じて50万元以下の損害賠償を命じることができる（「商標法」第56条）。

[立証責任と立証期間]

　立証責任に関する中国の「民事訴訟法」には，当事者は自ら行う主張については証拠を提出する責任を負う，と規定されており（第64条），証拠に関する規定は12条しかなく，最高裁判所の司法解釈によって補完されている状態である。

　司法解釈である「民事訴訟証拠に関する若干の規定」によれば，当事者が証拠を提出しない場合，またはその提出した証拠が当事者の事実の主張を証明するに十分ではない場合には，立証責任を負う当事者が不利な結果を被ることを明確に定めている（第2条）。また，同じ司法解釈である「中華人民共和国民事訴訟法」の「適用に関する若干の問題についての意見」によると，中国の民事裁判では，裁判所は案件の受理通知書および応訴通知書の送付と同時に，（ⅰ）当事者に証拠の申出通知書を送達しなければならない，（ⅱ）証拠の申出書には，立証責任の分配原則と要求，裁判所に証拠の調査・収集を申請できる事由，証拠の申出期間および期限を過ぎた場合の法律的結果を記載しなければならない，とされている。

　証拠の申出期間が満了した後，証拠資料を提出しない場合，証拠の申出の権利を放棄したものとみなされる。期間が満了した後で提出された証拠については，相手方が同意する場合を除き，裁判所は審理の際に証拠調べを行わない。証拠の申出期間は30日を下回ってはならず，当事者間の協議によって定め，裁判所の認可を受けることができる。また，当事者が訴訟請求の変更，追加を提出した場合でも，証拠の申出期間内に行わなければならないと定められている点に注意する必要がある（第33条，34条，36条）。[41]

　なお，裁判所に提出する証拠は，中国国外にある物件であれば，当該証拠について，所在国の公証機関の公証を受けた後，当該国にある中国大使館，領事館の認証を受ける必要があり，文書であれば，中国語の翻訳を添付しなければ

ならない(「民事訴訟証拠に関する若干規定」第11条)。

おわりに

　知的財産権に対する関心は,経済取引のグローバリゼーションや国際取引の増大を背景に,これまでにないほどに高まっている。(42)中国における知的財産権の問題が世界的に注目されるようになったのは,中国政府が「商標法」,「特許法」といった知的財産法の中核をなす法律の改正に着手し,知的財産権の保護に本腰を入れはじめたからである。以後,日本を含めて世界各国の中国における知的財産権に対する関心は,急速に高まっていった。

　中国では,商標法の分野において,「商標法」をはじめとして,本章で取り上げたように多くの関連法規や司法解釈などが制定・改正された。現在では,登録商標の出願から商標紛争の解決まで,相当程度整備されてきており,登録主義,先願主義,司法最終審査主義など基本的な原則が確立されつつある。これらの法規や原則は,一見して,日本の商標制度とほとんど変わらないようにみえる。しかし,中国の法律は,あくまで社会主義的な法規であり,商標制度も社会主義市場経済の一環であることは間違いないだろう。その意味で,中国商標関連法規の制定経緯と特徴を分析する必要があり,本章の第1節において,これを簡単に紹介した。

　中国の商標権保護について,何よりも問題なのは,あまりにも商標権侵害事件が多いことである。侵害事件の多発は,中国の市場経済化の初期段階における混乱を反映したものであり,中国人の法意識,国家の産業政策などにも関連しており,商標法規の枠内ですべて解決できる問題ではない。(43)本章第2節では,このような問題意識の下で,商標関連法規の分析を通じて,中国法の商標権侵害救済制度の要点と若干の留意点を指摘した。

　中国の商標権侵害救済は,本文でも明らかにしているように,基本的に工商行政管理局・税関という行政機関による行政救済体制,および裁判所での民事裁判・刑事裁判による司法救済体制という「2本立ての救済」から構成されており,行政法・民事法・刑事法と関連して複雑な法制度である。そのため,中国でよく発生する商標紛争事件の救済には,さまざまな法的な問題があり,中国ですでにビジネスを展開している企業だけでなく,展開を検討している企業

も商標権紛争の問題に真剣に取り組むことが必要であろう。

　日本の商標制度と比べて，行政機関である工商行政管理局による商標権保護は，中国商標制度の最大の特徴といわれており，実際にも一つの救済方法としてよく利用されている。しかし，商標権という私権に対して，国家行政機関が公共秩序維持のために，これを調整・制裁することは，公法と私法の領域を混同しており，国家権力による私的権利侵害につながるおそれがないとはいえない。中国は，昔から官僚優位の国であって，現在では，人治社会から法治社会に転換しつつあるが，今後，商標制度に関する行政機関の権限縮小とともに，司法機関の権限増強という改革が必要であろう。

　また，中国の司法による商標権保護については，第3節で述べたように，商標民事裁判の適用法は「商標法」であり，手続法は「民事訴訟法」であるため，数多くの最高裁判所の通達や司法解釈による特別な規定が存在している。これらの通達や司法解釈は，法律ではないが，裁判所が法的根拠として使っている。この現象は，中国法の不備を露呈するものであり，法整備が急がれる。また，法整備とともに，裁判上の具体的な問題，たとえば，本文で取り上げた商標の類似性判断で裁判所が示したような法的基準についても，これをもっと明確にして，指摘されているような裁判官の主観意思による判断をなくすよう，より公正かつ透明性のある商標裁判制度が確立されることが期待される。

注
（1）　遠藤誠『中国知的財産法』商事法務，2006年，1ページ。
（2）　日本経済産業省および関係省庁「政府模倣品・海賊版対策総合窓口年次報告書」2008年6月。
（3）　『人民日報』（海外版）2008年8月1日付。
（4）　范云涛『中国ビジネスの法務戦略』日本評論社，2004年，175ページ。
（5）　知的財産権は，中国語では「知識産権」と呼ばれているが，「民法通側」（日本の「民法」に相当する法律）によれば，商標権，著作権，特許権，発見権，発明権およびその他の科学技術成果とされている（第94～97条）。
（6）　「商標法」は，1982年8月23日に全国人民代表大会常務委員会で制定・公布され，1983年3月1日に施行された。1993年2月22日に最初の改正が行われ，2001年10月27日に2回目の改正が行われて現在に至っている。なお，「民事訴訟法」の最新改正は，2007年10月28日に全国人民代表大会常務委員会において行われ，

2008年4月1日に施行された。
（7）　本章で取り上げている「行政法規」の制定機関と改正時期は以下の通りである。①「商標法実施条例」（2002年8月3日国務院公布，同年9月15日施行），②「商標および企業名称における若干問題の解決に関する意見」（1999年4月5日中国工商行政管理総局公布，同日施行）．③「著名商標の認定および保護に関する規定」（2003年4月17日国家工商行政管理総局公布，同年6月1日施行）。④「団体商標および証明商標の登記管理規則」（2003年4月17日に国家工商行政管理総局公布，同年6月1日施行）。⑤「工商行政管理機関行政手続暫定規定」（1996年10月17日国家工商行政管理総局公布・施行，2000年12月1日改正・施行）。
（8）　本章で取り上げている最高裁判所の「司法解釈」の施行時期は以下の通りである。①「裁判所が登録商標に対して財産保全に関する解釈」（2001年1月21日施行），②「商標民事紛争案件の審理における法律適用の若干問題に関する解釈」（2002年10月16日施行），③「商標案件の審理における管轄および法律適用範囲の問題に関する解釈」（2002年1月21日施行），④「登録商標専用権侵害行為の訴訟前差止および証拠保全に対する法律適用問題に関する解釈」（2002年1月22日施行），⑤「登録商標の専用権に対する財産保全および執行等の問題に関する返答」（2002年1月9日施行）。
（9）　中国は，パリ条約（1985年3月），マドリッド協定協議書（2001年12月），ニース協定およびTRIPS協定（2001年）と，相次いで加盟ないし締結した。
（10）　たとえば，四川省や上海市等も独自に商標に関する地方法規を制定した。
（11）　団体商標とは，団体，協会またはその他の組織名義で登録し，同組織構成員の商業活動の使用に供し，使用者の当該組織における構成員資格を表示する標章をいう（「商標法」第3条2項）。証明商標とは，特定の商品またはサービスに対して監督能力を有する組織が管理しており，当該組織以外の単位または個人がその商品またはサービスについて使用し，当該商品またはサービスの原産地，原料，製造方法，品質またはその他の特別な品質を証明する標章をいう（「商標法」第3条3項）。
（12）　「商標として使用してはならない文字・図形」については，①中国の国名，国旗，勲章と同一または類似のもの，②民族を差別する性質を帯びたもの，③誇大に宣伝し，かつ詐欺性を帯びたもの，④社会主義道徳，風習に害となりまたはその他悪影響を及ぼすものなど，と規定された（「商標法」第10条）。
（13）　「商標に登録してはならない標識」については，①その商品の通用名称，図形，型番にすぎないもの，②単に商品の品質，主要原料，効能，用途，重量，数量およびその他の特徴を直接に表示したにすぎないもの，③顕著な特徴を欠くもの，と定めている（「商標法」第11条）。

(14) 中国工商行政管理局は1994年に「商標代理機関管理暫定規則」を公布し，商標代理機構の設立条件を規定し，商標弁理士の素質に対してかなり厳しく要求している。

(15) 「商標法」第5条には，国が登録商標を使用しなければならないと規定した商品は，必ず商標登録を出願しなければならず，登録認可を得ていないものは，市場で販売してはならないという「強制登録商標制度」があり，現在は，薬品と煙草製品の2種類がある。

(16) 白大華「中国の商標制度について」，1998年4月8日，東京での「中国商標セミナー」報告資料，2ページ。

(17) 商標登録受理費は1000元（同種商品およびサービス項目が10件を超えたら，1件につき100元を追加)，団体商標登録受理費あるいは証明商標登録受理費は各3000元，商標登録更新受理費は2000元。

(18) 射手矢好雄・遠藤誠・張和伏『中国ビジネスの紛争対応システム』商事法務，2004年，169ページ。

(19) 高橋宏『中国の知的財産権』東洋経済新報社，2006年，218ページ。

(20) 中国語の「馳名商標」は，日本語では「著名商標」と訳されている。遠藤誠，前掲書（注1），83ページ，参照。

(21) 著名商標の認定基準については，①関連する公衆の当該商標に対する認知度，②当該商標の継続的な使用期間，③当該商標のあらゆる宣伝業務の継続期間，程度および地理的範囲，④当該商標の著名商標としての保護記録，⑤当該商標が著名であることと定めている（「商標法」第14条）。

(22) 2006年3月10日に中国最高裁判所代弁者である孫華瑛氏の発表によると，中国各級裁判所は2001年7月から2005年10月まで，72件の著名商標を認定し，そのうち9件は外国商標であった。

(23) 「著名商標の活用はグローバル・ブランドの切り札」日経BP知財，2005年（http://:chizai.nikkeibp.co.jp）。

(24) 最高裁判所の司法解釈である「知的財産権侵害における刑事案件の処理についての具体的な法律運用に関する問題の解釈」では，「刑法」第213条の「状況が重い場合」とは，①不法経営金額が5万元以上または違法所得金額が3万元以上の場合，②2つ以上の登録商標を虚偽表示し，不法経営金額が3万元以上または違法所得金額が2万元以上の場合を指している。「状況が特別重い場合」とは，①不法経営金額が25万元以上または違法所得金額が15万元以上の場合，②2つ以上の登録商標を虚偽表示し，不法経営金額が15万元以上または違法所得金額が10万元以上の場合を指している。

(25) 中国の民事責任構成に関しては，李開国「侵権責任構成理論研究」『中国法学』

総第142期,2008年,38ページを参照。知的財産権侵害の帰責原則については,張広良著,小口彦太・胡光輝訳「中国における知的財産侵害の民事救済」『早稲田法学』第83巻第1号,2007年,141ページ,および「論構建我国阻却侵害商標権事由制度」『商標知識』(http//www.brandwz.com),2008年,参照。

(26) 平尾正樹『商標法』学陽書房,2002年,275ページ,参照。

(27) 夏宇「トヨタ自動車株式会社の中国における商標権侵害訴訟の判決について」上海オンダ商標事務所,2004年 (http//:www.ondatechno.com)。なお,商標「類似性」に関する日本の判例と解説については,中山信宏他編『商標・意匠・不正競争判例百選』有斐閣,2007年,日本ウーマン・パワー事件・143ページとフットボール事件・145ページを参照。

(28) 白大華,前掲資料(注16),6ページ。

(29) 陣立偉「わが国商標侵権判定理論の修正と司法適用について」『審判研究』2006年第四期,1ページ。

(30) 小口彦太『中国ビジネスの法と実際』日本評論社,1994年,154ページ。

(31) 高橋宏,前掲書(注19),90ページ。

(32) 『人民日報』(海外版)2008年8月1日付。

(33) 同司法解釈第3条には,商標の登録者または利害関係者が,工商行政管理局に対して商標専用権の侵害行為について処分を請求しながら,さらに裁判所に対して商標専用権の侵害について損害賠償請求の訴訟を提起した場合,裁判所はこれを受理しなければならないと定めている。

(34) 提訴から7日以内に立案し,提訴の条件に合致しない場合,7日以内に裁定により不受理,裁定送達する。起訴者は10日以内に不服上訴できる(「民事訴訟法」第112条,122条,147条)。

(35) 起訴状,受理通知書,応訴通知書を5日以内に送達する。答弁状は中国国内の当事者の場合は15日以内,それ以外の場合は30日以内に提出し,裁判所は答弁状コピーを5日以内に原告へ送付する。なお,開廷3日前に裁判所は当事者へ開廷通知する(「民事訴訟法」第38条,113条,115条)。

(36) 国家秘密や個人のプライバシーに関して法律に特別な定めがある場合以外,公開審理。法廷弁論終了前には,原告の訴訟請求追加,被告の反訴,第三者の訴訟請求の提起,回避申立てなどができる(「民事訴訟法」第120条,115条,126条)。

(37) 和解が成立した場合は,「和解書」を締結し,和解が成立しない場合には判決を行う。判決は中国国内事件の場合,立案から6カ月以内という判決期限があり,それ以外の事件は,特に期限はない(「民事訴訟法」第128条,135条)。

(38) 一審判決書送達から中国国内の当事者は15日以内,それ以外の場合は30日以内に上訴状を提出するという期限が設けられている。二審合議廷は開廷または不開

廷を含めて審理し，二審調停もできる。和解した場合は，「和解書」を締結し，和解できない場合，終審判決または原審法院へ差戻し（「民事訴訟法」第147条，150条，152条）。

(39) 中国民事訴訟法の発展とその問題点については，陳桂明・劉田玉「民事訴訟法学的発展維度」『中国法学』総第141号，2008年，174ページ以下を参照。
(40) 高橋宏，前掲書（注19），96ページ。なお，本文の中国法規定の和文については，射手矢好雄『中国経済六法』日本国際貿易促進会，2008年，および，遠藤誠，前掲書（注1），范云涛，前掲書（注4），射手矢好雄ほか，前掲書（注18），高橋宏，前掲書（注19），などの資料を参考・引用した場合がある。
(41) 証拠に関する中国民事訴訟上の問題点については，紀格非「論証拠法功能的当代転型」『中国法学』総第142号，2008年，62ページ以下を参照。
(42) 三山峻司・松村信夫『知的財産権訴訟』法律文化社，2003年，1ページ。
(43) 小口彦太，前掲書（注30），158ページ。
(44) 行政機関の権利濫用に関する司法審査については，余凌云「対行政機関濫用職権的司法審査」『中国法学』総第141号，2008年，24ページ以下を参照。
(45) 中国の司法改革については，劉斌斌『中国における司法改革の現状と課題について」『日本法学』第74巻第2号，2008年，153ページ，参照。

第11章
中国の成長と対外経済関係

加藤 健太郎

はじめに

　本章の課題は，中国の対外経済関係を日中間の経済関係を通じて分析し，中国産業の課題と今後の方向性を探ることにある。

　2008年は，中国共産党が，第11期中央委員会第三回全体会議（第11期三中全会，1978年12月18～22日）において改革・開放政策を打ち出してからちょうど30周年に当たる節目の年である。この間，中国の対外経済関係は大きく進展し，中国は世界経済とのリンケージを強めることで，目覚しい経済成長を遂げた。2008年8月には，「百年の夢」としてきた北京オリンピックを成功裏に開催した。それは，中国が改革・開放以来の経済発展の成果を世界にアピールし，同時に世界も，中国が世界にとって重要なプレイヤーであることを再認識する機会ともなった。

　くしくも，第11期三中全会から30年を経て開催された第17期中央委員会第三回全体会議（第17期三中全会，2008年10月9～12日）は，米国のサブプライムローン（低所得者向け住宅ローン）問題に端を発する金融危機により，世界経済が大きく揺れ動く中で開催された。同会議では，「現在，国際金融市場の動揺が激化し，世界経済の成長が明らかに鈍化し，国際経済環境の不確定，不安定要素が明らかに増加し，また国内経済の運行にもいくらかの矛盾と問題が存在する。我々は，憂患意識を強め，積極的に，この挑戦に対応しなければならない」としたうえで，「最も重要なことは，自らのことをしっかりすることである」との認識が示された。[1]

　改革・開放が提起されて30周年の節目に，国際経済が激しく揺れ動く中，自分の国のことをしっかりすることが最も重要であるとの認識が示されたことは，

大きな意義をもつ。それは、改革・開放政策により、対外開放を推し進め、対外経済への依存を強めてきたこれまでの政策が転換点を迎えたことを、中国自らが明確に示したからにほかならない。同時に、それは、これまでの中国の経済成長方式のあり方を乗り越える「脱・改革・開放」の出発点ともいえる。

　本章では、まず第1節において中国の対外経済全体を概観したうえで、第2節で日中間の経済関係を、貿易構造を中心に分析する。以上の分析を踏まえたうえで、第3節において、そこから抽出される中国産業の課題と政府の取り組みについて考察する。最後に、最近の注目される動向を踏まえて、今後の中国の対外経済関係を展望したい。

第1節　中国の成長と対外経済

　1978年12月、北京において第11期三中全会が開催された。同会議において、従来の「階級闘争を要とする」路線から「経済建設を中心とする」路線へと転換し、「実事求是（事実に基づき真実を求める）」の指導思想を確立して、「世界各国との平等互恵の経済協力を積極的に発展させ、世界の先進的な技術と設備の導入に努力すること」が打ち出された。これをもって、中国は、改革・開放政策へと大きく舵を切ったのである。[2]

　以降、中国は大きな経済成長を遂げる。1978年、3645億元であったGDPは、2007年には、25兆7306億元に達した。この間のGDP成長率は、年平均約9.9％。一人当たりGDPも、1978年の381元から2007年の、1万9474元へと、約50倍となった（図11-1参照）。[3]

　なかでも、対外経済関係は大きな発展をみる。1978年に、206.4億ドル（355億元）だった貿易額は、特にWTOに加盟した2001年以降、大きな伸びを示し、2007年には、2兆1737.3億ドルと2兆ドルを超えた。この間、年平均17.8％の伸び率で拡大し、今や、世界の貿易額に占める中国の割合は7.7％に達し、米国、ドイツに次ぐ世界第3位の貿易大国となった。[4]海外から中国への直接投資は、1992年の「南巡講話」と2001年のWTO加盟を契機とする2度の大きな波を経て、1979年から2007年までの累計で、7702億ドル（実行ベース）が導入された（図11-2参照）。中国には、2007年末時点で、28万6232社の外資系企業が存在している。

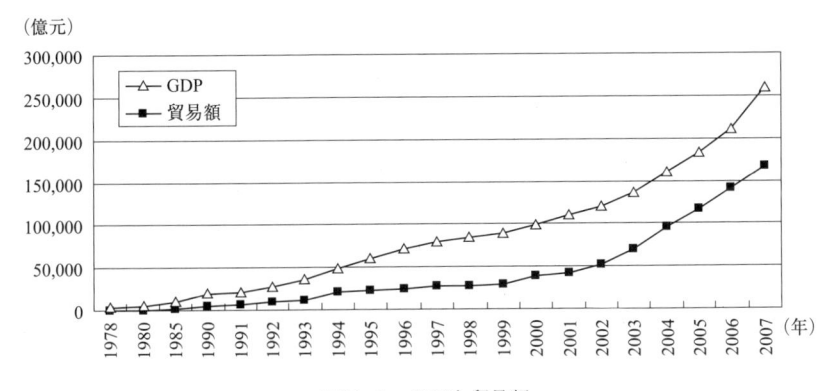

図11-1　GDPと貿易額

資料：中華人民共和国国家統計局『中国統計年鑑』2008年版より作成。

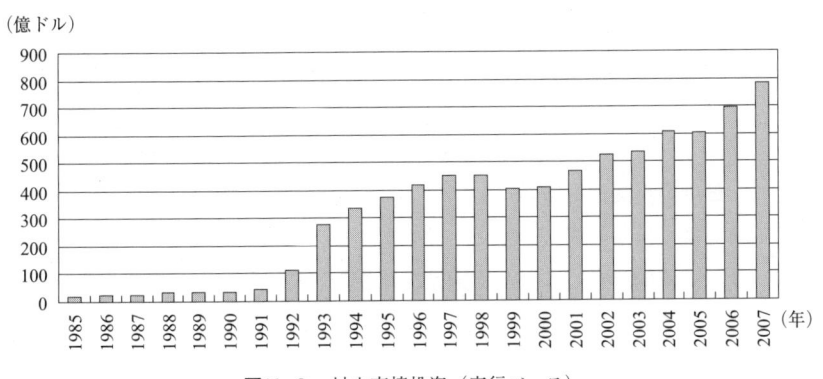

図11-2　対中直接投資（実行ベース）

資料：図11-1に同じ。

　こうしたなか，中国経済において，対外経済は，ますます大きな地位を占めるようになっている。中国の貿易依存度，輸出依存度は，改革・開放政策が始まる前の1978年には，それぞれ9.7％，4.6％であったのが，2007年には，それぞれ，66.8％，37.5％にまで高まった（図11-3参照）。また，貿易額，輸出額のうち，約6割は，外資系企業によるものとなっている。

　中国の経済成長方式が，「輸出志向工業化」や「外資主導」と呼ばれるのは，まさにこのような状況に基づくものであり，中国は，開放政策を推進するなかで，対外経済関係を強めながら経済成長を成し遂げてきたのである。

図11-3 貿易・輸出依存度

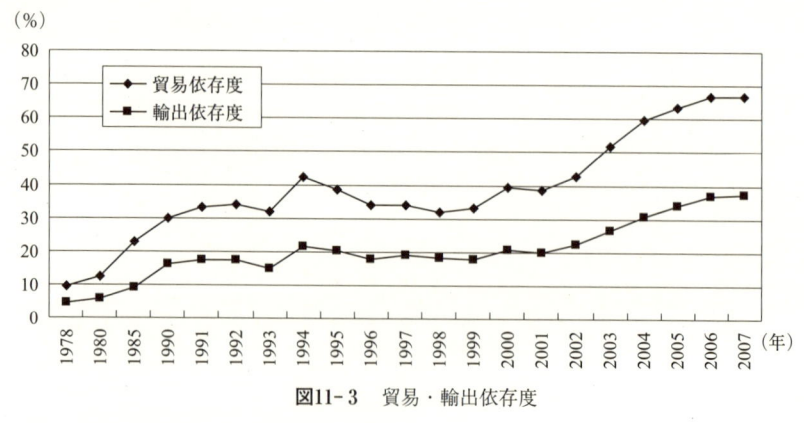

資料：図11-1に同じ。

第2節　日中経済関係の構造

(1) 日中経済関係の概要

　日中関係は，日中両国にとって，最も重要な二国間関係の一つであるが，中でも，経済関係は，双方にとって重要な地位を占め，堅調な発展をみている。
　2007年10月8日，安倍首相（当時）は，就任後初の外国訪問として中国を訪問した。日本の首相による中国への公式訪問は，1999年の小渕首相（当時）以来7年ぶりのことである。このとき出された「日中共同プレス発表」では，「共通の戦略的利益に立脚した互恵関係（「戦略的互恵関係」）」の構築が謳われ，それまで「政冷経熱」から「政冷経冷」への転化が懸念されるまで冷え込んでいた日中関係は，大きく好転し，安倍首相の訪中は，「破氷の旅」といわれた。[5]以来，日中関係を語るうえで，「戦略的互恵関係」という言葉は，必要不可欠なキーワードになっている。
　翻って，日中の経済関係をめぐっては，中国が急速に経済規模を拡大させ，国際的プレゼンスを増す一方で，長期に低迷する日本の経済状況を背景に，「世界の工場」となった中国が，廉価な労働力を武器にデフレを輸出し，日本の製造業の空洞化を招いているとの批判があった。特に2001年のWTO加盟以降，台頭した「中国脅威論」[6]である。それが，2003年頃から，中国は，日本経

図11-4 日中貿易額

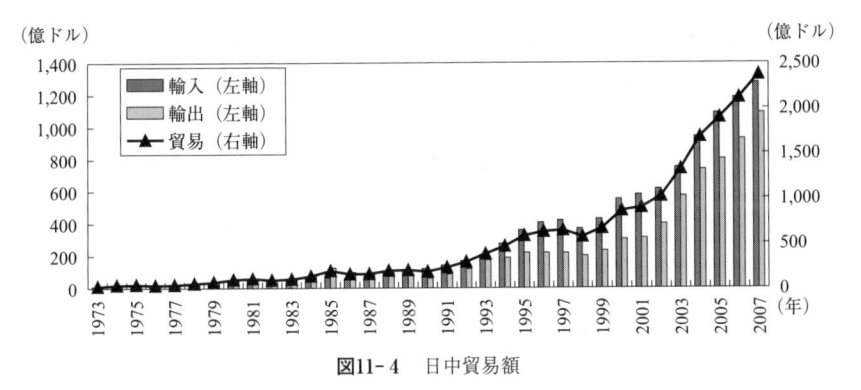

注：1996年以降は，財務省貿易統計に基づきJETROがドル建て換算したもの。
資料：財務省貿易統計より作成。

済にとって，なくてはならない存在であり，経済成長を引っ張る「中国牽引論」に取って代わられ，今や，「世界の工場」から「世界の市場」へと喧伝されている。

　この間，日中経済の基本的な構造に，果たしてどれだけ劇的な変化をみたことだろうか。日中経済関係は，その時々の政治環境などの影響を受けて，確かな裏づけのないままイメージとしてとらえられやすく，その実態を，正面から検討する試みを怠ってきたように思われる。安易な「脅威論」でも「牽引論」でもなく，日中経済関係の現状に対する，客観的な評価が必要であろう。

　日本と中国は，1972年に国交を正常化し，これに伴い，1974年に，「日中貿易協定」が締結された。そこでは，「従来の民間の貿易関係によって積み上げられてきた成果を尊重し，両国間の貿易を平等互恵の原則の基礎の上に一層発展させ，両国間の経済関係を強化する」ことが謳われている。爾来，1973年に20億ドルだった日中貿易額は，2006年に2000億ドルを突破した。2007年には，2367億ドルに達し（図11-4参照），日中貿易額は，日米貿易額（2142億ドル）を上回り，日本にとって中国が，第1位の貿易相手国となった。

　日本の対中直接投資は，1985年のプラザ合意による円高を背景とした「第1次対中投資ブーム」以降，1992年の「南巡講話」と2001年のWTO加盟を契機とする「第2次」，「第3次」の投資ブームを経て，現在は，「第3次」の投資ブームが一巡して，小康状態にあるとみてよい。2007年の日本の対中直接投資は，35億8900万ドルで，過去最高を記録した2005年の65億3000万ドルからは，

図11-5　日本の対中直接投資

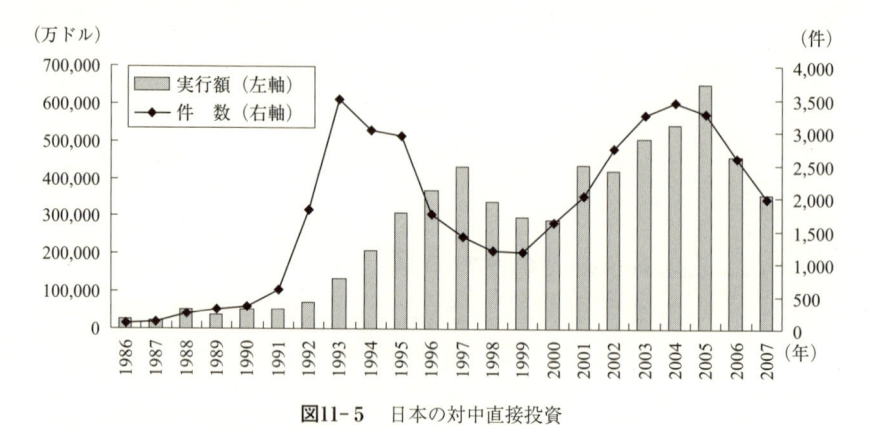

資料：中国商務部外資統計より作成。

大きく減少したものの，依然，中国において日本による直接投資は重要な地位を占め，香港やタックス・ヘイブンの英領バージン諸島を除けば，韓国36億7800万ドルに次ぐ投資額となっている（図11-5参照）。

（2）　日中の貿易構造

　日中の経済関係が，その量的拡大を経て，両国にとって重要な地位を占めるようになったことは，上述のとおりであるが，では質的にはどのような変化をみたのだろうか。ここでは，日中の貿易構造に着目し，その変化について概観したい。

　まず，日本から中国への輸出を生産段階別（素材：Primary goods，中間財：Intermediate goods，最終財：Final goods）にみると，日本から中国へは，部品などの中間財が圧倒的に多く，またそのシェアも大きく拡大させ，2006年には，対中輸出額の70％を占めている。最終財については，1990年代前半までは約40％を占めていたが，現在では，30％を割り込んでいる（図11-6参照）。

　他方，中国から日本への輸出を生産段階別（素材，中間財，最終財）でみると，中国から日本へは，消費財などの最終財が多く，2006年には，対日輸出額の62％を占めているが，1995～2003年頃までは，約70％を占めていたことからすれば，若干シェアを減らしている。これに代わり，シェアを伸ばしているのが中間財で，35％を占めるまでになっている。対照的なのが，素材で，1990年に

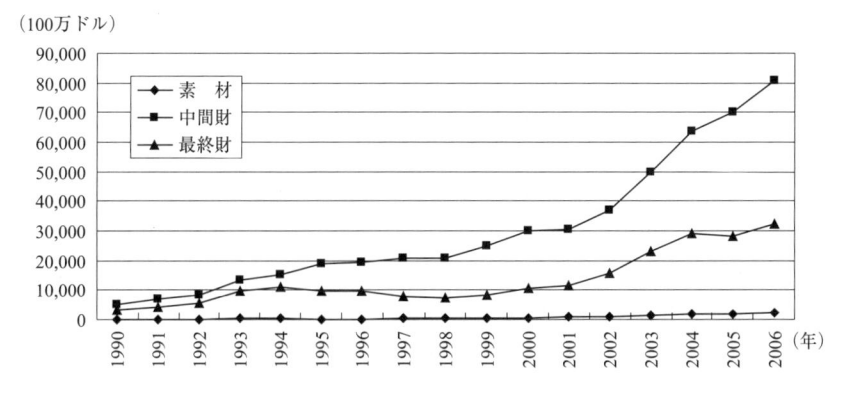

(100万ドル)

図11-6 日本の対中輸出額（生産段階別）

資料：経済産業研究所「RIETI-TID2007」より作成。

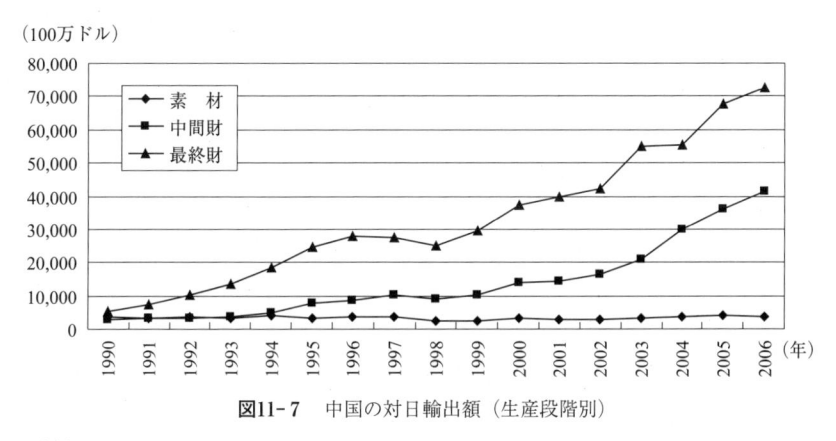

(100万ドル)

図11-7 中国の対日輸出額（生産段階別）

資料：図11-6に同じ。

は，約30％を占めていたが，その後一貫して減少し，2006年には3％まで低下した（図11-7参照）。

以上のことから，生産段階別でみた場合の日中貿易構造は，日本から中国への輸出は，中間財が圧倒的に多く，他方，中国から日本への輸出は，最終財が多いものの，近年は中間財の割合も増えつつある，という特徴が導かれる。

では，製品別ではどうであろうか。日本の対中輸出額を製品別の割合でみると，2007年では，「電気機器」（27.4％），「一般機械」（18.6％），鉄鋼や非鉄金

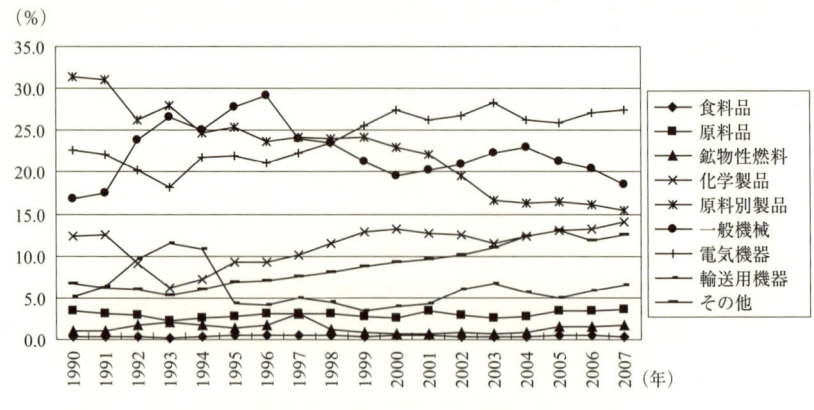

図11-8　日本の対中輸出製品の割合

資料：財務省貿易統計より作成。

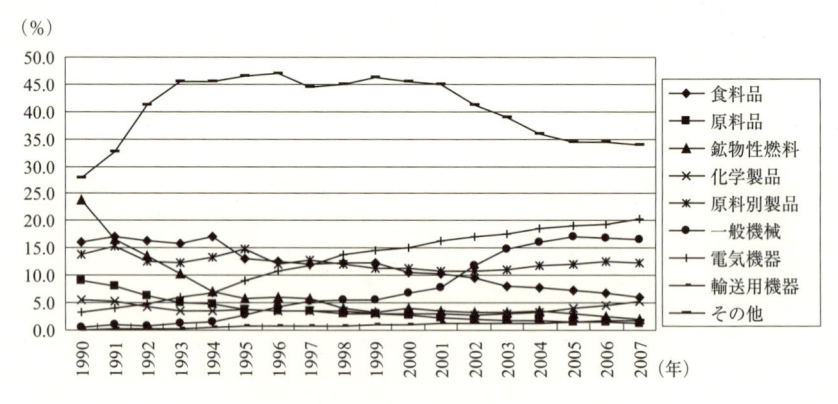

図11-9　日本の対中輸入製品の割合

資料：11-8に同じ。

属などが含まれる「原料別製品」(15.4%)の順になり，これら上位3位の製品の合計額は，対中輸出額の6割以上を占めている。また，これら品目の中でも，「電気機器」がシェアを高めているのに対し，「原料別製品」は大きくシェアを低下させていることがみてとれる（図11-8参照）。

　他方，中国から日本への輸入額を製品別の割合でみると，一貫して大きなシェアを占めるのが，衣料品や家具などが含まれる「その他」であるが，これを除けば，2007年では，「電気機器」(20.4%)，「一般機械」(16.6%)，「原料別

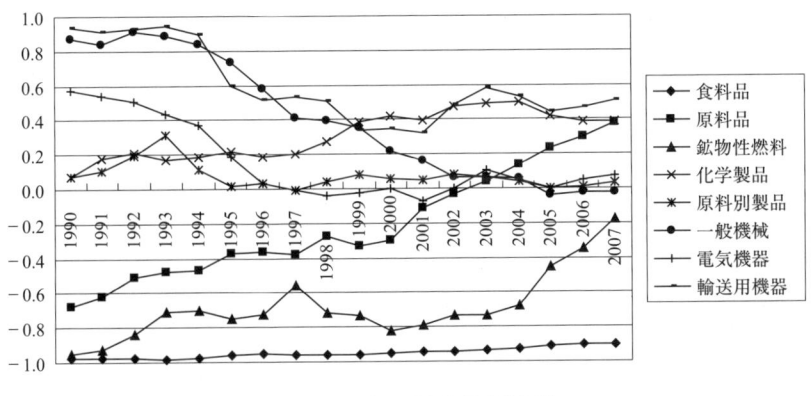

図11-10 日本の対中貿易特化係数

資料：図11-8に同じ。

製品」（12.4％）の順となる。また，特に，「電気機器」と「一般機械」のシェア拡大が著しく，1990年と比べ，それぞれ17.2ポイント，16.0ポイント増加している（図11-9参照）。

以上のことから，製品別でみた日中貿易構造は，日本から中国への輸出についても，中国から日本への輸入についても，「電気機器」，「一般機械」，「原料別製品」といった同様の品目が取引されており，特に，中国からの輸入品目において，「電気機器」，「一般機械」の増加が著しい，という特徴が導かれる。

このことは，日本の対中貿易特化係数にも表れている[10]。「電気機器」，「一般機械」の貿易特化係数は，1990年には，それぞれ0.6，0.9であったのが，2007年には，それぞれ0.1と0に変化している（図11-10参照）。すなわち，「電気機器」や「一般機械」において，日中の貿易は，明らかに，垂直分業から水平分業へと変化を遂げたのである。

（3） 日中経済関係の評価

上述したように，日中貿易は，量的に拡大し，質的な進展をみた。また，日中の経済関係は，ますます緊密化している。しかし，これをもって日中の経済関係が，「Win-Win」もしくは「互恵関係」にあるといえるのだろうか。日中貿易の主軸である「電気機器」や「一般機械」において，垂直分業から水平分業へと変化を遂げたのは事実であるとしても，生産段階別でみた場合，日本の

表11-1 日本の対中直接投資残高（2007年）

業　　種	投資残高(億円)	割合(%)	業　　種	投資残高(億円)	割合(%)
製造業	31,938	74.7	非製造業	10,819	25.3
食料品	1,586	3.7	農・林業	19	0.0
繊維	760	1.8	漁・水産業	23	0.1
木材・パルプ	831	1.9	鉱業	30	0.1
化学・医薬	3,379	7.9	建設業	78	0.2
石油	39	0.1	運輸業	325	0.8
ゴム・皮革	937	2.2	通信業	85	0.2
ガラス・土石	1,170	2.7	卸売・小売業	5,292	12.4
鉄・非鉄・金属	2,496	5.8	金融・保険業	3,186	7.5
一般機械	4,403	10.3	不動産業	593	1.4
電気機器	7,687	18.0	サービス業	446	1.0
輸送用機器	6,578	15.4	その他非製造業	742	1.7
精密機械	951	2.2	対中直接投資残高合計	42,756	100.0
その他製造業	1,121	2.6			

資料：日本銀行国際収支統計より作成。

対中輸出は，中間財が圧倒的に多く，他方，中国の対日輸出において，中間財の割合が増えつつあるものの，依然として最終財が多いという事実をどうみるべきであろうか。

　2007年末時点で，日本企業は，中国に4兆2756億円の投資残高があり，このうち74.7%が製造業に投資されている。中でも，「一般機械」（10.3%），「電気機器」（18.0%），「輸送用機器」（15.4%）の3つの業種への投資が，製造業全体の約6割を占めている（表11-1参照）。この「一般機械」，「電気機器」などを主とする日本企業の対中直接投資動向と，日中貿易の主軸である「一般機械」や「電気機器」において，日本から中国へは，中間財が輸出され，中国から日本へは，最終財が輸出されているという事実をあわせて考えると，「一般機械」，「電気機器」などの業種を中心に，日本企業が生産拠点を中国に移し，中国で現地調達できない基幹部品などを日本から輸出し，中国で生産された最終製品を中国から逆輸入するという構図が導かれる。すなわち，「一般機械」や「電気機器」の垂直分業から水平分業への変化は，日本企業の対中進出によりもたらされた結果と考えてよい。

　また，中国は，日本から最も多くの技術を導入している。2006年には，中国が導入した技術契約数の約30%を日本が占め，2位の米国を大きく引き離して

表11-2 中国の技術導入国（2006年）

順位	国・地域	契約数	契約金額（万ドル）	うち技術費（万ドル）
1	日　本	3,068	524,485	319,500
2	米　国	1,436	423,059	344,530
3	ドイツ	1,140	259,725	149,402
4	フランス	364	220,964	65,055
5	スウェーデン	70	155,802	77,610
6	韓　国	723	131,585	123,652
7	香　港	1,122	82,806	75,736
8	フィンランド	34	58,094	40,849
9	シンガポール	331	48,328	48,251
10	英　国	301	37,921	32,758
	その他	1,949	259,554	198,273
	総　　計	10,538	2,202,323	1,475,616

資料：中華人民共和国国家統計局『中国科技統計年鑑』2007年版より作成。

いる。さらに，契約金額全体の4分の1は，日本に支払われており，日本への技術依存傾向がみてとれる（表11-2参照）。

　もちろん，基幹部品をどの程度，日本に依存しているかは，さらに詳細なデータと分析が必要であるが，少なくともこれらのことから考えれば，日中の経済関係において，「Win-Win」や「互恵関係」といった言葉は，必ずしも現状を正確に表していないのである。

第3節　中国産業の課題と「自主創新」

（1）　中国製造業の脆弱性

　中国では多くの製品が生産され，世界中に輸出されている。しかし，以上みたような日中の貿易構造から浮かび上がってくるのは，「組み立て加工拠点」としての中国である。それは，日中貿易に限ってみられる特徴ではない。中国の輸出額を貿易方式別にみると，1990年代半ばまでは，輸出において，一般貿易の割合が50％前後を占めていたが，1996年を境に，40％台まで減少し，代わって加工貿易が半分以上を占めるようになっており，貿易全体からみても，「組み立て拠点」としての中国の実態がみてとれる（図11-11参照）。

　中国が，「組み立て加工拠点」となっている現状の背景には，中国企業自身がコア技術をもたず，基幹部品を製造できないといった技術レベルの低さが，

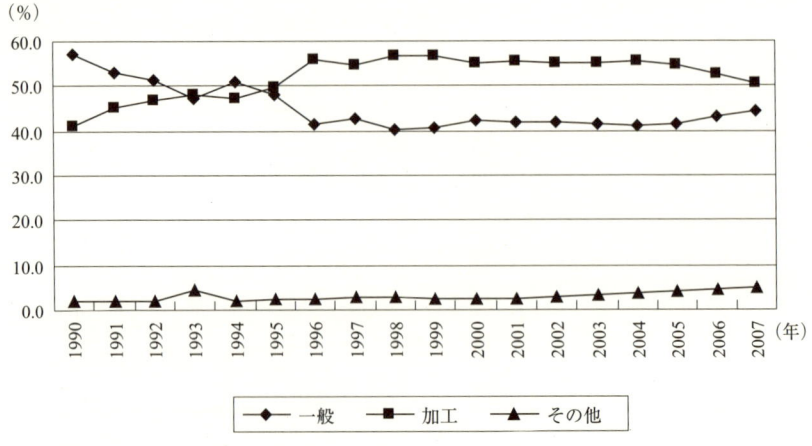

図11-11 中国の貿易方式別でみた輸出額の割合

資料：図11-1に同じ。

その要因として存在する。国務院国有資産監督管理委員会の黄淑和副主任は，「コア技術の特許不足から，一部企業は国産携帯電話小売価格の20％，コンピュータ価格の30％，デジタル制御装置価格の20～40％を海外の権利保有者に支払わなければならない」としている。[11]また，コア技術が多く含まれるハイテク製品について，中国は，その輸出を増加させてきたのは事実である。しかし，貿易額において工業製品に占めるハイテク製品の割合をみると，輸出に比べて輸入の方が明らかに高く，輸入は増加傾向にあるのに対し，輸出は，ほぼ頭打ちとなっているのが分かる（図11-2参照）。

米経済誌 *Fortune* は，毎年，売上高に基づき世界の企業トップ500社のランキングを公表している。2007年の実績に基づいて公表された2008年の *Fortune Global 500* によれば，中国企業は29社（香港の3社を含む）がランクインしており，これは，米国（153社），日本（64社），フランス（39社），ドイツ（37社），英国（34社），に次ぐ数である。[12]しかし，香港企業を除く26社の大陸企業のうち，25社は，大型国有企業であり，うち19社は，国務院国有資産監督管理委員会が所管する「中央企業」で，エネルギー・電力や通信，金融など国家の基幹産業が占めている。中国企業の上位10社をみても，他国と比べて製造業が一つも入っていないというのが，大きな特徴である（表11-3参照）。これは，とりもなおさず，中国製造業の脆弱性の現れである。

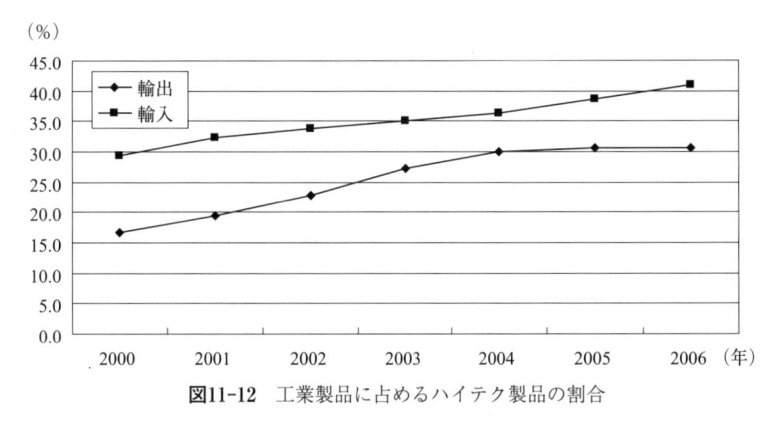

図11-12 工業製品に占めるハイテク製品の割合

資料：中国科学技術部「中国主要科技指標データバンク」より作成。

表11-3 中国企業上位10社

Country Rank	Company	Global 500rank	Revenues ($ Millions)	City
1	Sinopec	16	159,260	Beijing
2	State Grid	24	132,885	Beijing
3	China National Petroleum	25	129,798	Beijing
4	Industrial & Commercial Bank of China	133	51,526	Beijing
5	China Mobile Communications	148	47,055	Beijing
6	China Life Insurance	159	43,440	Beijing
7	China Construction Bank	171	41,307	Beijing
8	Bank of China	187	38,904	Beijing
9	Agricultural Bank of China	223	34,059	Beijing
10	China Southern Power Grid	226	33,861	Guangzhou

資料：*Fortune Global 500*（2008年）より作成。

　世界中に中国製品は溢れている。それにもかかわらず，世界に名を馳せる中国企業は，せいぜいパソコンメーカーの「Lenovo」や家電メーカーの「Haier」くらいであろう。「Lenovo」が，かろうじて499位にランクインしているが，「Haier」はランク外である。

　現在，「メイド・イン・チャイナ」が世界を席巻し，中国は「世界の工場」というイメージとしてとらえられているが，その実態は，「世界の生産拠点」，「世界の組み立て加工工場」であって，「メイド・バイ・チャイナ」ではない点に留意が必要であろう。

（2） 技術レベル向上への取り組み

こうしたなか，中国政府も「世界の生産拠点」としての地位を甘受しているわけではない。現在，中国は，「自主創新（イノベーション）」という言葉をスローガンに，独自技術・コア技術の開発を国家目標に掲げている。この「自主創新」という言葉は，「第10次五カ年計画（2001～2005年）」（2001年3月採択）においてすでに使われており，「第4章　工業構造の最適化と国際競争力の増強」の中で，「技術導入と自主創新とを結合する」ことや，「第10章　科学技術の進歩・創新の推進と持続的発展能力の向上」の中で，「国家経済の命脈と安全に関わるハイテク技術領域において，自主創新能力を高め，産業化の実現に努力する」ことを打ち出し，科学技術発展の目標としては，「2005年の研究開発費の対GDP比を1.5％以上に引き上げる」ことを掲げている[13]。なお，同目標は，2005年時点で1.34％，2007年においても1.49％と，今をもってしてもその水準には達していない（図11-13参照）。

中国政府は，科学技術に関する中長期計画として，2006年2月，「国家中長期科学技術発展計画（2006～2020年）」を発表した[14]。同計画では，中国の「自主創新能力が弱く，企業の核心的競争力が強くない」という現状を認めたうえで，「科学技術は第一の生産力であり，先進的な生産力を集中的に体現したものであり，主要なメルクマールである」と指摘している。また，「自主創新とは，国家のイノベーション能力の強化から出発し，基礎的なイノベーション，イノベーションの集成，導入・消化・吸収によるリ・イノベーションを強化すること」と定義し，「自主創新能力の向上をあらゆる科学技術工作の突出した位置に置かなければならない」ことが提起された。具体的数値目標としては，2020年までに研究開発費を対GDP比の2.5％以上に引き上げることや，中国人による発明特許および科学論文引用数を世界5位以内にランクインさせることなどを掲げている。

これを受けて，2006年3月の第10期全国人民代表大会第4回会議で採択された「第11次五カ年規画（2006～2010年）」では，「技術進歩とイノベーションを経済・社会発展の重要な動力とする」とし，「第27章　科学技術創新の加速と超越」において，「自主創新に照らし合わせて，国家の創新体系の建設を速め，不断に企業の創新能力を強化し，科学技術全体の実力と産業の技術レベルを全面的に引き上げる」ことなどが打ち出された。具体的数値目標としては，2010

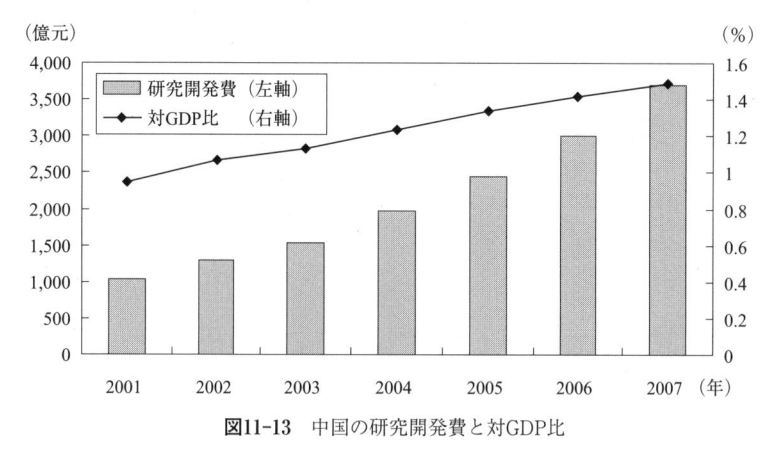

図11-13 中国の研究開発費と対GDP比

資料：図11-1に同じ。

年までに研究開発費を対GDP比の2.0%以上に引き上げることが掲げられている[15]。

当面は，この2010年までの国家目標に向かい，中国は研究開発費の投入を大きく伸ばすものとみられるが，2006年の同指標を国際比較してみても，中国が1.42%であるのに対し，日本は3.39%，米国は2.62%，ドイツは2.53%など，まだ先進国との差は大きく，キャッチアップするまでには，一定の時間を要するものと思われる。また，あくまでも研究開発費の投入は手段であり，中国が独自技術・コア技術をもつことがその最終目標である。技術は人が創り出すものであり，その人材の育成にかかる時間・コストを考慮すれば，一朝一夕にはいかず，「自主創新」への道程は，まだまだ厳しいものといえよう。

第4節　中国の対外経済関係の展望

（1）　対外経済関係の位置づけ

中国にとって，対外経済関係は，改革・開放政策の30年を経て，もはや必要不可欠な要素であることはいうまでもない。第1節でみたとおり，中国は，開放政策を推進する中で，対外経済関係を強めることで，経済成長を成し遂げてきた。中でも日中の経済関係は，双方にとって重要な地位を占め，これまで堅調な発展をみたことは，第2節で示したとおりである。

これらのことを，中国にとっての対外経済関係の位置づけという点からとらえ直してみると，中国が開放政策に転じ，対外（日中）経済関係を強めてきたのは，海外から資本，技術，設備を導入して経済成長を遂げるという国内的な必要性から生まれたものである。つまり，中国にとっての対外経済関係は，国内の経済問題の延長線上にあるのであって，いかに対外経済関係を国内の発展に結びつけるかが課題となる。

　これまで，本章において，①「メイド・イン・チャイナ」が世界を席巻し，中国は「世界の工場」というイメージとしてとらえられているが，その実態は「世界の組み立て加工工場」であって，「メイド・バイ・チャイナ」とは区別してとらえるべきであること，②中国のこのような現状の背景には，中国企業自身がコア技術をもたず，基幹部品を製造できないといった技術レベルの低さが存在していること，③中国政府は，研究開発費の投入を増大させているが，人材の育成にかかる時間・コストなどを考慮すれば，先進国にキャッチアップするのに一定の時間を要すること，などを指摘した。国家の国際競争力は，経済面に限れば，その多くは企業の競争力に依存する。すなわち，企業が自立し，技術力を獲得することが，その国の競争力を高めることになるのである。そうだとすれば，中国は，今後，国際競争力を高め，企業の技術力を向上させるため，どのような対外経済関係を構築しようと考えているのだろうか。

（2）　外資導入政策の転換と今後の行方

　中国は，現在，対外経済関係の大きな転換期を迎えつつある。それは，「自主創新」という課題とリンクする形で，外資導入政策を矢継ぎ早に変更しているからである。これまでの盲目的な外資導入政策を改め，技術集約的な産業分野などの外資導入を奨励するという，いわば「外資選別」の時代に入ったといえる。上述の「自主創新」に向けた取り組みが，対内的政策であるとすれば，外資の選別的導入政策は，「自主創新」に向けた対外的な政策であると位置づけられよう。それは，持続的安定的成長を維持するためには，従来の粗放的発展から脱却し，産業構造を高度化する以外に道はないという国内事情に起因している。

　「科学技術は第一の生産力」であり，国家の競争力における技術の重要性は，中国政府自身も，十分認識していることである。しかし，中国の技術レベルの

向上を外資導入政策という角度からみた場合，それは必ずしも成功したとはいえない。中国人民大学民営経済研究院の黄泰岩院長は，「約20年間の実践でわかるように，外資は中国国民経済の発展プロセスで重要な役割を果たし，市場には一定の技術がもたらされたが，もたらされたコア技術と重要技術はごくわずかだ。市場と技術の引き替えという戦略目標は充分に実現されたとはいえない」と指摘している。最近の中国の外資導入政策は，そうした反省にたって，転換が図られているのである。

2008年３月６日，中国商務部は，「2008年全国外資企業投資誘致活動に関する指導意見」（以下，「意見」）を発出した。中国の対外経済戦略については，2006年３月，「第11次五カ年規画」において，2010年までの基本方針として，①外資利用の改善，②国際経済協力の展開，③「走出去（海外進出）戦略」の推進，という３つの柱を提示している。なお①の外資利用の改善については，2006年８月，国家発展改革委員会が「外資利用に関する第11次五カ年規画」を発出しており，これら基本方針にのっとり，商務部が具体的な方針を示す同「意見」を発出したものである。同「意見」では，「2008年の外資企業投資誘致の重点活動」として，先進技術の導入を基礎とした研究開発投入を奨励するなどして，「外資を合理的に導入し，外資の産業に対するグレードアップと自主創新の作用を十分発揮する」ことや，サービス業，資源節約型・環境配慮型産業，ハイテク産業にターゲットを絞り，外資導入の「量から質への転換」を加速させることなどが掲げられている。

こうした外資の選別的導入という基本方針は，さまざまな政策変更という形で具現化されている。まず注目されるのは，企業所得税法の改正（2008年１月施行）である。従来，内資・外資ともに，企業所得税は33％であったが，外資系企業に対しては，「二免三減」（課税所得が発生した年から２年間免除，３～５年間半額免除）や設立地域（経済特区，経済技術開発区）による軽減税率（15％，24％）の適用など，優遇措置が存在した。今次改正により，これら優遇措置を原則撤廃し，一律25％の企業所得税が課せられることになった。他方で，ハイテク企業に対しては，15％の軽減税率の適用が維持されている。

次に注目されるのは，「外商投資産業指導目録」の改正（2007年12月施行）である。同「目録」は，外資の投資産業を「奨励類」，「制限類」，「禁止類」の３つに分類したリストであり，1995年に公布されてから，2002年と2004年に改正

されているが，今回の改正は「04年改正版」(2005年1月施行)と比べて，「奨励類」の項目が大幅に増加するなど，大きな変化がみられる。今回，「奨励類」が257項目から351項目に，「制限類」が78項目から87項目に，「禁止類」が35項目から40項目に改正されたが，特に「奨励類」においては，ハイテク産業，装備製造業，新材料製造業などが奨励される一方で，紡績や非鉄金属の一部の条目が削除されている。

これらに加えて，環境リスクの高い商品の輸出を抑制し，加工貿易の転換・高度化の推進を目的とした「2008年版加工貿易禁止類目録」(2008年4月5日発表)や労働契約法(2008年1月)，独占禁止法(2008年8月)も施行された。

こうした一連の政策見直しにより，日本をはじめとする外資系企業を取り巻く環境は，大きく変化したといえる。同時に外資系企業にとっても，対中ビジネス戦略を見直す，大きな転換期を迎えているといってよい。現在，すでに「世界の工場」から「世界の市場」へと戦略的位置づけが変化している中国において，内資企業や他の外資系企業と，中国政府が作った土俵の上で，どのように競争していくか，大きな岐路に立たされているといえよう。

他方，中国にとって，これら政策見直しは，どのような効果をもたらすのであろうか。中国商務部の王超部長助理は，一連の政策見直しを「中国で事業を行う企業に，より公平で，オープンな，規範化された環境を提供するためであり，外資企業が中国の経済発展によりよく対応するよう導くためのものである。また，産業構造の高度化の加速に有益で，長期的にみて企業の競争力向上にも役立つ」[19]としている。

しかし，仮に選別的な外資導入が図られたとしても，それにより，中国の産業の高度化が達成されるだろうか。2007年時点で，中国国内で活動する工業企業は，私有企業が17万7080社，外資系企業が6万7456社であるが，両企業のパフォーマンスを付加価値率(付加価値額／生産額)でみた場合，私有企業が28.1%であるのに対し外資系企業は25.2%と，外資系企業の付加価値率は，私有企業よりも低い。業種別でみると，「汎用機械製造業」では私有企業が28.3%であるのに対し外資系企業は26.7%，「電気機械製造業」では私有企業が25.3%であるのに対し外資系企業は24.4%，ハイテク産業とされる「通信設備・計算機」にいたっては私有企業が25.5%であるのに対し外資系企業は18.4%と，7.1ポイントも低い。このことは，外資をいかに選別的に導入しよ

うとも，高付加価値化は図れず，産業の高度化が推進される保証はどこにもないことを示している。

おわりに

中国はこれまで，本来，国内で各企業が努力して技術を蓄積していくべきプロセスを放棄して，外資の技術に依存した工業化を図る，いわば「努力代替型工業化」によって成長を遂げてきた[20]。中国が「自主創新」能力をもつには時間とコストがかかり，また，外資導入では，産業の高度化が図れないとすれば，中国政府が取り得る選択肢は，時間とコストをかけても，地道に技術力をもった企業を育てるか，手っ取り早く技術力のある外資系企業を買収して中国企業に「衣替え」させてしまうかである。

豊富な外貨準備と政府系投資会社・中国投資有限責任公司（CIC）の設立は，後者の可能性を十分予感させるものである。それは，結局のところ，形を変えた外資依存の発展方式であり，「努力代替型工業化」の延長にしかすぎないのであるが，中国の対外経済政策のもう一つの柱である「走出去（海外進出）戦略」は，その意味において今後の動向が注目されよう。

注
（1）「中国共産党第17届中央委員会第三次全体会議公報」（2008年10月12日）。
（2）「中国共産党第11届中央委員会第三次全体会議公報」（1978年12月22日）。
（3）本節における統計数値は，各年版『中国統計年鑑』中華人民共和国国家統計局による。なお，国家統計局は2009年1月14日，2007年GDPの確定値として，総額を24兆9530億元から25兆7306億元に，成長率を11.9％から13.0％に修正した。
（4）中華人民共和国国家統計局総合司「大改革，大開放，大発展」。国家統計局ホームページ参照。
http://www.stats.gov.cn/tjfx/ztfx/jnggkf30n/t20081027_402512199.htm
（5）外務省ホームページ参照。
http://www.mofa.go.jp/MOFAJ/kaidan/s_abe/cn_kr_06/china_kpress.html
（6）伊藤元重『日中関係の経済分析——空洞化論・中国脅威論の誤解』東洋経済新報社，2003年，参照。
（7）『日中貿易協定』の全文については，経済産業省ホームページ参照。

http://www.meti.go.jp/policy/trade_policy/asia/china/html/trade_treaty.html
（8）　香港を含めた日中貿易額は，2004年時点ですでに，最大の貿易相手国になっている。
（9）　中間財には加工品と部品が，最終財には資本財と消費財が含まれる。なお本統計は，経済産業研究所の貿易データベース「RIETI-TID2007」を元に作成した。詳細は，経済産業研究所ホームページ参照（http://www.rieti.go.jp/jp/projects/rieti-tid/index.html）。
（10）　貿易特化指数は，貿易総額に占める純輸出の割合「（輸出－輸入）／（輸出＋輸入）」を表しており，－1～1の値をとる係数。－1は，輸入特化，1は輸出特化，0は輸出入拮抗を示す。
（11）　「黄淑和在中央企業知識産権工作会議上的講和」2007年9月27日。
　　　http://www.sasac.gov.cn/n1180/n1566/n11183/n11199/3036188.html
（12）　2008年のFortune Global 500は，CNN Money.com参照。
　　　http://money.cnn.com/magazines/fortune/global500/2008/
（13）　「中華人民共和国国民経済和社会発展第十個五年計画綱要」（2001年3月15日）。
（14）　「国家中長期科学和技術発展規画綱要（2006-2020年）」（2006年2月9日）。
（15）　「中華人民共和国国民経済和社会発展第十一個五年規画綱要」（2006年3月16日）。
（16）　「外資不是免費的午餐」『人民日報』2007年7月16日。
　　　http://paper.people.com.cn/rmrb/html/2007-07/16/content_13418479.htm
（17）　「商務部弁公庁関於2008年全国吸収外商投資工作的指導性意見」（2008年3月6日）。
　　　http://www.mofcom.gov.cn/aarticle/b/f/200804/20080405490869.html
（18）　（財）日中経済協会「中国投資ハンドブック2007/2008」2008年。
（19）　中国商務部ホームページ参照。
　　　http://wangchao.mofcom.gov.cn/aarticle/speeches/200807/20080705687932.html
（20）　鄭海東ほか「努力代替型工業化の行方」『中国対外経済論』渓水社，2004年，参照。

著者紹介 (執筆順)

坂田　幹男（さかた・みきお）　第1章

　　編著者紹介参照

金　昌男（きむ・ちゃんなむ）　第2章

　1947年　韓国・済州道生まれ。
　　　　　筑波大学大学院社会科学研究科博士課程修了。
　現　在　韓国・東亜大学校経済学科・大学院教授。経済学博士。
　専　門　開発経済, 国際経済。
　主　著　『韓国経済発展論』（共著）勁草書房, 1996年。
　　　　　『東アジア長期経済統計――韓国』（共著）勁草書房, 2006年。

アンドレイ・ベロフ（Andrey Belov）　第3章

　1959年　ロシア・サンクトペテルブルグ生まれ。
　　　　　サンクトペテルブルグ大学大学院国際経済関係研究科修了。
　現　在　福井県立大学経済学部・大学院教授。Ph. D.
　専　門　ロシア経済, 国際経済。
　主　著　『ロシア・東欧経済論』（共著）ミネルヴァ書房, 2004年。
　　　　　『北東アジアにおける国際労働移動と地域経済開発』（共著）ミネルヴァ書房, 2005年。

南保　勝（なんぽ・まさる）　第4章

　1953年　福井県生まれ。
　　　　　福井県立大学大学院経済・経営学研究科修士課程修了。
　現　在　福井県立大学地域経済研究所教授。経済学博士。
　専　門　地域経済, 地場産業論。
　主　著　『地方小都市の産業振興戦略』（共著）新評論, 2004年。
　　　　　『地場産業と地域経済』晃洋書房, 2008年。

尹　春志（ゆん・ちゅんじ）　**第5章**

- 1967年　兵庫県生まれ。
  京都大学大学院経済学研究科博士課程修了。
- 現　在　山口大学経済学部・大学院教授。経済学博士。
- 専　門　世界経済論，東アジア経済。
- 主　著　*Japan and East Asian Integration: Myth of Flying Geese, Production Networks and Regionalism*, Münster: LIT, 2005.
  『東アジアのグローバル化と地域統合――新・東アジア経済論Ⅲ』（共著）ミネルヴァ書房，2007年。

鄭　海東（てい・かいとう）　**第6章**

- 1958年　中国・上海生まれ。
  京都大学大学院経済学研究科博士課程修了。
- 現　在　福井県立大学経済学部・大学院教授。経済学博士。
- 専　門　中国経済，国際経済。
- 主　著　『中国対外経済論』（共著）渓水社，2004年。
  『世界経済論』（共著）ミネルヴァ書房，2006年。

吉田　真広（よしだ・まさひろ）　**第7章**

- 1958年　北海道生まれ。
  國學院大學大学院経済学研究科博士課程修了。
- 現　在　福井県立大学経済学部准教授。経済学博士。
- 専　門　国際金融，国際貿易。
- 主　著　『今日の国際収支と国際通貨』梓出版社，1997年。
  『金融グローバリゼーションの理論』（共著）大月書店，2006年。

桑原　美香（くわはら・みか）　**第8章**

- 1974年　山口県生まれ。
  広島大学大学院社会科学研究科博士課程修了。
- 現　在　福井県立大学経済学部講師。経済学博士。
- 専　門　地方財政，財政学。
- 主　著　『地域政策の道標』（共著）ぎょうせい，2002年。
  『分権型社会の制度設計』（共著）勁草書房，2005年。

侯　玲玲（こう・れいれい）**第9章**

　1975年　中国・湖北省生まれ。
　　　　　湖南大学経済・貿易学院博士課程修了。
　現　在　中国・深圳大学法学院講師。弁護士。経済学博士。
　専　門　労働法，社会保障論。
　主　著　『労働法学』（共編著）人民法院出版社，2005年。
　　　　　『グローバル経済下の中国企業賃金形成メカニズムの研究』華中師範大学出版社，2007年。

福山　龍（ふくやま・りゅう）**第10章**

　1962年　中国・山東省生まれ。
　　　　　龍谷大学大学院法学研究科博士課程修了。
　現　在　福井県立大学経済学部准教授。法学博士。
　専　門　商法，会社法。
　主　著　『中国における外資系合弁企業の法規制と問題点』日本評論社，2003年。
　　　　　『小規模閉鎖会社と従業員持株制度』朋友書店，2006年。

加藤　健太郎（かとう・けんたろう）**第11章**

　1973年　福井県生まれ。
　　　　　福井県立大学大学院経済・経営学研究科博士課程修了。
　現　在　福井県立大学経済学部訪問研究員。経済学博士。
　主　著　「温州経済の歴史的展開」環日本海学会編『環日本海研究』第5号，1999年。
　　　　　「『第11次5カ年計画』の策定と中国経済の展望」『世界経済評論』第50巻第2号，2006年2月。

《編著者紹介》

坂田　幹男（さかた・みきお）

1949年	山口県生まれ。
1980年	大阪市立大学大学院経済学研究科後期博士課程単位取得満期退学。
	東亜大学経営学部講師・助教授，福井県立大学経済学部助教授を経て，
現　在	福井県立大学経済学部・大学院教授。経済学博士。
	中国吉林大学東北亜研究院客員教授（1995年7月〜）。
	北東アジア学会会長（2008年10月〜）。
専　門	アジア経済，開発経済。
主　著	『北東アジア経済論』ミネルヴァ書房，2001年。
	『北東アジア経済圏の形成』（共著）新評論，1995年。
	『アジア経済を学ぶ人のために』（共編著）世界思想社，1996年。
	『北東アジアの未来像』（共著）新評論，1998年。
	『北東アジア経済入門』（共著）クレイン，2000年。
	『北東アジア事典』（共編著）世界書院，2006年。
主論文	「塗り変わる北東アジアの経済地図」『世界経済評論』（世界経済研究協会）第52巻第1号，2008年1月。
	「キャッチ・アップ型工業化と国家資本主義」『北東アジア地域研究』（北東アジア学会編）第14巻，2008年9月。

MINERVA現代経済学叢書⑩

中国経済の成長と東アジアの発展

2009年7月15日　初版第1刷発行　　　　　　　　　　検印廃止

定価はカバーに表示しています

編著者	坂　田　幹　男
発行者	杉　田　啓　三
印刷者	藤　森　英　夫

発行所　株式会社　ミネルヴァ書房
607-8494　京都市山科区日ノ岡堤谷町1
電話代表　(075)581-5191番
振替口座　01020-0-8076番

© 坂田幹男, 2009　　　　　　　　　　　亜細亜印刷・兼文堂

ISBN978-4-623-05419-0

Printed in Japan

坂田幹男 著
北東アジア経済論
A5・256頁
本体3,500円

大津定美 編著
北東アジアにおける国際労働移動と地域経済開発
A5・440頁
本体6,800円

中川涼司 著
中国のIT産業
A5・376頁
本体4,800円

塚本隆敏 著
現代中国の中小企業
A5・240頁
本体3,800円

李 海峰 著
中国の大衆消費社会
A5・274頁
本体4,500円

田中道雄・鄭 杭生・栗田真樹・李 強 編著
現代中国の流通と社会
A5・248頁
本体4,200円

加藤弘之・上原一慶 編著
中国経済論
A5・336頁
本体3,200円

大津定美・吉井昌彦 編著
ロシア・東欧経済論
A5・288頁
本体3,200円

――― ミネルヴァ書房 ―――
http://www.minervashobo.co.jp/